新时代财富管理研究文库

Social Environment and Wealth Management

社会环境与财富管理

于凤芹　于　红／著

经济管理出版社
ECONOMY & MANAGEMENT PUBLISHING HOUSE

图书在版编目（CIP）数据

社会环境与财富管理/于凤芹，于红著.—北京：经济管理出版社，2023.8
ISBN 978-7-5096-9217-2

Ⅰ.①社… Ⅱ.①于… ②于… Ⅲ.①社会环境—影响—投资管理 Ⅳ.①C916 ②F830.593

中国国家版本馆 CIP 数据核字（2023）第 169295 号

组稿编辑：赵天宇
责任编辑：赵天宇
责任印制：许 艳
责任校对：王淑卿

出版发行：经济管理出版社
（北京市海淀区北蜂窝 8 号中雅大厦 A 座 11 层 100038）
网　　址：www.E-mp.com.cn
电　　话：(010) 51915602
印　　刷：唐山玺诚印务有限公司
经　　销：新华书店
开　　本：720mm×1000mm/16
印　　张：13.5
字　　数：225 千字
版　　次：2023 年 9 月第 1 版　2023 年 9 月第 1 次印刷
书　　号：ISBN 978-7-5096-9217-2
定　　价：88.00 元

·版权所有　翻印必究·
凡购本社图书，如有印装错误，由本社发行部负责调换。
联系地址：北京市海淀区北蜂窝 8 号中雅大厦 11 层
电话：(010) 68022974　邮编：100038

"新时代财富管理研究文库"总序

我国经济持续快速发展，社会财富实现巨量积累，财富管理需求旺盛，财富管理机构、产品和服务日渐丰富，财富管理行业发展迅速。财富管理实践既为理论研究提供了丰富的研究素材，同时也越发需要理论的指导。

现代意义上的财富管理研究越来越具有综合性、跨学科特征。从其研究对象和研究领域看，财富管理研究可分为微观、中观、宏观三个层面。微观层面，主要包括财富管理客户需求与行为特征、财富管理产品的创设运行、财富管理机构的经营管理等。中观层面，主要包括财富管理行业的整体性研究、基于财富管理视角的产业金融和区域金融研究等。宏观层面，主要包括基于财富管理视角的社会融资规模研究、对财富管理体系的宏观审慎监管及相关政策法律体系研究，以及国家财富安全、全球视域的财富管理研究等。可以说，财富管理研究纵贯社会财富的生产、分配、消费和传承等各个环节，横跨个人、家庭、企业、各类社会组织、国家等不同层面主体的财富管理、风险防控，展现了广阔的发展空间和强大的生命力。在国家提出推动共同富裕取得更为明显的实质性进展的历史大背景下，财富管理研究凸显出更加重要的学术价值和现实意义。"新时代财富管理研究文库"的推出意在跟踪新时代下我国财富管理实践发展，推进财富管理关键问题研究，为我国财富管理理论创新贡献一份力量。

山东工商学院是一所以经济、管理、信息学科见长，经济学、管理学、理学、工学、文学、法学多学科协调发展的财经类高校。学校自2018年第三次党代会以来，立足办学特点与优势，紧密对接国家战略和经济社会发展需求，聚焦财商教育办学特色和财富管理学科特色，推进"学科+财富管理"融合发展，构建"素质+专业+创新创业+财商教育"的复合型人才培养模式，成立财富管理学院、公益慈善学院等特色学院和中国第三次分配研究院、共同富裕研究院、中国艺术财富高等研究院、黄金财富研究院等特色研究机构，获批慈善管理本科专业，深入推进财富管理方向研究生培养，在人才培养、平台搭建、科学研究等方面有了一定的积累，为本文库的出版奠定了基础。

未来，山东工商学院将密切跟踪我国财富管理实践发展，不断丰富选题，提高质量，持续产出财富管理和财商教育方面的教学科研成果，把"新时代财富管理研究文库"和学校2020年推出的"新时代财商教育系列教材"一起打造成为姊妹品牌和精品项目，为中国特色财富管理事业持续健康发展做出贡献。

前 言

千百年来，人类对财富的探索与追求从未停止过。从原始社会的兽皮、石器、贝壳，到现代社会的房产、股票、货币，虽形态千变万化，却无一不是财富的象征。从某种意义上说，人类的发展史，也是一部财富的发展史。生产力表现为财富的生产和创造能力，生产关系则表现为在财富生产中形成的社会关系（白光昭，2020）。人类对财富的渴望和追求，也是社会发展的动力之一。通过技术进步和辛勤劳动创造更多的财富，借助法律和制度的完善让财富得以保全并实现财富的转移和传承……人类社会的进步伴随着财富管理的每一个过程。

与此同时，不同的社会环境也会对财富的创造、分配、转移、消费和传承等各个环节产生重要作用。所谓社会环境，是人类生存及活动范围内的社会物质和精神条件的总和，包括社会政治环境、经济环境、文化环境、法制环境、科技环境等方面。社会环境的变化，深刻影响着财富管理的内容。比如，一场军事战争导致的财富消耗与转移，不同文化背景下形成的财富观念的差异，经济周期波动带来的财富增减和资产配置变化，以及技术革命造成的财富重新分配……深入探讨社会环境对财富管理的影响，已经成为社会普遍关注的重大课题。

本书以社会环境对财富管理的影响为主线，内容共分为七章。第一章为财富管理概述，介绍了财富管理的相关概念、财富管理的过程与主要内容，并简单勾勒出社会环境与财富管理的关系。第二章为国际冲突与财富管理，旨在分析军事冲突、金融危机和贸易争端对财富管理的影响。第三章论述了文化对财富管理的影响，首先，文化影响财富的形态，特别是影响货币形式，每一种货币都有其独特的民族符号；其次，文化影响财富观；最后，文化影响资产配置。第四章和第五章，从人口、法制两个方面分析了其对财富管理的影响。人既是财富的生产者，也是财富的消费者，这种生产和消费都与人口结构和人口政策密切相关。法制不仅能确定财富的归属，而且可以规范财富管理行为，并为解决与财富管理相关的各种纠纷提供依据。第六章和第七章，论述了经济周期和科学技术对财富管理的影响。在经济周期的不同阶段，社会财富的生产、消费以及居民的资产配置都会存在显著差异。同时，技术进步也会提升财富创造的效率，带来财富的重新分配。

　　本书坚持宏观和微观两条线索，对财富管理的概念即从宏观和微观的不同层面进行界定；国际冲突、文化、人口、法制、经济周期、科学技术等如何影响财富管理，一方面从国家、社会、经济总体的宏观层面剖析，另一方面从居民个人、企业、机构等微观层面切入。同时，融入古今的时间长度，拓展中外的空间宽度；坚持立体、综合的视角，全方位分析社会环境对财富创造、分配、转移、消费及传承的影响。本书所论述的内容既有专业性又具有一定的开放性，适合财经类大学生阅读，同时也是金融机构从业者的合意读物。

　　目前已经出版的财富管理类著作，内容多是基于微观视角的财富管理，主要分析财富管理的产品、策略、市场和机构，特别是基于高净值人群资产配置的策略。本书基于社会环境的截面，从时间和空间的不同维度，宏观和微观两个视角，分析了国际冲突、文化、人口、法制、经济周期和科技进步等不同社会环境对财富管理的影响，内容丰富又具有创新性。本书的出版开启了财富管理问题研究的崭新视角，丰富了财富管理相关领域的研究成果。

　　本书 2021 年 9 月开始构思，并确定写作框架，同时收集资料，至 2023 年 5 月完成书稿，历经近两年的时间。期间由于我个人身体原因，写作一度中断。又因为家人的鼓励，领导和同事的支持，我的研究生同学们的全力帮助，本书写作进度得以保证并顺利出版，在此献上我深深的谢意！我的同事于红老师撰写了第七章的内容，并为全书内容提出很多修改建议；我的硕士研究生也参与了初稿的写作，他们是：陈正、曾艳（第二章），段江洋（第三章），杨振宇（第四章），邢运欣（第五章），高俊泓（第六章）。另外，我的研究生王凡玥、李林泽、李欣羽、汤传猛、薄杰珍也参与了部分段落的初稿撰写和全书的文字校对工作。本书是大家团结合作、共同努力的结果！

本书的出版得到了山东工商学院2022年特色专著项目资助，也有幸成为山东工商学院"新时代财富管理研究文库"中的一部分，在此深表感谢。衷心希望本书的出版可以为山东工商学院财富管理特色建设增砖添瓦。鲁迅先生曾说过："地上本没有路，走的人多了，也便成了路。"愿山东工商学院师生的不竭努力，能够促进我国财富管理的相关研究和财商教育的推广。

同时，特别感谢经济管理出版社的编辑及其他同事，他们的专业素养和敬业精神保证了本书的出版质量。最后，本书在写作过程中参考引用了大量文献资料，在此对这些资料的作者说一声"谢谢"。当然，由于作者写作水平有限，书中不足与疏漏之处在所难免，敬请各位专家学者批评指正。

于凤芹

2023年8月于烟台

目 录

第一章　财富管理概述 ··· 1

　　第一节　财富管理释义 ··· 1
　　第二节　财富管理的发展现状与意义 ································· 5
　　第三节　财富管理的过程与内容 ····································· 10
　　第四节　社会环境对财富管理的影响 ································· 18

第二章　国际冲突与财富管理 ··· 25

　　第一节　军事冲突与财富管理 ······································· 25
　　第二节　金融危机与财富管理 ······································· 34
　　第三节　贸易争端与财富管理 ······································· 44

第三章　文化与财富管理 ··· 54

　　第一节　文化与财富形态 ··· 54
　　第二节　文化在货币中的体现 ······································· 61
　　第三节　文化与财富观 ··· 72
　　第四节　文化与资产配置 ··· 83

第四章　人口与财富管理 ··· 90

　　第一节　人口与财富的关系 ··· 90

第二节　人口结构与财富管理 …………………………………… 94

　　第三节　人口政策与财富管理 …………………………………… 105

第五章　法制与财富管理 …………………………………………… 114

　　第一节　法制与财富归属 ………………………………………… 114

　　第二节　法制与财富管理行为 …………………………………… 120

　　第三节　法制与财富管理纠纷 …………………………………… 128

第六章　经济周期与财富管理 ……………………………………… 138

　　第一节　经济周期的划分 ………………………………………… 138

　　第二节　经济繁荣与财富管理 …………………………………… 143

　　第三节　经济衰退与财富管理 …………………………………… 147

　　第四节　经济周期与大类资产配置 ……………………………… 153

　　第五节　经济周期对于财富管理的意义 ………………………… 163

第七章　科学技术与财富管理 ……………………………………… 166

　　第一节　科学技术与财富创造 …………………………………… 166

　　第二节　科学技术与财富消费 …………………………………… 178

　　第三节　科学技术与风险管理 …………………………………… 188

参考文献 ……………………………………………………………… 197

第一章　财富管理概述

人类的发展史，从一定意义上说也是一部财富的发展史。千百年来，财富的内涵不断扩展，财富的形态变化万千，人类创造财富的手段也不断更新迭代，对财富的管理日益成为社会关注的重要课题。本章从财富和财富管理的含义说起，梳理了国内外财富管理发展的历程，分析了财富管理的内容和过程，从不同方面简要论述了社会环境对财富管理的影响，为后文的进一步分析打下基础。

第一节　财富管理释义

一、财富

什么是财富？千百年来，人类从未停止对财富的探索与追求；基于不同的视角，人们对财富的理解也千差万别。古希腊先贤柏拉图将财富划分为三等：第一等是精神财富，第二等是肉体财富，第三等是物质财富；并且，低等财富为高等财富服务。色诺芬在其代表作《经济论》中指出：财富是有用的东西，物品是否有用决定其是否属于财富。

西方经济学的不同学派对财富的定义也有很大不同。流行于16~17世纪的重商学派认为，财富是货币（金银），货币就是财富，财富在流通领域中产生，商业使社会财富不断增加。流行于18世纪的重农学派则指出，农产品是财富，农业是唯一的财富生产部门和致富的本源。古典学派将商品视为具体的财富，而把货币视作一般的财富。边际主义认为某个物品是不是财富，完全取决于人的需要和主观心理评价。19世纪后半期，西方主流经济学界普遍认为，财富是具有市场价值并且可以用来交换的东西。

英国经济学家戴维·W. 皮尔斯在《现代经济学词典》中对"财富"所下的定义是："任何有市场价值并且可用来交换货币或商品的东西都可被看作是财富。它包括实物资产、金融资产，以及可以产生收入的个人技能。"由此可见，财富可以分成有形财富和无形财富，资本或非人力财富属于有形财富，而人力资本属于无形财富。

马克思认为，财富的内涵主要包括四个方面：在自然视域下，财富是能够满足人的生产需要和消费需要的自然对象和条件，即"自然财富"，包括肥沃的土壤、渔产丰富的水域、可以航行的河流、森林、金属、煤炭等。在经济学视域下，"使用价值是构成财富的物质内容"，因此，有用性与物质性是财富的两个特征。在法学视域下，财富与私有财产和所有权关系有关，它是"归具体主体所占有和支配的财富"。这个意义上的财富称为"财产"，财产就是可以从所有制上确定归属的财富。在哲学视域下，财富是人通过劳动实现的人的"对象性本质""社会性本质""主体性本质"的统一。首先，人类生产财富是为满足人们自身的需要，因此财富是以人为尺度的。其次，财富在满足人们不同需要的过程中表现为不同的工具，如房子是用来住的，粮食是用来吃的，房子、粮食在这里是满足人们不同需求的工具。最后，人们生产出来的作为财富的物质产品、创造出的客观世界，不过是人的本质反映。

时至今日，财富的内涵更加丰富多彩。除了货币、股票、债券、基金等金融资产外，古玩字画、金银珠宝、专利产品、房产土地、公司商铺等无一不是财富的代表。除了物质财富外，精神财富和人力财富也是特别重要的方面。对一个国家来说，生态环境也可以被看作是一种财富，"绿水青山就是金山银山"；人民群众的健康与安全同样是重要的财富，即"生命财富"。财富的内涵如此之多样，给我们带来了无穷的想象空间，但是，为了研究的方便，本书所探讨的财富管理即物质财富的管理。

二、财富管理

财富管理起源于 16 世纪的欧洲。当时，由于宗教信仰的原因，法国瓦鲁瓦王朝与波旁王朝的一些贵族商人被驱逐出境，他们来到瑞士日内瓦，成为第一代私人银行家，专门为欧洲皇室和高官们提供个性化、私密性的金融服务，成为财富管理早期的主要形式。17 世纪，伦敦、法兰克福等欧洲城市也相继出现了专门为皇室贵族提供金融服务的私人银行。今天的宝盛银行、瑞工银行、Coutts、Sarasin、Wegelin & Co（瑞士历史最悠久的银行）等，仍是全球私人银行的翘楚。

1934 年，瑞士推出《联邦银行和储蓄银行法案》，又称《银行保密法》，以法律形式保护了客户的财富信息。两次世界大战期间，瑞士均采取了中立国立场，这一点对其财富管理业务产生了极大的促进作用；再加上瑞士独特的保密原则，使其战争期间成为全球财富的避险地，推动了现代财富管理行业的发展。"二战"后，欧洲各国传统私人银行数目不断下降，相反，商业银行和投资银行等金融机构不断创新业务，在财富管理市场的所占份额逐渐扩大，从而形成了多样化的现代财富管理机构体系。

家族办公室是美国最早的财富管理形式。1838 年，摩根财团成立，这是近代金融史上第一个家族办公室。之后梅隆家族、罗斯柴尔德家族和洛克菲勒家族等都相继成立了家族办公室。20 世纪 30 年代美国经济危机期间，股票暴跌给广大民众带来了巨额亏损，对财富管理的需求急剧增加。"二战"以后，美国经济领跑全球，财富增长、金融创新等多种因素造成财富管理业务的较快增长。20 世纪 70~90 年代，美国财富管理进入多样化发展时代，商业银行提供私人银行和财富管理服务成为主流。1987 年，美国资管行业规模占 GDP 比重为 89%。20 世纪 90 年代至 2008 年，美国财富管理市场进入井喷式发展阶段。1999 年《金融服务现代化法案》的颁布，使美国金融服务的创新产品更加丰富，市场规模进一步扩大，私人股权基金、结构性金融产品成为重要的财富管理形式。2008年至今，美国财富管理市场进入精益化发展阶段。目前，美国财富管理市场是全球规模最大的市场，也是发展最完善、竞争最激烈的市场。商业银行、投资银行、家庭办公室和财富管理顾问等众多财富管理机构为客户提供综合性、多元化金融服务（吴小平，2020）。

亚太地区的财富管理始于20世纪80年代。1987年，花旗银行在东京设立分行，为客户提供全球化私人理财服务。2016~2020年香港财富管理业务的复合年均增长率达到16%。作为全球财富管理中心，香港的财富管理市场具有多层次、多品类、多币种的优势。新加坡1998年开始打造国际财富管理中心，通过移民、税收、金融创新、放松监管等措施吸引机构、资金和专业人才。新加坡金融管理局（MAS）统计数据显示，截至2021年底，全球1400多家银行、保险公司等金融机构的总部设在新加坡；新加坡本地约有700个家族办公室，较2020年底的400个，数量增加了七成以上。

我国的财富管理起步较晚。20世纪90年代，上海证券交易所和深圳证券交易所先后成立，国人开启投资理财的实践历程。同时，90年代恰逢中国房地产市场改革起步，房价稳定上涨，房地产市场也受到投资者的热捧。21世纪以来，我国金融市场逐渐完善，金融创新层出不穷，财富管理的产品也不断丰富。2003年，中国银行发行了我国首款外币理财产品——"汇聚宝"。2004年，光大银行推出了首只人民币理财产品——阳光理财B计划，开启了国内财富管理新时代。2007年3月28日，中国银行在北京和上海设立国内首家私人银行部。与此同时，证券公司、基金公司、保险公司、信托公司、期货公司等机构，也纷纷开展了财富管理业务。产品从银行存款、股票、债券投资扩大到基金、信托、金融衍生品、黄金、艺术品等领域，财富管理成为金融行业的核心业务，也成为金融行业服务实体经济发展和增加居民财产性收入的重要渠道（白光昭，2019）。

由国内外财富管理的发展历程可以看出，财富管理起源于私人银行家为贵族所做的私密性、个性化的金融服务，后发展成为商业银行等金融机构的专业化业务。那么，什么是现代意义上的财富管理呢？从微观角度看，财富管理（Wealth Management）是专业机构以客户不同生命阶段的需求为中心，利用专业化程序设计全面的财务规划,通过提供现金、信用、保险、投资组合等一系列的金融服务,对客户的资产、负债、流动性进行科学管理,以帮助客户达到不同生命阶段的财富保值、财富增值、财富传承等目的。

与此同时,从宏观角度看,人类的生存和发展离不开财富。通过劳动,人类告别了动物本性;对于财富的创造和追求,是推动社会发展的不竭驱动力。从一定意义上说,人类发展的历史也是一部财富发展的历史。财富创造是人类社会的特有属性,生产力表现为财富的生产和创造的能力,生产关系则表现为在财富管理中形成的社会关系(白光昭,2020)。由此看来,宏观层面的财富管理,是对社会财富、国家财富的管理,贯穿于社会财富的生产、分配、转移、消费等各个环节,与经济学密切相关。1911 年,美国哥伦比亚大学经济系的中国留学生陈焕章将自己的博士毕业论文 *The Economic Principles of Confucius and His School* 翻译成《孔门理财学》,文中讨论了孔子及其儒家学派的经济思想及其在生产、消费、公共财产方面的应用,是宏观财富管理的典型力作。

第二节 财富管理的发展现状与意义

一、财富管理的发展现状

近年来,全球财富持续增长。根据瑞士信贷集团《2022 全球财富报告》,2020 年全球经济受到新冠肺炎疫情暴发的猛烈冲击而陷入了"二战"以来最严重的衰退,但是全球家庭财富并未出现萎缩,仍同比增长 7.4%。随着疫情的逐步缓和,经济开始复苏,全球财富保持疫情前的增长趋势,2021 年达到 464 万亿美元,同比增长 9.8%。2016~2021 年,全球财富复合年均增长率达 10.2%,其中金融资产达 282 万亿美元,同比增长 9.0%,约占全球财富的 61%。2021 年我国财富规模达到 85.1 万亿美元,仅次于美国的 145.8 万亿美元,是全球第二大财富管理市场;其中金融资产达到42.5万亿美元,占全球总量的14%。

我国个人持有金融资产规模增速最高。根据安联保险集团发布的2022年全球财富报告,2011~2021年全球个人持有的金融资产总规模的复合年均增长率为7.1%。按区域划分,中国是2011~2021年个人持有金融资产规模增长最快的国家,复合年均增长率高达15.0%;拉丁美洲和东欧分列第二位、第三位,分别为11.5%和10.8%;日本增速最慢,仅为2.4%(见图1-1)。

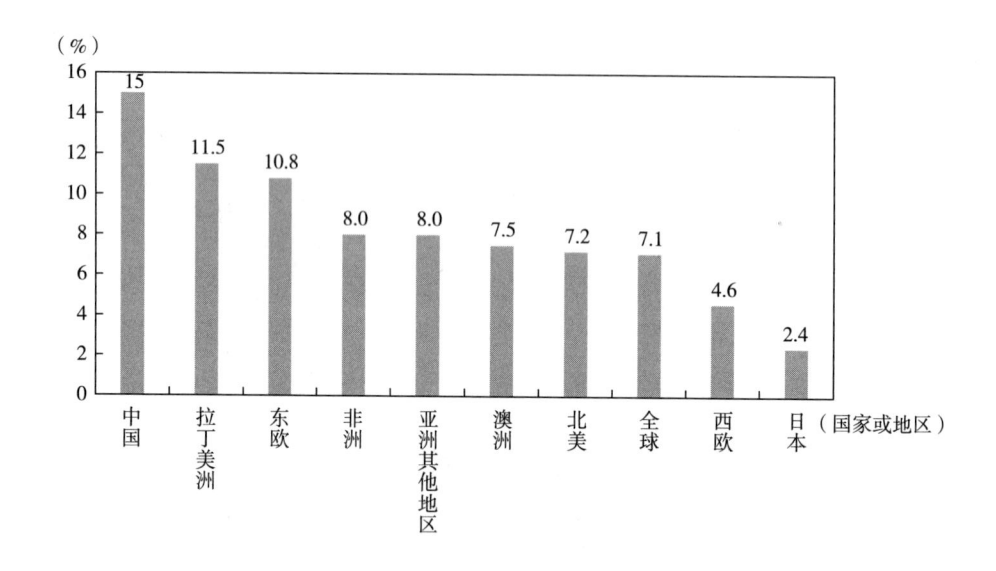

图1-1 2011~2021年全球个人持有的金融资产增长率

数据来源:安联保险集团发布的2022年全球财富报告。

根据招商银行和贝恩咨询《2021中国私人财富报告》,我国2021年个人持有的可投资资产为268万亿人民币,约42.2万亿美元。德勤《中国财富管理行业观察》中预计2025年中国个人可投资资产规模将达到352万亿人民币。

目前,我国财富管理机构主要包括商业银行(银行理财子公司)、保险公司、基金公司、证券公司、信托公司、期货公司以及第三方财富管理机构、互联网财富管理市场等。从财富管理规模看,银行仍居第一位。银行有着丰富的网点及客户资源，自 2015 年以来，银行理财产品规模常居各金融机构财富管理产品规模第一位。但是，自 2018 年起，银行理财、信托、券商规模逐年缩减，其中券商规模缩减最为明显，2018~2020 年缩减近一半。而保险、基金在 2015~2020 年增长明显（无论私募还是公募），其中保险增长 4.7%，私募增长 7.8%，公募增长 6.4%。银行理财产品即使有缩减的，其规模仍然高达 20.4%，可以看出国内市场多数投资者的求稳心态（见图 1-2）。

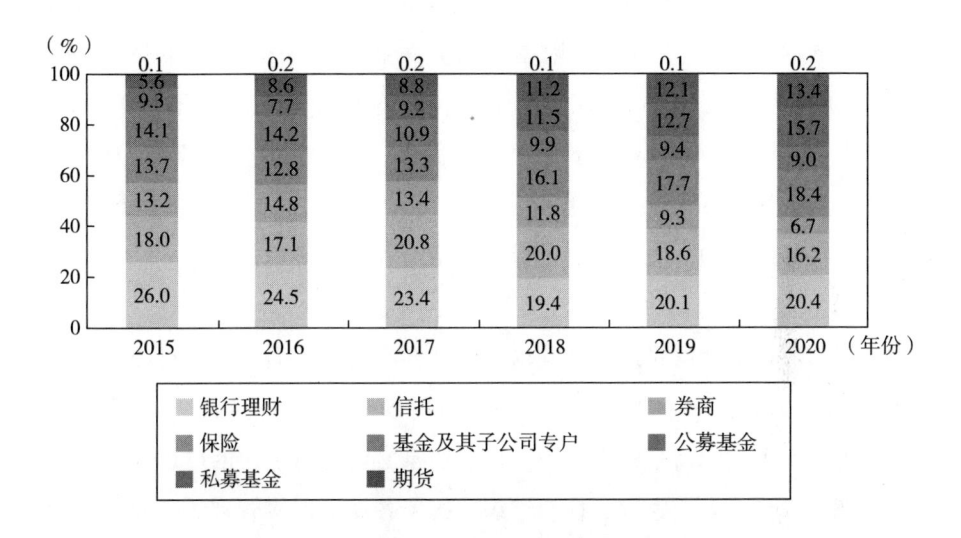

图 1-2　2015~2020 年我国财富管理市场规模占比

数据来源：艾瑞咨询、2020 年、2021 年《中国财富管理行业白皮书》。

2021 年，银行理财规模达 35.18 亿元，占所有理财产品规模的 23.94%。位列其后的分别为公募基金 25.56 亿元，保险 23.22 亿元。其中公募基金近年来发展迅猛，近三年平均增长率达 26.67%，2021 年在大部分机构财富管理规模增速放缓甚至负增长的情况下，仍然达到了同比 28.51% 的增速，也反映出在利率市场化、资本市场不断发展完善的背景下，我国居民的资产配置方向开始有所改变。

二、发展财富管理的意义

1. 专业管理财富，适应社会需求

改革开放 40 多年来，我国经济发展取得了巨大成就，社会财富获得了快速的积累。2022 年，中国的 GDP 为 121.02 万亿人民币，为世界第二大经济体；外汇储备 3.13 万亿美元，排名世界第一。随着我国经济的发展，居民收入不断攀升，高净值人士和中产阶级的规模迅速膨胀，对财富管理的需求与日俱增。根据《2022 年中国私人财富报告》的披露，中国个人可投资资产从 2008 年的 39 万亿元人民币，以 16% 的复合年均增长率飞速增长，2021 年末，我国个人可投资资产规模达 268 万亿元人民币，可投资资产在 1000 万元以上的高净值人士达 296 万人。社会财富的增长，客观上需要专业的机构进行管理，以满足居民不同生命周期财富保值、增值和财富传承的需要。

2021 年 8 月 17 日，中央财经委员会第十次会议提出在高质量发展中促进共同富裕，习近平主席强调，共同富裕是社会主义的本质要求。目前，中国在全球前 20 的财富市场中增速最快，财富市场规模仅次于美国，全球排名第二位。我国在实现共同富裕的进程中，社会财富必将会有更快的增长。大力发展财富管理，满足个人、家庭、社会组织、国家各层面财富管理的需要，有利于实现全社会财富的保值增值，这对于增强我国的国力非常重要。

2. 有效打击金融犯罪，防范金融风险

近年来，打着投资理财的旗号从事金融诈骗行为的金融违法案件时有发生。一些不法分子承诺资金使用的"低风险、高回报"，动辄以年化 20%~50% 的收益率，诱骗投资人进行"投资理财"，之后卷钱跑路的案例比比皆是。这一方面表明，我国居民手中闲置资金比较多，对投资理财有着普遍的、迫切的社会需求；另一方面则表明，我国的财商教育有待加强，财富管理市场发展还不够充分，财富管理服务的有效供给不足，宣传不到位，不能及时满足人们日益增长的个性化的财富管理需求，给不法分子提供了可乘之机。因此，应大力发展财富管理，强化财商教育，推出多样化、个性化的财富管理产品，有效满足财富管理市场的需求，化解居民的投资理财风险，维持金融稳定。针对非法集资的问题，也需要加强监管。2019年1月30日起实施的《关于办理非法集资刑事案件若干问题的意见》，对非法集资的个人、单位认定，以及处罚做出了明确的规定，在一定程度上遏制了非法集资的发生。

3. 畅通投融资渠道，支持实体经济发展

服务实体经济是金融发展的基础功能和最终归宿。改革开放以来，我国的居民储蓄率长期在40%左右，是世界上储蓄率较高的国家之一，社会资金供给充足。同时，社会对资金的需求特别是中小微企业对资金的需求又不能很好地得到满足。总体来说，我国投融资渠道不畅，金融资源得不到优化配置，其中一个重要原因就是我国财富管理市场发展比较落后。因此，应大力发展财富管理，使居民的资金通过股票、债券、基金、贵金属和大宗商品等投资形式，有效配置到相关行业企业当中，拓宽企业融资渠道，提高资金使用效率，以促进实体经济更好更快发展。

为了避免金融产品过度创新、反复中介化使资金在金融体系内部空转，不能真正流向实体经济，2018年4月27日，中国人民银行、原中国银行保险监督管理委员会、中国证券监督管理委员会、国家外汇管理局联合印发了《关于规范金融机构资产管理业务的指导意见》，通过去通道、控嵌套、净值化管理、打破刚性兑付、禁止资金池等措施，优化金融资源的合理配置，切实助力实体经济发展。

4. 推动人民币国际化，提升金融核心竞争力

自2008年以来，人民币国际化进程不断加快。随着我国综合国力的提升，人民币的国际化是大势所趋，这是货币发展的客观规律。随着人民币国际化程度的提升，以人民币计价的金融资产在世界范围内的配置比例会逐渐提高。大力发展财富管理，一方面国内投资者可以在全球范围内进行资产配置，将资金流出到境外市场进行投资理财；另一方面外国投资者看好中国经济，欲分享中国经济发展的成果，也要对中国金融市场配置资产，从而增加人民币在境外的需求，这将进一步推进人民币国际化，二者相互促进。

财富管理是金融业发展的高级阶段，是各类金融机构竞争的焦点业务。财富管理业务的发展一方面反映出金融机构的创新能力和服务水平，另一方面也

决定了一个国家整体的金融实力。目前，现代财富管理已经在欧美发展一百多年，其机构、产品、客户和市场等各方面的发展已经比较成熟。而我国的财富管理行业才刚刚兴起，尚处于发展初期，与发达国家的差距不容小觑。大力发展财富管理，促进各金融机构加快产品创新，提高全周期、系统化金融服务水平，有利于提升我国金融业的整体竞争力，在科技赋能的新时代实现战略转型。

第三节　财富管理的过程与内容

人类的生存和发展，离不开财富管理。财富管理的过程包括财富创造、财富分配、财富转移、财富消费与财富传承等内容。人类的发展史，从一定意义上说也是一部财富的发展史。人类生产方式的演变，在很大程度上就是财富生产方式的演变，就是人类获取财富、生产财富、创造财富、分配财富、消费财富、传承财富的演变过程。生产力表现为财富的生产和创造能力，生产关系则表现为在财富生产中形成的社会关系（白光昭，2020）。

一、财富的创造

古今中外的学者在财富创造的问题上取得了基本一致的结论，即"劳动创造财富"，这同时揭露了财富的本质和来源。亚当·斯密在《国富论》的开篇就指出，一国国民每年的劳动，本来就是供给他们每年消费的一切生活必需品和便利品的源泉。这与宋代王安石的"盖因天下之力以生天下之财，取天下之财以供天下之费"的论述不谋而合。威廉·配第认为"劳动是财富之父，土地是财富之母"，春秋时期的管仲则说"夫财之所生，生于用力，用力之所生，生于劳身"，中唐陆贽所言"夫财之所生必因人力。工而能勤则丰富，拙而兼惰则窭空"，其精要如出一辙，都认为劳动创造财富。

当然，劳动并非财富创造的唯一源泉。马克思在《资本论》中明确指出，财富的创造不能离开现实的自然界。劳动与自然界共同作为财富创造过程中两种相辅相成、缺一不可的要素，二者的地位和作用不同。劳动是财富创造的"主体的"材料，自然界是财富创造的"客体的"材料。只有通过劳动对对象世界进行改造，才能创造出新的财富。同时，马克思十分重视科学技术在财富创造中的巨大推动作用，他认为科学技术可以提高生产力、缩短劳动时间。

综上所述，从本质上来讲，创造财富是人类社会的特有属性，是人类基于劳动资料和劳动对象进行劳动而产生的价值增值。与此同时，随着生产力的不断发展，技术进步导致生产方式不断变革，财富创造的手段呈现多样化。

旧石器时代，财富创造的主要方式是采摘果实、狩猎或捕捞获取食物。这是最初级的财富创造，创造的财富量也极为有限，满足集体的食物尚且难以做到，因此很难有财富积累。新石器时代，产生了农业和畜牧业，磨光石器和陶器相继出现。生产工具的进步使人类拥有了创造财富的新方式，并且使生产效率大幅度提升，集体创造的财富不仅逐渐能够满足人们基本的食物需求，而且能够有所剩余。财富的剩余使财富分配成为一个重要问题，进而导致集体创造财富逐渐向个体创造财富转变。

奴隶社会，生产方式有了较大的提高，青铜器具的出现不但提升了劳动工具的生产效率，同时也衍生出繁荣的青铜器冶炼行业。因此，除了农业、畜牧业之外，冶炼也成为财富创造的重要方式。随着手工业的发展，个人财富的增加，商品交换开始出现并且日渐繁荣。封建社会，随着冶炼技术的发展，铁制工具逐渐出现并广泛应用在农业中，使生产效率大幅提升，农业成为财富创造的最主要方式。人们利用生产工具、土地进行生产，除了上缴赋税、地租以外，还有足够的财富供家庭消费，成为家庭财富创造和积累的最初始形态。

随着第一次工业革命的到来，机器的使用大幅提升了生产效率，传统的以农业为主的财富创造形式逐步被工业所替代。传统的作坊式生产被大规模的工厂所替代，工业生产成为财富创造的最主要形式。从事工业生产的工人获得了更高的收入，家庭创造的财富大大增加，消费的需求提升，商业也逐渐成为重要的财富创造形式。如今，在电子信息革命的推动下，生产力得到了进一步的提升，第一产业、第二产业和第三产业都成为财富创造的重要形式。对整个社会而言，资本、劳动、企业家的管理能力、知识和大数据等都成为财富创造的要素。知识运用创造的新生产模式、新生产工艺、新营销方式、新管理方法等，使整个社会的生产能力大幅提升，社会财富创造速度呈现爆炸式增长。

二、财富的分配

在原始社会，人类主要通过采摘果实、狩猎或捕捞获取食物，满足集体的生存需求，财富很难积累，所以无所谓财富分配。金属工具的出现，使劳动生产率有了较大的提高，出现了剩余。剩余财富的分配使私有财产出现，进而产生了不同的阶级，人类社会步入奴隶社会。在奴隶社会，社会财富被奴隶主占有，奴隶虽然参与财富创造，但是并不占有任何的财富，这也是奴隶社会剥削和被剥削的充分体现。封建社会中，主要的生产资料掌握在少数地主及封建权贵手中，他们通过地租和税赋的形式获得大部分财富，直接从事财富生产的人获得较少的财富。与此同时，部分商人在商品买卖中积累钱财，成为巨额财富拥有者。

现代市场经济下，社会财富的分配有三个阶段。第一次分配，是以市场为主体，按要素进行分配，即按照劳动力、资本、土地、技术、管理等生产要素在财富创造过程中的贡献进行分配。在市场经济条件下，取得这些要素必须支付一定的货币，这种货币报酬就形成各要素提供者的初次分配收入（梁朋，2020）。在第一次分配中，精壮的、富有的、聪明的、勤劳的人得到的财富自然多，而老弱病残、贫穷或懒惰的人得到的财富自然就少，这是市场按照要素贡献进行的无差别财富分配，容易形成较大的收入差距。因此，为了减少贫富差距，增强社会保障，政府要通过税收、转移支付等手段对第一次分配进行调节，这就是第二次分配。通过累进税让收入高的人多缴税，通过转移支付让老、弱、病、残、孤等弱势社会群体得到应有的生活保障，这是第二次分配的目的和意义。所谓第三次分配，即公益与慈善，指人们出于爱心自愿地捐赠捐献，比如出资修路架桥、灾后重建，资助孩子上学或者设立爱心基金等。

综上所述，第一次分配是基于市场力量的收入分配，目的是利用市场的激励机制有效配置资源，提高资源使用效率；第二次分配是基于行政力量的强制性调节，目的是缩短贫富差距，促进平衡发展与社会公平；第三次分配是基于道德力量的爱心驱动，其意义是传播大爱，增强团结，促进社会主义精神文明的建设。三次社会分配的核心分别是"效率""公平""爱心"，兼顾了物质与精神，特别是第三次社会分配，通过志愿服务和捐赠活动，对于提升人民群众物质与精神层面的获得感、幸福感非常重要。

"共同富裕"是社会主义的本质特征，是千百年来中华民族的梦想和奋斗目标。"共同富裕"与财富管理密切相关，它体现了创造财富的目标和分配财富的原则。首先要创造财富，积累财富，实现"富裕"；最重要的是实现"共同"富裕，也就是在分配财富的过程中尽量缩短贫富差距。但是，共同富裕并不是同时富裕，也不是同等富裕。由于天赋不同、机遇不等、勤奋与否等方面的因素，个人或家庭拥有财富的数量不可能出现绝对的平均。

共同富裕会激发财富管理的普惠需求。在实现共同富裕的过程中，居民财富规模必将持续扩大，财富管理的需求会更加普遍化、综合化、个性化，进而对财富管理机构的业务种类和服务能力提出更高的要求。通过业务创新、科技应用和综合服务提升，财富管理可以变得更加亲近大众，更具有普惠性（连平，2021）。

三、财富的转移与传承

概括地说，财富转移是指财富分配完成之后的财富所有权的变化，从这个角度上说，第二次分配和第三次分配都可以看作财富转移的范畴，分别属于强制性财富转移和自愿性财富转移。除此之外，战争、继承、交易等也是常见的财富转移的手段。

很多战争就是为了掠夺财富。战争结束后，战胜国往往要从战败国攫取巨额财富，其中最主要的是割地和赔款。历史上，我国晚清时期朝廷软弱无能，西方列强群起而攻之，中华民族饱受蹂躏，签订了很多不平等条约，大量土地、白银被掠夺，西方列强通过战争实现了强制性财富转移（见表1-1）。

表1-1 晚清时期我国对外签订的部分条约及赔偿

条约名称	时间	国家	财富转移的内容
《南京条约》	1842年8月	英	割让香港岛，赔款2100万两白银
《瑷珲条约》	1858年5月	俄	俄国侵占东北外兴安岭以南，黑龙江以北60多万平方公里土地
《中英天津条约》	1858年6月	英	赔款400万两白银
《中法天津条约》	1858年6月	法	赔款200万两白银
《北京条约》	1860年10月	英法	割让九龙司一区给英国；把《天津条约》中对英国、法国的赔款各增加到800万两白银
《中俄北京条约》	1860年11月	俄	俄国侵占乌苏里江以东包括库页岛在内40多万平方公里土地
《中俄勘分西北界约记》	1864年10月	俄	俄国侵占巴尔喀什湖以东、以南44万平方公里土地
《里瓦基亚条约》	1879年10月	俄	付500万卢布（280万两）军费；割让霍尔果斯河以西及伊犁南境大片土地
《马关条约》	1895年4月	日	割让辽东半岛、台湾及其附属岛屿、澎湖列岛；赔款2亿两白银；日本占领威海卫
《辛丑条约》	1901年9月	英法俄美日德意奥西比荷	赔款4.5亿两白银，以关税、盐税做担保，分39年还清，年息4厘，到期本息共9.8亿两白银；另各省地方赔款2000多万两白银

资料来源：作者根据公开资料整理。

表1-1是晚清时期我国对外签订的部分条约及赔偿。作为战败国，清政府割地、赔款，大量财富被转移到西方列强，让旧中国愈加孱弱。当然，除了表中所列直接的财富转移之外，这些条约还包括开放通商口岸、设立外国领事馆、自由传教、局部撤离中国军队、抽取关税、"租借"领地等很多其他内容，其目的是掌控中国的经济、军事、思想和文化命脉，全方位奴役中国。

财富传承也是一种典型的财富转移形式。所谓财富传承，就是把个人财产或者家庭、家族财产安全有保障地转移给自己的后代，完成财富在家族成员中的赓续。财富传承不仅可以使财产得以持续管理和维护，还可以使家人的生活有所保障并持续受益。

财富传承可以通过很多方式，比如生前赠予、遗嘱继承、法定继承、家族信托、基金会、保险等。通过生前赠予转移和传承财富，程序最简单，成本也比较低。财富所有者将现金、房产或其他财产通过过户的方式赠予继承人，是非常方便的传承方式。遗嘱继承和法定继承，权利清晰明了，也是一种比较好的财富传承方式。其缺点是需要完成一定的法律程序；同时，很多国家还要征收较高的遗产税，比如，美国的联邦遗产税实行21级超额累进税率，最低一级税率为8%，最高一级税率为50%。对于财富较多的富人来说，遗产继承需要缴纳的税收非常高昂，因此采用这种方式传承财富成本较贵。

为了规避昂贵的遗产税，家族信托、保险、基金等都是比较不错的选择。家族信托是国外发达国家常见的财富管理和传承工具，由私人信托发展而来。拥有家族财富的委托人可以将财富委托给信托公司，并指定家族成员为受益人，其受益金额、分配条件及频次由委托人和受托人在信托文件中约定。

购买人寿保险，也可以进行财富的传承。只要投保人指定财富传承对象作为受益人，就可以在约定条件下实现财富的传承。保单收益权也可以作为一种信托，即保险金信托，是指约定未来的保险金直接进入信托账户，成为信托财产，由信托机构进行管理和运作，并将信托财产及收益按合同约定分配给信托受益人的信托计划，具有保险和信托的双重优势，是财富管理和传承的极佳方案。

基金会一般为慈善非营利组织，但有些地区也允许私人基金会存在。私人基金会可以不受慈善目的的限制，允许基金会向特定人分配财产。

四、财富的消费

财富的消费有两层含义：一是购买没有投资属性的生活消费品，比如食物、衣服、房产、化妆品、汽车等，满足生活需要；二是购买具有投资属性的商品或资产，比如股票、债券、房产、黄金、艺术品等，即资产配置。可以看出，住房同时具备消费和投资双重属性。近年来，在"房住不炒"的大背景下，住房的投资属性逐渐减弱，但居民仍可以通过房地产信托投资基金（REITs）投资房地产。

马克思认为，消费是经济发展的目的和动力。西方经济学中，很多学者探究了影响消费的因素，因此形成了不同的消费理论。凯恩斯提出，当人们收入增加，消费数量也会增加，但消费增加的幅度会逐渐变小，即边际消费是递减的。杜森贝利认为，消费不仅受收入影响，还受过去消费习惯和周围消费水平的影响，因此，消费是相对被决定的。同时，长期消费函数是从原点出发的直线，短期消费函数是正截距的曲线，即存在"棘轮效应"。莫迪利安尼提出"生命周期消费理论"，强调人们会考虑整个生命周期内的消费需求，规划自己的消费开支，以达到最佳配置。弗里德曼同样重视收入对消费的影响，但不同于凯恩斯的绝对收入和杜森贝利的相对收入，他提出恒久性收入的概念，即消费者过去、现在和预期未收入的加权平均所得，消费受恒久性收入的影响，一次短暂收入对消费的影响很小。

根据国家统计局数据，2022年我国居民人均可支配收入为36883元，比上年增长5.0%；其中城镇和农村居民人均可支配收入分别为49283元和20133元，增幅分别为3.9%和6.3%。与此同时，2022年我国居民人均消费支出为24538元，比上年增长1.8%；其中城镇和农村居民人均消费支出分别为30391元和16632元，增幅分别为0.3%和4.5%。

从消费结构看，如图1-3所示，2022年我国居民食品烟酒方面的人均消费支出为7481元，占人均消费支出的比重最高，为30.5%；居住、交通通信和教育文化娱乐方面的人均消费分别为5882元、3195元和2469元，分别占人均消费支出的24.0%、13.0%和10.1%；医疗保健、生活用品及服务、衣着方面的人均消费占比较低，分别为8.6%、5.8%和5.6%；其他用品及服务占人均消费支出的2.4%。

根据《消费经济学》的分类，一般将居民用于吃、穿、住等方面的消费支出定义为生存型消费；将教育、交通通信、医疗保健等方面的消费定义为发展型消费；将文化娱乐、耐用消费品及其他消费支出定义为享受型消费[①]。

从以上数据可以看出，我国居民用于满足吃、穿、住等基本生活需求的生存型消费占总支出的60.1%，交通、医疗等发展型消费占21.6%，教育文化娱乐、生活用品及服务等享受型消费占18.3%。随着经济、社会的发展，我国居

---

① 由于"教育文化娱乐"的统计数据无法分割，所以一起计入享受型消费。

民的生存型消费所占的比例会进一步降低,而发展型消费和享受型消费所占的会不断提升。

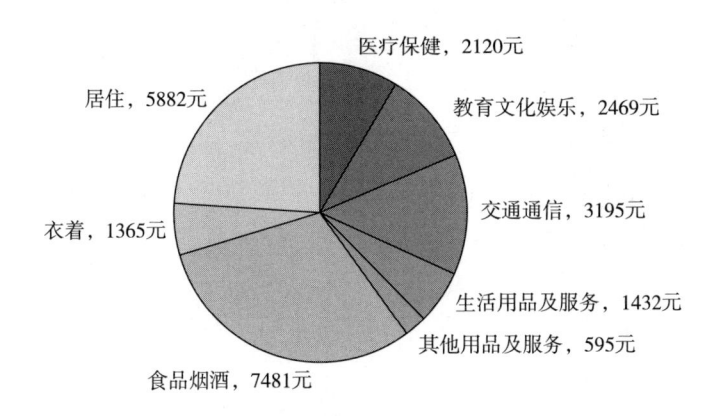

图 1-3　2022 年我国居民人均消费支出及构成

数据来源:国家统计局官网。

资产配置方面,长期以来,我国居民的资产配置范围包括房产、各类金融资产及其他。房地产的持续超配是中国居民资产配置的典型特征,这可能和我们的农耕文化有关,在"居者有其屋"观念的影响下,人人都希望拥有稳定的住所,这和以畜牧文化、海洋文化为主的经济体有明显差异。2000 年前后,中国启动了房地产市场化改革,那时居民房地产资产配置比例约为 80%。近年来,在"房住不炒"理念的影响下,这一比例逐步降到 65%~70%。同时,金融资产的占比整体逐渐提升,特别是净值型产品,包括股票及银行类理财产品所占比例的提升比较明显,目前的占比在 12% 左右。

对于资产在 100 万美元以上的高净值人群来说,其资产配置的结构另有不同。如图 1-4 所示,2019 年高净值人群房地产的资产配置占可投资资产①的 13%,比 2011 年下降了 3 个百分点;储蓄及现金配置比重达 24%,比 2011 年上升了 6 个百分点;股票资产的配置由 30% 降至 21%;信托产品由 2% 提升为 9%,反映了高净值人群财富管理的流动性需求和风险规避意识增强的趋势。

---

①　可投资资产一般包括现金/存款、股票、基金、保险、债券等金融资产,以及非自主性房产和另类投资品。

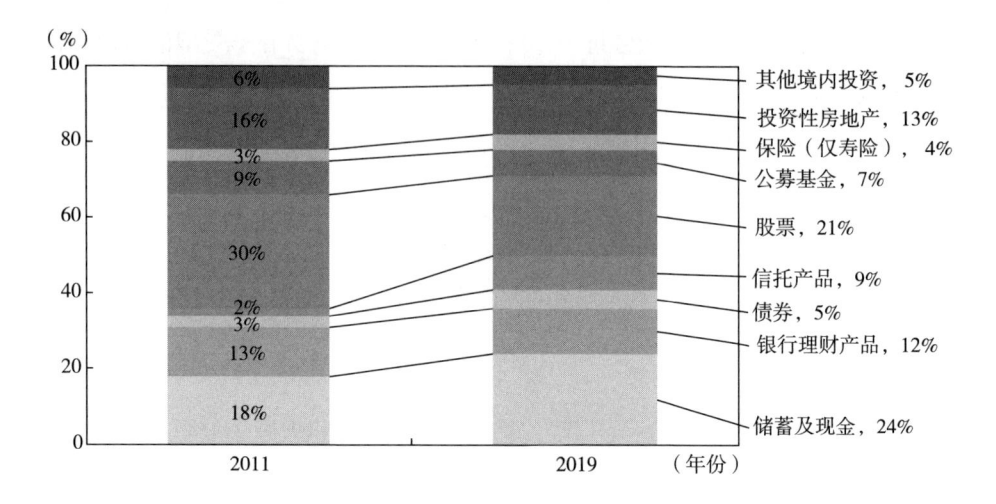

图 1-4　中国高净值人群可投资资产配置变化

数据来源：建设银行私人银行部。

第四节　社会环境对财富管理的影响

　　所谓社会环境，是人类生存及活动范围内的社会物质和精神条件的总和，包括社会政治环境、经济环境、文化环境、法治环境、科技环境等方面。从一定程度上来说，人类历史就是一部财富发展史，社会环境对财富的创造、分配、转移、消费和传承等各个环节都起着重要作用。战争导致的财富消耗与转移，文化影响的财富形态与财富观，经济周期波动带来的财富增减，技术革命造成的财富重新分配，以及法制框架下的财富管理行为……深入探讨社会环境对财富管理的影响，对于研究财富管理相关问题至关重要。

一、国际冲突与财富管理

　　国际冲突是影响社会环境的重要因素，同时也与财富管理密切相关。国际冲突有很多形式，包括军事冲突、金融危机和贸易摩擦等。根据 Conway W. Henderson 在《理解国际法》中所述，公元前 3500 年至 20 世纪末，人类 5000 多年的历史上大部分时间都充斥着战争，只有不到 300 年是和平的；有文字记载的历史，大约发生了 14500 场战争，造成至少 36.4 亿人失去生命。为什么会爆发战争？很多时候就是为了掠夺财富。亚里士多德曾说过，"战争是一门关于获取的自然艺术"，为了获取资源、为了扩张土地、为了增加人口……总而言之，对财富的占有往往是战争爆发的根本目的。

与此同时，战争中会产生巨大的财富消耗，包括参战国家的武器装备投入、人员伤亡、基础设施损毁，甚至历史文化财富的消亡。美国国防部报告称，2001 年至 2021 年，美国在阿富汗战争中的作战成本高达 8157 亿美元，包括驻阿富汗美军运营成本，如燃料、食品、坦克、装甲车、航母和空袭行动等各项支出。当然，那些未参战的国家有机会大发战争财。两次世界大战期间，美国都曾通过向参战国售卖武器攫取巨额利润，为"二战"后的霸权地位奠定了物质基础。战争结束后，由战败国向战胜国的财富转移不可避免，表 1-1 就是一个典型的例证。面对满目疮痍的战场，战后的重建又会促进财富的快速积累和扩张，"二战"后的马歇尔计划对很多国家的经济发展和财富创造发挥了积极作用。

战争也会影响微观的资产配置。战争国家的房产、货币价值和金融资产价格波动较大，存在较高风险，在投资者的资产配置中容易被低配，甚至被替代，黄金等避险资产则备受青睐。战争也会导致行业兴衰更替，战争期间，军工产业等与战争相关的行业市场需求较大，相关企业利润暴增。由此看来，无论从宏观还是微观层面看，战争都深刻影响着财富的创造、转移与分配等各个方面，战争对财富管理的影响不容小觑。

二、文化与财富管理

首先，文化影响财富的形式。不同的地域，不同的文化崇尚不同的财富形态。农耕文明影响下，粮食、房屋、土地都是重要的财富形态，"耕者有其田，居者有其屋"成为农民共同的财富目标。畜牧文明以狩猎和饲养各种动物为主,牲畜则是牧民的主要财富。海洋文明中,人们通过海上贸易换取香料、药材、瓷器、丝绸等各种商品,是财富的重要来源。农耕文明看重财富的积累和传承,只要时间足够长,财富通常会逐渐增加;畜牧文明崇尚力量,强者拥有更多的财富;而海洋文明中,财富的获得最需要冒险精神,冒着葬身大海的风险,争取一夜暴富的机会。

其次,文化影响财富观。在不同文化影响下,人们对财富的认知和态度有很大差别,在我国传统文化思想中体现了鲜明的财富观。在如何获得财富方面,"君子爱财,取之有道"[1];在如何分配财富方面,"丘也闻有国有家者,不患寡而患不均,不患贫而患不安。盖均无贫,和无寡,安无倾"[2];在如何消费财富方面,"奢则不孙,俭则固;与其不孙也,宁固"[3]。而在西方财富思想中,财富的来源多强调合法性,财富的分配重视公平性,财富的消费则主张"适度"。亚里士多德指出,人们的能力与天赋存在差别,个人价值和社会价值不完全相同,只有各取所值才是公正的。同时,"慷慨"和"大方"是对财富最好的使用,"浪费"和"吝啬"都是不可取的。"大方的人要使其价值与消费相适应,如果适应了,尽管消费不高,一件小礼物也可称作大方。"

最后,文化影响资产配置。根据《中国城市家庭财富健康报告》和美国消费者金融的调查数据,2018年,中国家庭财富中房产配置比例为77.7%,金融资产配置比例为11.8%;而美国家庭财富中,房产配置比例为34.6%,金融资产占比达到42.6%。中国家庭对房产的青睐有着深刻的文化渊源,受农耕文化的影响,重视稳定性,使中国人对住房形成刚需,对价值稳定的房产特别偏爱。与之相反,受海洋文化影响的美国,更重视流动性,偏爱高风险高收益的金融资产。当然,这种资产配置的差异也与中美两国金融市场的发展程度不无联系。

三、人口与财富管理

人是创造财富的主体,同时又是消费财富的主体,正如宋代王安石所说:

---

[1] 出自《增广贤文》。
[2] 出自《论语·季氏》。
[3] 出自《论语·述而》。

"因天下之力以生天下之财，取天下之财以供天下之费。"每个国家在享受着劳动人口创造财富的同时，也要承担非劳动人口给社会带来的压力，因此劳动人口在总人口中的占比影响着社会财富的创造和消费等诸多方面。

纵观我国几千年的历史，无论是汉代的"文景之治"，还是唐代的"开元之治"，又或是明清时期的"永乐盛世"和"乾隆盛世"，在一定程度上都得益于人口增长带来的经济发展和财富积累，成就了中华民族的繁荣时代。中华人民共和国成立以来，我国长期处于劳动力资源相对丰富、抚养负担比较轻的"人口红利"期，对促进经济增长、就业和财富创造发挥了重要作用。

根据我国第七次人口普查的结果，截至2020年11月1日，我国（不包括港、澳、台地区）人口总体规模达到14.1亿，其中60岁及以上的老年人口总量为2.64亿，已占到总人口的18.7%；65岁以上人口1.91亿，占总人口的13.5%。世界人口老龄化标准是60岁以上人口占人口总数10%以上，或者65岁以上人口占总人口的7%以上。因此，我国已进入深度老龄化社会。自2000年步入老龄化社会以来，60岁以上老年人口比例增长了8.4个百分点。2010~2020年升高了5.4个百分点。与此同时，我国人口的受教育程度和城镇人口数量也在不断提升。截至2020年11月1日，每10万人中具有本科文化程度的达到15467人，比2010年时高出6537人。人口城镇化率达63.9%，相较于2010年时的49.7%，上升了14.2个百分点。

为应对人口老龄化的问题，2015年，我国推出全面"二孩"政策，各省份也相继出台鼓励生育的各项措施。未来一段时间，财富管理的重点将会和"养老规划"和"多子"紧密相连。如何安度晚年？这不仅是已经退休的广大老年人的需要，也是中青年人应该思考的问题，未雨绸缪，早做规划。而对广大财富管理机构来说，为老年人推出丰富的养老产品，为中青年人做全生命周期的财富管理，是发展财富管理业务的新机遇。

四、法制与财富管理

法制贯穿于财富管理的全过程，法律体系为财富管理提供了最重要的制度环境和行为准绳。法制在财富管理中的作用体现在以下几个方面：第一，确定财富的归属权；第二，规范财富管理机构的业务行为；第三，明确财富管理当事人的权利义务关系；第四，构建及规范财富管理行业的市场监管体系；第五，化解财富管理的法律纠纷。理想的财富管理法治环境应是具备符合现实需要并能保障其可持续健康发展的制度体系：一方面，法律对合法的财富管理活动进行确认和保护，并保持适当的包容性与创新性，以满足财富管理法律调整的需要，避免法律滞后、空白与过度严苛给行业发展带来制约作用；另一方面，建立财富管理法律底线规则，防范财富管理市场波动引发的金融风险，威胁经济发展和社会稳定，如划定非法集资法律红线等。

《中华人民共和国民法典》在我国的法律体系中居于基础性地位，其中关于物权、合同、婚姻家庭、继承等方面的规定，对于居民财富的归属、转移和传承等方面具有直接的指导作用。《中华人民共和国公司法》则是系统规范法人行为最为重要的专业法律。另外，《中华人民共和国商业银行法》《中华人民共和国保险法》《中华人民共和国信托法》《中华人民共和国证券投资基金法》《中华人民共和国证券法》《中华人民共和国期货和衍生品法》等相关法律对商业银行、保险公司、信托公司、基金公司、证券公司以及期货公司等各类金融机构的业务行为进行了专门的规定。

2018年4月27日，中国人民银行、原中国银行保险监督管理委员会、中国证券监督管理委员会、国家外汇管理局四部委联合发布《关于规范金融机构资产管理业务的指导意见》（以下简称《资管新规》）。根据《资管新规》的要求，自2022年1月1日起，各类金融机构的资管产品必须实行净值化管理、打破刚兑，禁止资产池，消除多层嵌套的资管产品，有效防范财富管理行业的风险。《资管新规》的出台，为各类金融机构的财富管理业务提供了一个全面的监管框架，填补了财富管理行业功能性监管的空白。

在《资管新规》的影响下，银行、证券公司、基金公司等机构已经实现全面业务转型，我国财富管理行业进入快速发展的新阶段。

五、经济周期与财富管理

经济的增长不是一成不变的，往往具有周期性的波动，通常包括低谷、复苏、繁荣、衰退四个阶段。经济周期（也叫商业周期），一般以国民总收入、总产出和总就业的扩张或收缩为特征。根据波动的周期长短不同，可以分为基钦周期（也称库存周期，3~4年）、朱格拉周期（也称投资周期，9~10年）、库兹涅茨周期（也称建筑周期，15~25年）以及康德拉季耶夫周期（也称技术周期，50~60年）。

宏观来看，经济繁荣期是商业周期的扩张和高峰期，国内生产总值、生产力和收入方面均不断增加。随着GDP的持续平稳增长，个人、家庭财富不断增多，推动社会财富的创造和积累。微观层面，经济繁荣期间显示出经济发展的良好势头，企业获取的净利润持续大幅度增长，企业自身经营和生产环境得以改善，投资市场风险减少，促使相关投资品价格稳步上涨。此时，投资者对经济发展形成良好的心理预期，投资理财积极性得以快速提高。

相反，经济衰退可能导致国内生产总值、就业等经济指标同步下降，同时还会伴随着投资、企业利润及物价下跌，居民的消费减少，企业对未来失去信心等现象，社会财富的创造与消费同步减弱。经济衰退期间，经济的低迷会影响各种资产价格和投资收益，这个时候保守类型的投资品相对于风险属性较强的投资品更受投资者青睐。

六、科技进步与财富管理

作为一种能够深刻影响财富管理发展的社会环境要素，科学技术与财富管理互相渗透、深度竞合。纵观人类的发展历程，从石器、铁器的出现，到蒸汽机的发明，再到计算机以及现代人工智能、虚拟现实等全新技术的问世，无不带来了深刻的社会变革。正是人类伟大的好奇心和无畏的探索精神，使科学技术最终成为第一生产力（白光昭，2020）。

科学技术推动了社会财富的创造，其机制可以归纳为以下四个方面：第一，从劳动者来看，科学技术通过教育和培训等方式，拓展和更新劳动者的知识和技能，从而提高人力资本的质量。第二，从劳动工具来看，科学技术通过改进或创新劳动工具，提高劳动工具效率，实现劳动替代，进而提高生产效率。第三，从劳动对象来看，人类劳动正在依靠科学技术不断开发、创新和扩大劳动对象范围。第四，从生产领域来看，科学技术的重大进步会催生新产业，形成新的专业化分工与协作，从而促进社会财富增长。

同时，科学技术也会深刻影响财富的消费。从消费供给来看，科技进步保障了产品供给的数量提升、品种丰富，以及服务供给的便捷化、个性化，为消费者提供更多的产品及服务选择。从消费需求来看，科技进步通过优化支付方式、渠道等提高支付便利性，促进消费者实现跨时间、跨空间消费，优化消费体验。科学技术在消费方式领域的丰富应用，如信用卡、分期付款、网络支付等可通过平滑机制使居民提升当期消费。

当然，现代科学技术成果在财富管理领域的应用，可以通过大数据、人工智能等增加对客户的了解和刻画，降低信息不对称带来的风险；但是金融科技的不当运用，可能会提高金融风险。而且，科学技术在推动财富管理机构提供跨时间、跨空间的财富管理服务时，可能加快和增强金融风险的传播速度和传染性。因此，防范科学技术在财富管理应用中面临的风险，对于推动我国财富管理市场高质量发展具有重要现实意义。

第二章　国际冲突与财富管理

在国际社会中，冲突是普遍存在的现象。各国之间往往会因为财富争夺、利益竞争等因素产生各种形式的对抗，其中既有刀光剑影的军事冲突，也有击溃对方于无形的金融和贸易争端。不论是何种形式的国际冲突，其缘起往往都是对财富的渴求，而冲突的结果会在全球范围内形成新的财富转移、分配和再创造。本章从军事、金融、贸易三方面论述国际冲突对财富管理的影响。

第一节　军事冲突与财富管理

新兴国家难以通过正常的发展突破守成大国设下的桎梏，这使系统性军事冲突即大国战争变得不可避免。一场军事战争往往会消耗掉大量的财富，然而获取并转移他国财富才是军事战争的重要目的（恩格斯，1962）。除了战争期间对财富的掠夺和转移，战胜国所主导着的战后国际秩序也是其军事力量的延续。从这一视角来看，军事冲突的胜利决定着财富分配以及再创造的权力。"二战"后美国基于自身的全球霸权战略而采取的对日援助和对欧马歇尔计划，就是军事冲突决定财富再创造的最好例证。

一、军事冲突中财富的消耗

军事冲突本质上是一种经济活动，一国为获取财富而发动军事战争，同时军事战争又消耗掉了本国的大量财富（保罗，2010）。军事冲突中财富的消耗包括多个方面：首先是军事冲突直接消耗的财富，包括士兵工资、武器装备、战死安置费等；其次是因制裁导致的外部财富消耗，包括海外资产的冻结、进出口的限制等；最后是军事冲突造成的国内财富消耗，包括股市暴跌、货币贬值、资本外逃，甚至还会出现企业或居民因避战或反战而携带财富逃离本国的情形。由此可见，军事冲突中的消耗不仅是人力上的，更是财富上的，除了直接的财富消耗，还有所连带着的一系列间接的财富消耗。本节将以俄乌军事冲突为例，并基于俄罗斯角度分析军事战争中财富的消耗情况。

2022年2月24日，俄罗斯总统普京表示要对乌克兰采取"特别军事行动"，即对乌克兰进行军事打击，俄乌冲突的序幕就此拉开。其主要肇因是北约不断东扩并试图将乌克拉纳入其中，这一举动在地缘政治方面严重威胁到了俄罗斯的国家安全。俄乌冲突财富的消耗是巨大的，对此，下文将从三个角度展开分析。

1. 战争的直接财富消耗

俄罗斯所需要消耗的直接财富数量取决于派出兵力、动用武器的多少以及持续时间的长短。

在冲突初期，俄罗斯就投入了大量的兵力和武器，俄乌欧中四方媒体给出的出战兵力各有不同，具体数额在10万~20万之间。根据乌克兰军方情报，俄军部署的武器装备如下：近3200辆各型装甲车辆、1200辆左右的各型号坦克、约1700门各类型火炮、近600架各种类航空器、约91艘各种舰船、28~34处地面卫星指挥部、约200架各种军用飞行器、300~400枚导弹等。按照俄罗斯最近10年出售军火的中位数价格，以上军事人员与军备的购置价值（含士兵的培训成本）超过500亿美元。

事实上，截至2023年2月23日，即俄乌战争发生一年以来，综合乌克兰基辅独立报（The Kyiv Independent）和美国战争研究所（Institute for the Study of War，ISW）的战损数据，以及斯德哥尔摩国际和平研究所（Stockholm International Peace Research Institute，SIPRI）披露的俄罗斯军费、军人培训、伤亡费用等价格资料显示，俄罗斯为本次军事冲突付出的经费多达1255亿美元，日均近3.44亿美元。其中最大的支出是日常军费。俄罗斯目前在战争中的兵力投入为35万人，如果单个俄军的日常费用（包括工资、生活费、武器装备、医疗费等）按每天500美元来算的话，则其一年来所耗费的费用有638.75亿美元。其次是冲突中死亡士兵的费用。俄军在乌克兰战场一年间的战死人数在14.5万人左右，按俄罗斯国防部披露的资料显示，新兵的培训费人均为3万美元，死亡赔偿金人均为20万美元，所以俄罗斯战死士兵耗费的军费为333.5亿美元。再次是武器装备损失。一年间俄罗斯在乌克兰战场损失了价值263.2亿美元的武器装备，其中299架战机价值89.7亿美元，243套防空导弹系统价值36.5亿美元，2345套火炮系统价值28.2亿美元。以上金额不包含低单价的枪支弹药等（见表2-1）。

表2-1　俄方截至2023年2月22日的战损

标的	损失数量（个）	较前一日增减变化
士兵	145060	+620
装甲车	6569	+7
运油车	5212	+2
坦克	3334	+8
火炮	2345	+7
无人机	2026	+3
火箭炮	471	+0
战斗机	299	+0
直升机	287	+0
巡航导弹	872	+0
防空导弹	243	+0
特种设备	226	+0
船只	18	+0

数据来源：《基辅独立报》。

2. 因制裁导致的外部财富消耗

除了冲突中直接的财富消耗，俄罗斯的军事行动遭到一些国家的谴责和制裁进而导致俄罗斯外部财富的消耗。自普京宣布对乌克兰展开军事行动后，以英国、美国和欧盟为代表的国家和国际组织就陆续宣布对俄制裁。

首先，俄罗斯近 2.6 万亿美元的海外资产遭冻结。倘若以俄罗斯 2022 年数据来衡量，这相当于其 GDP 的 1.22 倍，也相当于其财政收入的 6.48 倍。其中英国宣布要立即制裁俄罗斯外贸银行，冻结的资产总额为 2061 亿美元；美国总统拜登宣布了四项针对俄罗斯的制裁措施，被制裁资产累计约 1 万亿美元；欧盟也宣布将冻结俄罗斯在欧约 1.4 万亿美元的全部资产。

其次，俄罗斯的银行等金融机构遭制裁。俄罗斯对外业务一旦被切断，就无法获得国际贷款，无法出售国债。官方数据显示，2021 年第四季度其外债总额为 4782 亿美元，一年后即 2022 年第四季度其外债总额只有 3818 亿美元，下降超 20%。

最后，俄罗斯被踢出 SWIFT，其对外贸易遭制裁。SWIFT 是全球主要跨境转账通道，若是与之断开联系，就意味着至少 70% 的对外贸易无法进行，其国际能源交易也会被切断，这项收入占财政收入的 40%。这对俄罗斯的经济无疑是最致命的打击。伊朗曾经就是因为被踢出 SWIFT 系统，经济陷入崩溃的边缘。

3. 军事冲突引起的国内财富消耗

本次军事行动引起股市暴跌、货币贬值、资本外逃等现象，进而造成财富的消耗。

首先，股市暴跌。在俄罗斯总统普京宣布对乌采取"特别军事行动"当日，俄罗斯股市暴跌。历史数据显示，俄罗斯 MOEX 指数下跌了 33.28%，收盘点数为 2058.12，是近五年的最低点。由于战争预期，军事行动的前五日俄罗斯 RTS 指数已经累计下跌了 2/3，6000 亿市值凭空消失。

其次，卢布大幅贬值。2022 年 2 月 24 日，财联社公布俄罗斯卢布兑美元的汇率创历史低位，达到 1∶89.60，贬值幅度为 13.4%。俄罗斯统计局 2022 年 GDP 计算表中的数据显示，由于通胀等因素，一年来俄罗斯人在消费上损失了8.61万亿卢布，存款也贬值了4.60万亿卢布。

最后，资本外逃。"特别军事行动"以来，俄罗斯境内数千家外资企业纷纷暂停了在俄境内业务。俄罗斯央行公布的2022年上半年外资流出规模数据显示，外资流出数额约为1510亿美元。此外，部分居民也因反战或避战将家庭财富转移至外国。俄罗斯央行在《生意人报》上透露，截至2023年1月1日，俄罗斯人转移到外国银行的家庭存款数额约为943亿美元。

二、军事冲突中财富分配权的争夺

财富的转移和分配权与军事力量的兴衰紧密相连，面对强权国家所发动的军事战争，弱小国家若不能保卫自身的财富，那么其财富自然会被强权国家或直接或间接地掠走。然而，军事冲突并非强权国家争夺财富分配权的最有效的方式，能否取得战争最后的胜利及其战后能否主导世界贸易体系与资本流向，才是争夺财富分配权的长效机制（张明之，2021）。第二次世界大战期间，各国对财富分配权的争夺是当时国际关系的重要组成部分，同时也是各国发动军事战争的重要动力之一。各国对财富分配权的争夺重点有所不同，从土地、资源到科研、技术，以及策略也各不相同。这些争夺和策略在当时及之后的国际关系中产生了深远影响。

以纳粹德国为代表的轴心国对财富分配权的争夺主要集中在领土和资源方面。作为"一战"的主要发起国和战败国，德国在战后损失了1/8的领土以及全部海外殖民地。在此背景下，希特勒和纳粹党利用民族主义情绪开始了大规模的领土扩张和资源攫取，其中既包括了军事设备、农副产品、黄金、原油等直接财富，也包括了财政剥削、劳动力奴役等间接财富。

第一，在直接财富方面。军事设备方面，1940年法德签署了停战协定，纳粹德国对法国北部和西部相关领土实施军事占领。这片区域约占法国领土面积的2/3，且以工业区为主，该区域内的军事设备等财富也交由德国控制，仅此一项的财富数额就高达8000亿法郎，这还不包括占领区内港口、铁路、电话等的运作权，而这些又将进一步产生更多的财富。农副产品方面，纳粹德国对其占领区进行了疯狂的掠夺，以应对其在战争中日益稀缺的食物供应。1940

年4月德军发起威瑟堡行动，丹麦选择投降，在其投降后的一年内，德国就掠夺了近47万吨的农副产品，其中包括近26万吨的猪、牛肉，8万多吨的油料，近6万吨的禽蛋以及7万多吨的水产品（杰烈维扬科，1981）。在整个战争期间，德国从所占领的波兰掠夺了大约80%的谷物和50%的甜菜。黄金方面，根据英国央行的资料，纳粹德国在"二战"期间掠夺了约500吨黄金，其中大部分被用于支付俄国和罗马尼亚等国的重要抵押贷款，以援助纳粹德国的战争经济。原油方面，纳粹德国从罗马尼亚和匈牙利占领区掠夺了大量原油，并在占领区内建立了多个炼油厂和油库，所掠夺原油数量约为2400万吨。这批原油占德国在1942年的总进口量的1/3左右，足以满足德国陆军、海军和航空部队至少一年的燃料需求。

第二，在间接财富方面，纳粹德国主要通过财政剥削和劳动力奴役的方式来掠夺之。1944年4月德国时任财政部部长在报告中估计，截至1944年2月底，德国对占领区所征收的占领费用高达476.6亿德国马克。面对劳动力短缺的问题，纳粹德国对集中营内的战俘和占领区内的外籍劳动力进行了大量剥削，这些人被迫在森林、工厂和农田里劳作。在早期的占领区，如果德国方面认为有劳动力空间，他们会强制征召当地民众，而不顾及他们的安全和福利。法国政府曾做过一项统计，德国所控制的劳动力在德国和法国境内分别付出了150亿个工时和77亿个工时（Spoerer等，2002）。

与纳粹德国所不同的是，美国对财富分配权的争夺主要集中在科技和军事方面。在"二战"期间，美国政府在曼哈顿计划中花费了22亿美元研究和制造原子弹。曼哈顿计划创造了13个国内工业城市，雇用了约12万名工人，并最终成功制造了世界上第一颗原子弹。除了核武器研发，美国还实施了大规模的军事援助计划，向反法西斯同盟国提供武器和军事装备，以帮助其对抗轴心国家。根据美国国防出口政策的数据，美国在1941~1945年向盟友国家提供了价值近100亿美元的武器和军事装备。

在整个"二战"期间，纳粹德国虽然凭借其军事力量实现了对各国财富分配权的控制，并得以掠夺和转移大量财富，但最终轴心国以失败告终，纳粹德国作为战败国担负了大量的战争赔款，同时割让了近1/3的领土，首都柏林也由四国分区管制，整个国家一分为二，这意味着纳粹德国对于各国甚至是其本国的财富分配权力的最终消弭。"二战"后，随着布雷顿森林体系的设立和美元霸权的确立，以美国为代表的战胜国最终接手并建立了控制各国财富分配权的长效机制。

三、军事冲突中财富的再创造

除了财富的消耗、转移和分配，军事冲突也会实现财富的再创造。战胜国通过主导战后的国际秩序，使大量的财富实现了跨国转移。对于财富流入国来说，一方面在短期内获得了发展资金，工业得以重启，贸易得以发展，财富在再生产的过程中得以持续再创造；另一方面伴随着重点产业由贸易部门到工业部门再到金融领域的转移，其金融市场的蓬勃发展也吸引了外国可投资资金的流入，这将进一步加快财富的再创造过程（金德尔伯格和高祖贵，2003）。对于财富流出国来说，战争期间所积累的过剩的生产力得以消耗，从而缓解了国内经济下行压力，稳定了国内就业，所创造的财富也将再次回笼本国，支持本国的财富再创造。1947~1991年的冷战时期，以美国为代表的资本主义阵营和以苏联为代表的社会主义阵营都对其各自的利益相关国进行过经济援助，进而实现了对财富的转移以及再创造。

首先，分析美国的经济援助及其财富再创造影响。美国由于特殊的地理位置使其远离欧洲主战场，且在1941年珍珠港事件后才决定参战，成为"二战"中为数不多的损失较少甚至获益的国家之一，其所拥有的雄厚的工农业基础使其在"二战"中大发战争财，积累了巨额财富。"二战"结束后，美国官方黄金储备占到了世界储备总量的75%以上。

欧洲作为"二战"主战场，绝大多数城市和地区在炮火中遭到了严重破坏，工业生产遭到了毁灭性打击，数百万人无家可归。1947年7月美国启动了援助西欧各国的欧洲复兴计划，即马歇尔计划，该计划囊括了经济援助、基础设施建设等多个方面。在随后四年间，美国以资金援助等方式向西欧各国直接转移的财富高达131.5亿美元，按现在消费力水平看，相当于如今的2000亿美元，其中90%为直接赠予。1948~1950年，马歇尔计划援助各国的总金额如图 2-1 所示，其中计划援助英国的数额最多，达到了 32.97 亿美元，其次是法国的 22.96 亿美元，再次是德国的 14.48 亿美元，英国、法国、德国受援助额超过总援助额的 53%。该计划使欧洲各国经济迅速恢复，财富也逐步积累，以至于如今欧洲仍然是全球最富裕的地区之一。据统计，1950~1960 年，德国工业总产值从 487 亿德国马克增加到 1647 亿德国马克，增长 2.4 倍，国民生产总值从 233 亿美元增加到 726 亿美元，增长 2.1 倍。

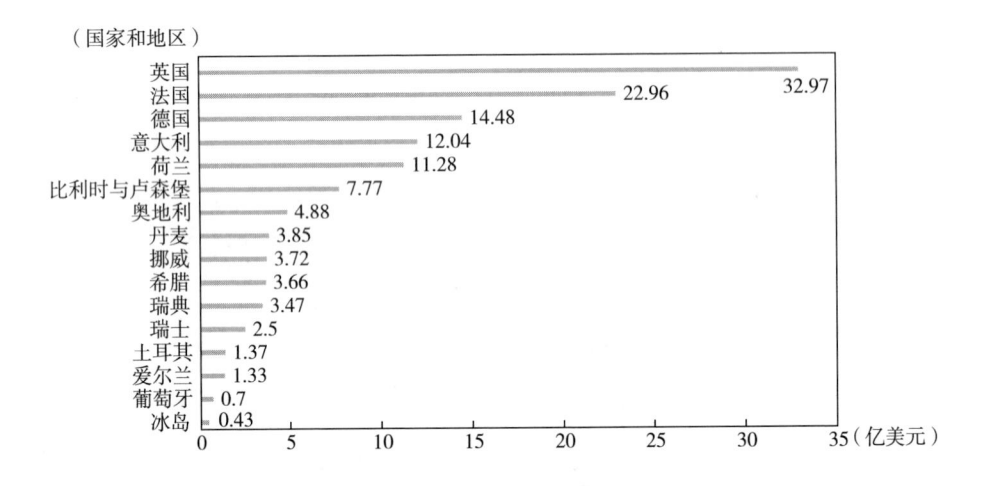

国家和地区	金额（亿美元）
英国	32.97
法国	22.96
德国	14.48
意大利	12.04
荷兰	11.28
比利时与卢森堡	7.77
奥地利	4.88
丹麦	3.85
挪威	3.72
希腊	3.66
瑞典	3.47
瑞士	2.5
土耳其	1.37
爱尔兰	1.33
葡萄牙	0.7
冰岛	0.43

图 2-1　1948~1950 年马歇尔计划援助各国的总金额

数据来源：笔者根据公开资料整理。

虽然美国公布的初始目标是恢复欧洲经济，但最后的最大获益者仍是美国自身，美国以 100 多亿美元的财富转移，创造了成千上万倍的财富回报。第一，美国在"二战"结束以后有着严重的产能过剩，工业品供应明显超过需求，经济下行压力严重，1946 年美国 GDP 同比增速下降 11.6%。美国要求各受援国必须进口美国相关产品，当时援助的资金有很大一部分通过贸易顺差回流到美国人的口袋当中。马歇尔计划后，市场进入正循环，GDP 增速又恢复到了 8% 左右，且在以后的大半个世纪里，欧洲对美国产品依赖度仍然很高，欧洲仍是美国主要出口地。此外，在政治上，美国在欧洲收获了一波"小弟"，在对外目标上欧洲一些国家与美国站位几乎一致。第二，随着西欧经济恢复，美国越来越多的财富以资本的形式投资于包括银行、电力在内的西欧各行业，凭借着较高的资本投资回报率，所创造的大量财富又再次回笼，支持美国本地财富的再创造。第三，由于援助资金以及后期贷款都是靠美元来实现的，这极大地促进了美元的流通，进一步提升并巩固了美元的国际货币地位，这为美国日后的财富积累提供了必要的支撑，并使其最终在冷战中胜出一跃成为经济第一强国。在冷战结束后，美国与欧洲作为两个较大的经济体，在战略威胁与利益上仍具有相同的目标，美国也在各种经济合作中持续获得财富回报。

其次，分析苏联的经济援助及其财富再创造影响。苏联有着高度集中的政治经济体制，苏联成立以后便集中化生产，在1930年左右西方经济大萧条期间便发展了非常完善的重工业生产线，经济方面更是发展迅速。在冷战时期，苏联作为当时世界上最大的社会主义国家，凭借其在重工业时期所积累的雄厚财富，同样对新兴的以及成型的社会主义国家进行了大量的财富转移。斯大林时期，苏联曾向12个社会主义国家进行过援助，赫鲁晓夫时期面向第三世界国家援助目标增加到27个，勃列日涅夫时期增加到64个。到苏联解体之前，对外援助总额达858亿卢布，在当时相当于1400亿美元，远超美国同期对外转移的财富总额。

新中国作为1950年左右新兴的且人口最为庞大的社会主义国家是苏联财富转移的主要国家之一。1947年7月，刘少奇受中共中央派遣到莫斯科会见斯大林以寻求援助，同年8月，苏联派出由多名副部长和高级工程师组成的顾问团来考察并援助中国基础设施建设。1949年12月，毛泽东与斯大林会谈，经过三个多月艰苦卓绝的努力，收回了中长铁路和旅顺港的所有权，并取得了年利1%的3亿美元优惠贷款。1950~1952年，苏联更是向中国进行了大量财富转移，苏联累计向中国出口了94.3万吨钢材、150万吨成品油以及价值1.263亿卢布的机器设备。鉴于埃及的战略位置和价值，苏联在1960年前后投入了接近30亿美元支持埃及建设，埃及60%以上的工业项目由苏联援建，其中就包括著名的阿斯旺大坝。1977年，苏联援助埃塞俄比亚数百辆坦克、装甲车、火炮，还有近48亿美元的资金援助。1960~1989年期间苏联援助古巴共620亿美元，同时苏联在一次贸易中以高于市价7倍左右的价格收购了古巴700万吨蔗糖，石油更是以市价四折出口给古巴。

相比于美国的马歇尔计划，苏联的对外财富转移虽然也促进了一些国家的经济发展，但由于苏联援助的部分国家如埃及和利比亚政权不稳定，两国政府直接宣布不偿还债务，同时苏联的援助往往不计成本，常常以再贷款弥补他国贸易顺差，在直接债务偿还上并没有全部收回。然而，综合分析来看，苏联的财富转移仍然间接实现了财富的再创造。首先，和美国一样，苏联有着强大的工业基础，使苏联在20世纪50年代也面临着产能过剩问题，对外财富转移在一定程度上消化了苏联过剩的产能，延缓了苏联后期的经济衰退进程。其次，苏联有着较为丰富的石油和天然气，但缺乏有色金属、橡胶等能源，苏联可以从其援助国以低价获得大量的能源和原材料。再次，对外产品的大量援助，进一步刺激了国内相关重工业尤其是军事工业的发展和创新，使苏联在航天军事领域迅速发展，成为当时的超级大国之一。最后，苏联通过财富转移，扩展了全球影响力，也收获了印度、叙利亚等一批政治盟友。

第二节　金融危机与财富管理

作为社会和经济体中资源配置和资金融通的场所，金融市场的效率会直接影响到一个国家的竞争力，进而影响到其在实体经济领域的竞争（戈登，2005）。自20世纪70年代以来，随着各国金融市场主动或被动开放，通过货币、外汇、资本等市场完成对一国财富的争夺、转移和分配，逐渐从可能变成现实，这导致全球范围内金融战和金融危机频发，并有愈演愈烈之势。

此外，作为社会和经济体中资源配置和资金融通的场所，金融市场的效率还会直接影响到一个国家的竞争力，进而影响到其在实体经济领域的竞争（戈登，2005）。不论是1997年的东南亚金融危机，还是2007年的次贷危机，危机的影响通过金融市场最终传导至实体经济，导致全球各国的财富严重缩水。

一、亚洲金融危机

亚洲金融危机爆发于1997年，在整个危机过程中，各方利益集团通过货币、外汇、资本等市场对财富展开了激烈的争夺，最终引发了整个亚洲金融市场的动荡，导致许多经济体在短时间内经历了大幅度的财富损失。

1. 亚洲金融危机背景

20世纪90年代，美国经济经历了一个长达十年的繁荣期，不仅股市上扬，通货膨胀率、失业率也保持较低水平。在这个时期，美元作为全球主要货币之一也长期保持坚挺，受到了广泛认可和欢迎。与此同时，泰国、马来西亚等一些东南亚国家的经济也迅速发展。这些国家经济活动中的国际交易和贸易主要使用美元结算，因此它们普遍采取了钉住汇率制，即把本国货币汇率固定在与美元的稳定比率上。然而，这种固定的汇率制度也导致了这些国家本币的实际价值相对于美元在一定程度上被高估的问题，过高的汇率又造成了出口商品的高价和竞争劣势，从而影响到这些国家的国际竞争力。当美元汇率波动时，其本币也会随之波动，这意味着这些国家必须采取相应的政策来维持汇率的稳定，以减轻汇率波动对本国经济造成的压力（王宇，2013）。

最终，这些国家本币被高估的现象逐渐暴露出来，1997年，以索罗斯量子基金为首的国际游资抓住了这一时机，在外汇、股票等金融市场上进行组合投机，东南亚金融危机就此拉开了序幕。国际"炒家们"首先对泰铢发动了进攻，一方面在外汇市场上大量抛售泰铢，另一方面做空股市和股指期货，在泰国央行耗尽外汇储备仍无法干预市场预期的情况下，泰国政府被迫放弃钉住汇率制，金融市场动荡，货币危机爆发。据泰国估计，在这场危机中，泰国外资净流出额高达164亿美元，索罗斯从泰国获得了30亿美元的财富（沈联涛，2009）。

1998年，索罗斯再次对亚洲货币进行了狙击，这次矛头直指中国特别行政区——香港。香港实行的是联系汇率制，即港币兑美元也是保持稳定的兑换比率。索罗斯的攻击计划包括做空港币和做空香港股市两方面。在外汇市场上，港币被大量抛售，香港货币当局动用外汇储备积极干预，同时加息以加大港币借贷成本；1998年8月13日，恒生指数跌至6600点，较前一年同期跌幅达到60%，相当于1年时间蒸发了6.8万亿港币。然而索罗斯却低估了港府干预市场的决心和实力，在中央政府的支持下，港府积极托市，8月28日恒生指数期货结算日当天，将恒生指数锁定在了7829点，指数期货锁定在了7851点，最终取得了港币保卫战的胜利，避免了香港财富的进一步损失。

2. 亚洲金融危机对财富的影响

亚洲金融危机对财富造成的影响体现在汇率市场、股票市场等多个方面，并最终通过金融市场传导至实体经济，多个国家的GDP等指标严重受挫，而通货膨胀率却大幅上扬，大量财富遭受损失。此外，为了应对危机后的困难，国际货币基金组织和部分国际银行向危机国家提供了大量援助，力求使这些国家尽快从危机中复苏。

第一，在汇率市场方面。1997年7月2日，泰国当局在与国际炒家对抗数月后宣布放弃盯住美元的固定汇率制度，并从当日起实行有管理的浮动汇率制。当日泰铢急速贬值，美元兑泰铢汇率下跌23%，危机自此开始。马来西亚、印度尼西亚和菲律宾等国纷纷放弃固定汇率制度并开启货币竞争性贬值，1997年7月和8月，短短两个月的时间里泰国泰铢、印度尼西亚卢比、马来西亚林吉特和菲律宾比索兑美元的汇率分别下跌41%、21%、16%和14%。货币危机还蔓延至东亚地区，1997年10~12月，中国台湾、韩国相继宣布放弃固定汇率制度，新台币、韩元兑美元汇率分别下跌18%和90%；港币则在政府动用巨额外汇储备调节的情况下坚守固定汇率。危机期间，亚洲主要国家或地区货币兑美元汇率变动情况如表2-2所示。

表2-2 危机期间亚洲主要国家或地区货币兑美元汇率变动情况（直接标价法）

单位：%

时间 本币名称	1997年 7月	1997年 8月	1997年 9月	1997年 10月	1997年 11月	1997年 12月	1998年 1月	1998年 2月
港币	0	0	0	0	0	0	0	0
韩元	0	1	1	6	21	45	-10	7
新加坡元	3	3	1	3	1	6	2	-6
新台币	4	0	-1	9	4	1	4	-6

续表

时间 本币名称	1997年7月	1997年8月	1997年9月	1997年10月	1997年11月	1997年12月	1998年1月	1998年2月
泰铢	28	7	4	13	1	14	13	-19
印尼卢比	7	12	12	9	1	50	90	-16
马来林吉特	5	11	11	2	6	11	9	-12
菲律宾比索	10	4	12	3	-1	15	6	-5

数据来源：Wind。

第二，在股票市场方面，货币贬值引发股市恐慌性抛售。自1997年7月至该年年底，泰国、马来西亚、印度尼西亚、菲律宾和韩国的主要股指下跌约45%~70%，中国香港、新加坡和中国台湾的主要股指下跌约20%~35%。危机期间，亚洲主要国家或地区股指月度涨跌幅情况如表2-3所示。

表2-3 危机期间亚洲主要国家或地区股指月度涨跌幅情况　　单位：%

时间 主要股指	1997年7月	1997年8月	1997年9月	1997年10月	1997年11月	1997年12月	1998年1月	1998年2月
恒生指数	8	-14	6	-29	-1	2	-14	24
韩国综合指数	-3	-4	-7	-27	-13	-8	51	-1
富时新加坡海峡指数	-1	-8	8	-19	5	-8	-18	28
台湾加权指数	11	-3	-11	-16	7	5	-1	14
泰国SET指数	26	-25	8	-18	-12	-6	33	7
印尼综指	0	-32	11	-8	-20	0	21	-1
富时马来西亚综指	-6	-21	1	-18	-18	9	-4	31

数据来源：Wind。

第三，在实体经济方面，固定汇率制度崩溃后，东南亚等国家资本大量外逃。IMF公开数据显示，韩国及亚洲四小虎（印度尼西亚、马来西亚、泰国和菲律宾）五国的私人资本净流入总额在1996~1998年减少超1000亿美元。危机还导致大量金融机构和企业的破产，失业人数激增。泰国暂停营业的58家金融机构中有56家倒闭，印度尼西亚也关闭了17家金融机构，韩国包括韩太集团、起亚集团在内的百强企业陆续破产。泰国发生危机一年后，破产停业的公司和企业过万家，失业人数达到270万，印度尼西亚失业人数达到2000万（罗阳，2011；沈联涛，2009）。表2-4反映了亚洲四小虎GDP和CPI增速情况。可以看到，亚洲四小虎的GDP增速在1994~1996年分别达到峰值（印度尼西亚8.4%、泰国9.24%、马来西亚10%、菲律宾5.85%），CPI增速在危机爆发前也基本维持稳定。然而危机爆发后，四个国家的GDP增速都转为负值，CPI增速也急剧攀升，其中以印度尼西亚为甚，1998年CPI增速是1997年的9倍有余。

表2-4 亚洲四小虎GDP和CPI增速情况　　　　　　　　单位：%

年份	GDP				CPI			
	印度尼西亚	泰国	马来西亚	菲律宾	印度尼西亚	泰国	马来西亚	菲律宾
1994	7.54	8.99	9.21	4.39	8.52	5.05	3.73	8.36
1995	8.4	9.24	9.83	4.68	9.43	5.82	3.45	6.71
1996	7.64	5.9	10	5.85	7.97	5.81	3.49	7.51
1997	4.7	-1.37	7.32	5.19	6.23	5.63	2.66	5.59
1998	-13.13	-10.51	-7.36	-0.58	58.39	7.99	5.27	9.27

数据来源：Wind。

第四，从危机应对来看，IMF以严苛的改革条件向主要国家提供资金援助，但实际落地情况和政策效果却不及预期。如表2-5所示，国际货币基金组织、亚洲开发银行和世界银行等组织和国家对印度尼西亚的计划援助额度最高，合计达到423亿美元，占印度尼西亚1997年GDP的20%，但实际仅支付了121亿美元，不及计划的30%；对韩国的计划援助额度为584亿美元，实际支出287亿美元；对泰国的计划援助额度为172亿美元，实际支出141亿美元。尽管提供了部分资金支持，但利率的上升使得到贷款的国家的负担变得更重，一些国家无法偿还贷款，导致了更严重的经济问题。

表2-5 IMF等国际机构对泰国、印度尼西亚和韩国的
计划援助资金和实际支出情况

	计划支出		实际支出	
	金额（亿美元）	占1997年该国GDP比重（%）	金额（亿美元）	占1997年该国GDP比重（%）
印度尼西亚	423	20	121	6
IMF	112	5	88	4
亚开行及世界银行	100	5	33	2
其他	211	10	0	0
韩国	584	13	287	6
IMF	211	5	190	4
亚开行及世界银行	142	3	97	2
其他	231	5	0	0
泰国	172	11	141	9
IMF	40	3	34	2
亚开行及世界银行	27	2	10	1
其他	105	7	87	6

资料来源：IMF、平安证券研究所。

二、美国次贷危机

美国次贷危机是一场因美国次级房屋信贷行业违约剧增、信用紧缩问题而引发的国际金融市场震荡的金融风暴。次贷危机始于2007年，是继20世纪30年代经济大萧条以来最为严重的全球性金融危机，对美国经济和全球经济造成了巨大的影响，最终导致全球各国的财富严重缩水。

1. 美国次贷危机的背景和过程

20世纪90年代，在信息技术革命的推动下，美国经济得以高速增长，资本市场也空前繁荣。但随着2001年网络泡沫的破灭，美国经济出现衰退。美

联储为了促进经济增长和就业,采用了宽松的货币政策,连续14次降低再贴现率,13次降低联储基金利率。2003年6月25日,联邦基金利率超历史最低水平,降至1%。这一政策促进了贷款市场的繁荣,刺激了居民购房需求,房屋价格也不断上升,极大地刺激了美国房地产业的发展,从而促进了美国经济的发展(赵倩倩,2015)。

由于低利率政策的实施,银行发放了大量的各种形式的住房抵押贷款,同时放款的条件过于宽松,一些信用状况不佳的人也得到了贷款。次级抵押贷款一次次被打包,并被抵押贷款机构卖给各级中间金融机构,再由中间机构投放到市场。但是2004年6月后,资产泡沫逐渐明显、通货膨胀压力不断加大,美联储开始实施紧缩政策,并在两年之内连续17次将联储基金利率从1%提高到了5.25%,这导致美国房地产市场开始降温,一些地方的房价也开始下跌。但次级抵押贷款市场仍保持火爆(见图2-2),最终,由于次级抵押贷款为基础的金融产品收益受到影响,导致次级抵押贷款机构出现亏损,甚至倒闭(饶雨平,2008)。

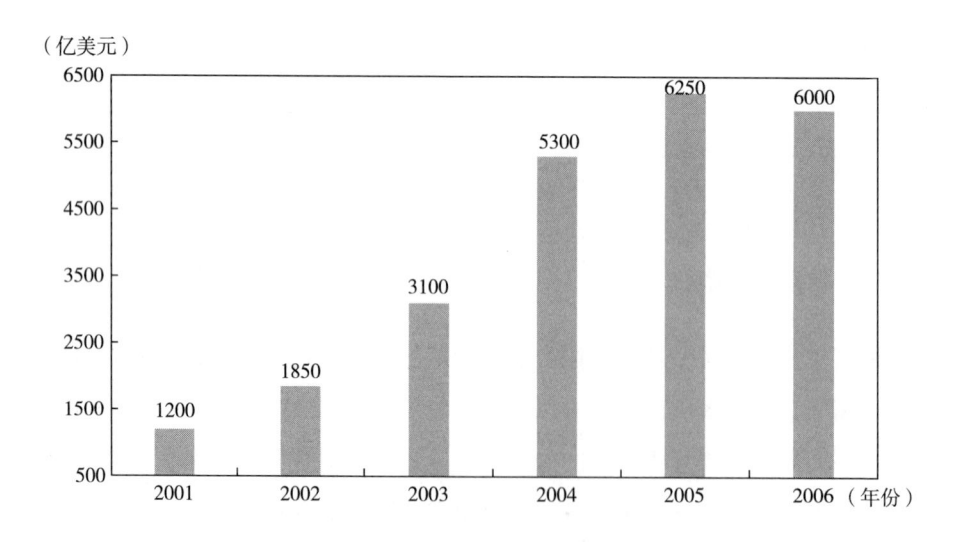

图2-2 2001~2006年次级抵押贷款规模增长情况

数据来源:Inside Mortgage Finance。

2007年4月，美国第二大次级抵押贷款公司新世纪金融公司申请破产保护，标志着次贷危机的爆发。接着，美国第十大抵押贷款机构美国住房抵押贷款投资公司也申请破产保护。房地产业危机导致不良贷款增加，银行要求追加保证金，进而导致资金链断裂，触发了连锁反应，这些事件最终导致美国次贷危机全面爆发。由于全球多个国家的金融机构也购买了美国次级贷款抵押证券产品，购买者纷纷抛售此类产品，危机因而扩散到全球的金融机构。同时，美元是世界货币，欧洲各国等都与美国贸易来往密切，进而导致这些国家也遭受了财富损失。

2. 美国次贷危机中财富的损失

从金融市场到实体经济，从单一地区到全球各国，次贷危机使美国以及全世界的财富都遭受损失。下面将具体说明美国在危机中金融业和实体经济的损失，并以欧洲、中国为例具体说明危机对世界各国造成的财富损失。

第一，对美国自身而言，美国金融机构和金融市场都遭受重创。在金融机构方面：2008年3~9月，短短的半年时间里，华尔街第五大投行贝尔斯登被摩根大通收购；美国第三大投行美林证券被美国银行收购；有着158年历史的第四大投行雷曼兄弟破产；美国房贷巨头房利美公布当年第二季度损失23亿美元，远超过预期（华尔街原先预期该公司亏损大约是6亿~7亿美元）；另外一家美国市场巨头联邦房贷公司房地美也公布了远超过预期的季度亏损。美国主要金融机构财富的损失具体如表2-6所示。在金融市场方面，2007年美国次贷危机爆发后，美国股市指数不断下跌，2008年道琼斯指数在第一季度下跌到7000点左右，创下"9·11事件"之后的最低点，市值大幅度缩水近十万美元。仅在2008年9月和10月，纳斯达克指数就下降了29.4%，标准普尔指数下降了26.03%。在大宗商品期货市场方面，美国原油期货2008年11月20日收盘跌穿每桶50美元，至三年半以来的最低点。此外，次贷危机还影响到了公司债券市场、商业票据市场、保险市场以及学生贷款等贷款市场（崔辉，2009；黄美龄，2008）。

表 2-6　美国主要金融机构财富损失情况

类型	机构	损失情况
巨额亏损	房地美公司	2007 年三季度亏损 20 亿美元
	美洲银行	2007 年 11 月 17 日核销 30 亿美元
	摩根士丹利	2007 年 11 月 7 日宣布其损失额达到了 37 亿美元，2007 年四季度损失达到 35.9 亿美元
	摩根大通	2007 年三季度其价值 68 亿美元的担保债权凭证和未售仓位蒙受了 3.39 亿美元的资本减记
	花旗银行	2007 年三季度账面亏损为 65 亿美元，2007 年四季度亏损 98.3 亿美元，2008 年一季度净亏损 51.1 亿美元
破产倒闭	新世纪金融公司	2007 年 4 月 4 日，裁减半数员工后，申请破产保护
	房地产投资信托公司	2007 年 8 月 6 日，申请破产保护
	凯雷集团	2008 年 3 月 16 日旗下凯雷资本停止抵押贷款基金运营并清算剩余资产
	雷曼兄弟公司	2008 年 9 月 15 日陷入严重财务危机并宣布申请破产保护
	华盛顿互惠公司	2008 年 9 月 25 日被美国联邦存款保险公司（FDIC）查封、接管，成为美国有史以来倒闭的最大规模银行
被收购	贝尔斯登投行	2007 年 8 月总裁沃伦-斯佩克特辞职。2008 年 3 月，被摩根大通以每股 10 美元价格收购
	美林公司	2007 年三季度亏损达 84 亿美元，为该公司有史以来最大一次季度亏损。2008 年 9 月，被资产排列的美国第二大银行美国银行以约 440 亿美元的总交易额收购
	美国国家金融服务公司	2007 年一季度报损失 12 亿美元，2008 年 7 月被美洲银行以约 28 亿美元的总交易额收购

数据来源：笔者根据公开资料整理。

第二，次贷危机的负面影响还通过金融市场逐渐蔓延到实体经济。次贷危机爆发以来，美国房地产市场持续低迷，根据 2007 年的全美房价指数，大城市的房价同比平均下降了 16.4%，而在克利夫兰等次贷危机重灾区，房价下跌幅度已超过 31.6%，一些地区的旧房房价更是大幅下跌，售价只有数千美元。受次贷危机影响，美国失业率也在不断增加。2008 年 10 月 2 日，美国劳工部发布了 9 月的就业数据，显示当月失业率达到 6.1%，较上年同期增加 1.4 个百分点，非农就业人数减少了 15.9 万人，是 5 年来最多的一次，远超过此前市场预期的 10.7 万人。受次贷危机影响，美国家庭财富大幅缩水，从 2007 年 6 月底的 64.36 万亿美元缩水至 2009 年 3 月的 51.48 万亿美元，损失近 13 万亿美元。消费者信心指数也持续走低，2007 年 9 月为 99.5，2008 年 6 月下降到 56.7，到 2008 年 12 月仅为 26.0。此外，居民储蓄率开始回升，从 2007 年之前的负数一路上涨至 2009 年 1 月的 5.0%（梁金红，2009）。

美国是世界上最大的经济体，在经济全球化的背景下，次贷危机的影响会蔓延全球各个角落，使全球经济增长放缓。欧洲等国购入了大量美国次级住房抵押债券，许多金融机构的财富遭受了直接损失，如瑞士银行、英国汇丰控股、法国巴黎银行、法国兴业银行等。欧洲、中国都与美国有频繁的国际贸易，美国需求的下降和美元的持续贬值给这些国家的出口带来了负面影响。

第一，次贷危机对欧洲的影响。虽然次贷危机是在美国爆发的，但是欧洲作为其金融衍生品的最大购买者，成为此次危机的最大受害者。公开资料显示，2007 年因次贷危机造成资产损失居首位的是瑞士银行，损失额高达 206 亿美元；英国汇丰银行以 140 亿美元位居第二；法国的前 11 家银行中有 4 家银行损失总计高达 160 亿美元（农业信贷银行、法国兴业银行、外贸银行和巴黎银行分别损失 63 亿美元、47 亿美元、27 亿美元和 21 亿美元）。欧洲的金融机构承受了巨大的财富损失，危机的不断扩散最终也影响到欧洲的实体经济。根据 2008 年 11 月欧盟委员会公布的秋季经济预测报告，欧盟和欧元区经济增长分别为 1.4%和 1.2%，不及去年增速的一半。欧洲各国失业率也大幅上升，截至 2008 年 11 月底英国失业率达到 6%，为 1999 年以来的最高水平；德国失业人数从 2008 年的 327 万增至 330 万；法国 2008 年三季度新房销量同比大幅下降了 40%（王松奇和高广春，2009）。

第二，次贷危机对中国的影响。中国作为世界最大的新兴经济体，在本次危机中也难以独善其身。中国加入世贸组织后，开放程度不断提高，对美贸易出口比重不断加大，与美国的联系越来越密切，所以中国也受到美国次贷危机的影响。公开数据显示，2008 年 1~12 月，上证指数下跌 57.33，深证成指下跌 66.68；A 股市场总市值减少 3.67 万亿元人民币，从 2007 年底的 16.43 万亿元人民币减少至 2008 年底的 12.76 万亿元人民币。股市受挫的同时银行筹资成本也不断上升，筹资成本的上升意味着成本压力增加，2008年4月，我国大型银行的RMB定期存款利率已经超过2007年峰值，1年期定期存款利率从2007年7月的4.14上升至2008年4月的4.56；同期，1年期银行定期存款平均利率也从2007年底的4.35上升至2008年底的5.50[①]。在次贷危机的影响下，中国实体经济也遭受巨大打击。由于美国经济增长放缓，居民消费需求放缓，进而对中国出口产品需求减少。2008年，我国出口总额为1.43万亿美元，与2007年相比增速下降21.1个百分点。中国对美国的出口情况如图2-3所示。

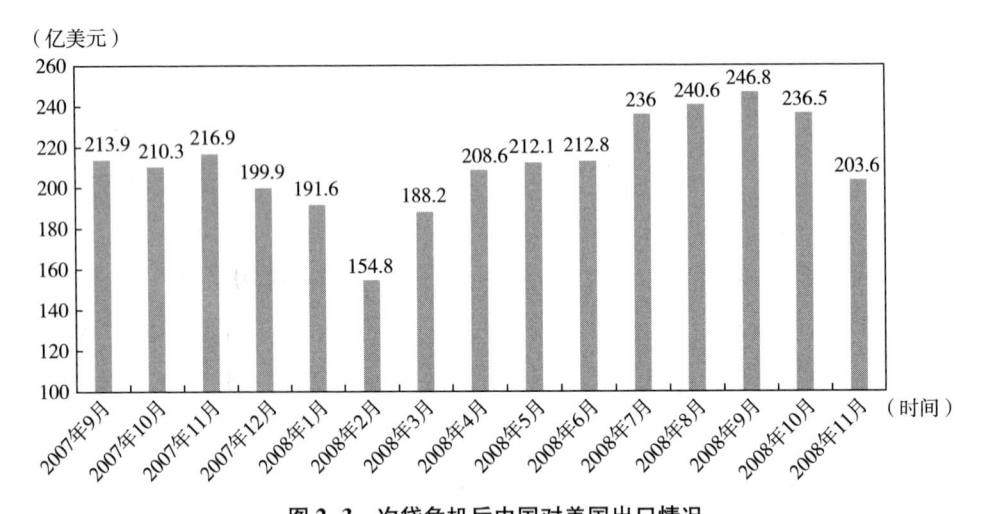

图2-3　次贷危机后中国对美国出口情况

资料来源：中国海关总署。

第三节　贸易争端与财富管理

贸易对一国的兴衰至关重要。一个国家通过对外贸易往往可以获得大量的财富，国家间诸多军事战争也常常以控制贸易权为目标。贸易争端自古有之，

---

① 中国银行间市场交易商协会网站、《中国统计年鉴》。

一国为了谋求本国经济、政治上的利益，往往会采取关税壁垒、商品倾销和外汇贬值等措施来争夺商品销售市场。虽然，"二战"之后和平与发展为各国的共识，但基于贸易的争端仍然存在甚至升级为"贸易战"。典型如美国，其对日本乃至世界各国发动的贸易战争，究其动机是希望通过此种方式来遏制对方的发展。

一、美日贸易争端

美日贸易争端作为现代贸易战争中的典型案例，基本上涵盖了贸易争端所使用的各种手段，例如征收关税、设置反倾销税等非关税壁垒、进行汇率贬值等。这些措施都体现了美日双方对于财富的争夺，也不可避免地使双方财富发生了转移。例如，美国在1971年对进口产品征收10%的额外关税，以增加本国的税收收入；20世纪70年代美国通过征收反倾销税，即增收附加税来减少贸易逆差；《广场协议》签订后，美元对主要货币汇率有序贬值，日元被迫大幅升值，出口减少，导致日本财富减少，美国财富增加。

1965年，美日贸易不平衡开始出现，之后的十年间，逆差基本稳定在20亿~30亿美元，因为这一时期美国整体还处于顺差，因此美日矛盾还不明显。20世纪70年代后期至80年代，美国整体对外贸易连续出现逆差，且对日逆差占比达到了整体逆差的30%~40%，1985年达462亿美元，从而引发了尖锐的贸易摩擦。美日贸易争端持续近40年，美国从多个产业逐步收割日本财富，两国之间的贸易摩擦主要体现在纺织、钢铁、彩电、汽车和电子等行业上（董德志和金佳琦，2018；陈倩，2019）。

第一，20世纪50年代美日双方的贸易摩擦主要集中于纺织行业，这也是美日经济关系中首次出现的规模较大的贸易摩擦。1951~1956年，由于美国给予日本30种纺织品优惠关税政策以及日本合成纤维技术的进步，日本纺织品在美市场份额由17.4%扩大到60%以上，这无疑给美国纺织业造成了巨大的冲击，遭到美国同行的坚决抵制。在美国反倾销威胁下，1956年起，日本与美国先后四次签订纺织品贸易协定，对日本纺织品出口进行各种限制，导致日本对美国的出口额下降，美日贸易冲突逐步缓和。

第二，20世纪70年代双方的贸易摩擦主要集中于钢铁行业。1969~1978年，美国对日本钢铁业实施贸易保护。20世纪70年代初期，日本钢铁业超越纺织业成为主要出口领域，在美国钢铁市场份额由5%上升到50%以上，引发美国保护主义浪潮。1976年，美日签署《特殊钢进口配额限制协定》，1977年签订了《维持市场秩序协定》，之后，日本钢铁出口量明显下滑。

第三，20世纪70年代末至80年代初美国对汽车行业和彩电行业实施贸易保护。美国的汽车产业起步很早，在20世纪50年代初期就达到了800万辆，长期处于世界汽车产业的领先地位，然而在两次石油冲击之后，市场偏好从美国生产的大型汽车转向更加省油的日本汽车，美国汽车业受到冲击，至20世纪80年代，甚至开始衰落，而此时日本汽车产量突破700万辆大关，跃居世界首位。到1990年，美对日的贸易赤字中，汽车产业占比高达75%，直到1994年，占比仍有60%。彩电行业方面，1976年，在半导体化彩电业技术的显著提高下，日本对美国的彩电出口达到巅峰，占美国彩电业进口比重超过90%，在美市场份额接近20%。之后，在美国提高反倾销税、关税、启动"201"调查等措施下，美日签订贸易协定，日本多次主动限制出口，减少对美彩电出口量。

第四，20世纪80年代双方的贸易摩擦主要集中于电子行业。1985年，日本成为世界最大的半导体集成电路生产国，全球市场占有率超越美国，提升至40%，并占据全球半导体企业销售额前五名中的四名，导致美国认为其威胁远超苏联，引发巨大贸易摩擦。1985年6月，美国半导体产业协会提交了"301条款"，要求调查日本的不正当竞争手段，但并未改变美国半导体销售水平。直至1987年3月27日，里根宣布将对3亿美元等值的日本电子产品征收100%的关税，此外，在对日本实施贸易保护期内，美国还与日本、法国、联邦德国、英国共同签署了《广场协议》。20世纪90年代初期开始，美国着重要求日本开放市场，经过一系列双边谈判以及美国的贸易主义威胁手段，至1996年，美国半导体行业生产总值重居世界第一位。

二、中美贸易摩擦

自1979年7月中美两国签署《贸易关系协定》以来，两国贸易关系就面临着各种摩擦和曲折。长期以来,中美双方经历了涉及知识产权保护、汇率政策、贸易逆差等一系列贸易问题的争议,而这些问题最终在特朗普政府上台时期得以加剧并持续至今。随着双方关税和贸易限制的加码,全球市场的不稳定性和不确定性也不断上升,中美贸易战对全球宏观经济带来的影响已经显现,同时对企业、家庭甚至个人的财富影响也不容忽视。

2017年8月,时任美国总统特朗普签署了一份备忘录,要求调查中国可能存在的知识产权侵权行为,这被认为是此轮中美贸易摩擦的导火索。虽然到目前为止两国间有一些和解和合作的迹象,但中美贸易摩擦的影响仍然在持续,并为中美之间的贸易关系带来了极大的不确定性。2017年8月以来中美贸易摩擦关键事件及其影响见表2-7。

表2-7 2017年8月以来中美贸易摩擦关键事件及其影响

时间	具体内容	影响
2017年8月	美国贸易代表公室（USTR）发起对华301调查	这次贸易摩擦引起了市场的震荡,中国和美国之间的关系趋向紧张
2018年3月	美方宣布对来自中国的大约600亿美元进口商品征收25%的关税。中国商务部宣布,对进口自美国的30亿美元的商品征收关税	对中国的出口企业和相关产业造成较为显著的冲击,且美国企业也面临加征商品税的压力,可能会直接或间接降低利润率,甚至导致公司裁员,伤及实体经济,也加剧了全球供应链的紧张
2018年5月	中美谈判破裂,美国重提要对中国500亿美元商品征收25%的关税,中国则发表声明,扬言将给予美国同样的回应	短期内,贸易摩擦的局势加剧导致了市场的进一步恐慌,部分投资者纷纷削减持股风险,股市暴跌
2018年7月	美国对第一批清单上818个类别、价值340亿美元的中国商品加征25%的进口关税,中国也对美部分进口商品加征关税	中国在整个产业链上积累了大量的资产和技术,一旦出口受阻,整个供应链也会受到波及,其中对中国的出口企业的影响更为严重,如工厂开工率降低,产线下调一线员工流失等
2018年9月	美国对2000亿美元的中国商品再次加征10%的关税,中国决定对600亿美元商品征收关税	继续削弱全球市场信心,降低外贸出口收入,对经济产生负面影响,加剧了世界经济的不稳定性,增加了全球通货膨胀风险
2019年5月	USTR公布对华约3000亿美元商品拟加征25%关税清单,中国政府对美国5140项进口商品提高加征关税税率	导致市场出现一波下跌,投资者抛售股票的情况也普遍出现
2019年8月	在中美贸易战影响下,人民币汇率对美元贬值,突破7元关口	人民币贬值可能会导致外资的抛售,进而对中国资本市场产生冲击

· 47 ·

续表

时间	具体内容	影响
2019年9月	美国政府开始对3000亿美元的中国商品加征10%的关税,这个清单包括了包括电子产品、纺织品、玩具、鞋类等广泛的消费品	将影响更广泛的行业,特别是消费品行业,许多消费品品牌属于跨国企业,关税将直接影响到其运营成本、利润和市场份额等重要方面
2020年1月	美国政府取消了中国的"汇率操纵国"标识,美国和中国签署"第一阶段"贸易协议	尽管仍有一系列问题有待解决,但协议的签署引发了市场的一轮轻微涨势,此举被视为协议和新转机,为中美贸易局势缓和创造了一定的桥梁,同时缓解了一些市场紧张情绪
2020年8月	美国对微信和TikTok等中国企业进行了禁令,同时加强了对半导体和其他技术出口的控制	此举引发了全球科技行业的关注和批评,也对美国的科技创新和经济发展带来了负面影响
2021年3月	USTR公布了一份针对中国的"301调查",指控中国政府和企业从事"威胁美国国家安全、繁荣和利益"的不当行为	此举进一步刺激了市场的不确定性,特别是关于双方之间潜在贸易战的再度升级的担忧
2021年9月	中美两国的副外长在瑞士日内瓦举行了面对面的首次高级别会谈,双方就各自关心的问题进行了深入讨论,包括经济问题和国际事务等	这次高级别会谈是自拜登上台以来中美第一次面对面的高级别接触,也是中美关系改善的一个积极信号。这次会谈虽然没有取得具体成果,但是为中美关系改善和解决分歧提供了一个平台,为未来的合作和对话打下了基础
2022年3月	由于中国继续增加美国豆类等商品的采购,美国政府宣布豁免352种中国商品的进口关税,以缓解美国企业在中美之间的压力	此举将有助于降低中国向美国出口商品的成本,减轻出口企业的负担,对中美经贸关系以及相关产业的发展带来积极的影响
2022年8月	拜登签署《美国晶片与科学法案》,这项法案旨在加强美国的科技领导地位,增加技术研发和生产投资	此举引起了全球市场的担忧,尤其在中国的芯片产业上,可能会受到更多的制裁和限制,从而对全球科技和经济产生重要的影响
2022年10月	美国政府宣布扩大对中国的晶片禁令,将新增包括"海思"等中国企业在内的22家企业	此举可能会限制中国半导体产业的发展和成长,加强中美技术竞争的紧张程度,对全球科技和经济产生深远的影响

资料来源：根据公开资料整理。

2018年以来,中美贸易摩擦升级至经贸、科技、金融、外交、地缘政治、国际舆论等全领域（任泽平,2020）。贸易摩擦对两国乃至全球经济和金融市场造成了深远影响,贸易限制和加征关税导致了多个国家和地区出现经济萎缩和失业率上升的情况,同时也给全球资本市场带来了极大的不确定性,投资者信心遭受打击，股票价格不断波动。贸易摩擦还导致商品价格的波动，给受影响地区的企业、家庭甚至个人的财富带来了显著的压力。

第一，在经贸领域，美方对中国加征的关税规模不断扩大，涉及的产品范围越来越广泛，使用的手段也越来越繁杂。例如美加墨三国于 2020 年 7 月签署了《美加墨自贸协定》，然而，该协定却设置了"毒丸条款"针对中国。中美贸易战在经贸领域对财富的影响主要体现在以下三个方面：

其一，关税增加导致进出口商成本增加并遭受损失，通过这种方式，中美贸易摩擦直接影响到了许多人的日常生活成本。2018 年 7 月 6 日，美国政府对价值 340 亿美元的中国进口商品征收关税，其中包括电视、空调、石油燃料等，这些产品的进口商需要支付更高的成本从而营利空间被压缩，也使这些产品在市场上更难以竞争。作为对美国加征关税的回击之一，中国于 2018 年 7 月 6 日宣布对从美国进口的大豆等产品加征 25% 的关税。由于中国是全球最大的大豆进口国，这一举措导致美国的大豆出口量大幅下降。美国国会研究服务署发布一篇报告显示，仅仅在 2018 年，中国对美国的大豆征税就已经导致美国失去了超过 30 亿美元的出口价值，这给美国的农民带来了很大的损失，也使得美国的大豆种植者遭受了重创。

其二，全球经济增速逐渐放缓。由于受到以中美为代表的全球贸易紧张局势的影响，世界经济出现了大幅下滑。国际货币基金组织曾预测 2019 年全球经济增速为 3.3%，联合国贸发会议发布的《2019 年贸易和发展报告》更是表明，即使忽略最坏的下行风险，2019 年全球经济增长率也将从 2018 年的 3% 降至 2.3%。随着全球需求疲软，加上美国政府的单边关税行动，2018 年贸易增长率已降至 2.8%，2019 年可能进一步降低至 2%。现实数据比人们预期的更为悲观，据世界贸易组织发布的数据，2019 年贸易增长率仅为 1.0%，2020 年这一数据更是同比下降了 5.3%。国际货币基金组织总裁格奥尔基耶娃警告称，全球经济正进入缓慢增长期，2023 年增速预计将低于 3%，未来 5 年则将保持在 3% 左右。

其三，投资信心受到影响。由于市场的过度波动和不确定性，很多投资者感到不安，从而降低了投资活动的信心和热情。根据《中国证券报》的报道，

2018年1月4日至12月28日,沪深300指数下跌了23.99%,这是自2011年以来的最大跌幅;沪深300指数的波动率也急剧上升,最高曾达到52.1%,这是自2011年以来最高的年度波动率,反映出市场风险意识的加剧;根据2018年12月发布的《中国家庭金融调查报告》,受贸易战等外部不确定性影响,2018年中国家庭的金融信心指数下降了2.2个百分点,是自2012年以来的首次下降,这也反映了投资者对于市场的不确定性和风险的担忧。

第二,在科技和金融领域,美国政府在遏制中国高科技的意图上采取了一系列行动,这些行动对相关企业的业务、股价、净利润等造成了严重影响。例如华为手机业务受损,被迫分拆荣耀品牌;中兴通讯等企业股价和净利润下跌;滴滴出行等在美上市的中概股面临退市风险;美国养老基金被禁止投资中国市场等。具体分析如下:

其一,"实体清单"对中国相关企业的影响。2019年5月,美国政府将华为列入"实体清单",意味着除非获得美国政府的特别许可,否则禁止美国公司向华为提供技术、商品或服务。这一项打压行动直接冲击了作为全球最大电信设备供应商和第二大智能手机制造商的华为,例如,Google限制华为使用Android系统,高通、英特尔等美国芯片厂商不得不限制对华为的供应。在该限制下,华为的移动设备部门当年销售收入下降了约16%,被迫减少了包括欧洲市场的一些业务,并于2019年11月宣布分拆旗下荣耀品牌,使荣耀品牌独立于华为集团运营。华为表示,剥离旗下品牌是为了拯救业务和保护供应链的利益,由此可以减少华为和荣耀之间的合规压力,并帮助荣耀更好地获得渠道资源和业务发展。除此之外,美国政府的触角甚至伸向了中国公民,美国于2018年12月1日在加拿大逮捕了华为公司的首席财务官孟晚舟,对其个人权益造成了极大的侵犯。人才资源是一个国家和民族最宝贵的财富,经中国政府不懈努力,2021年9月24日,孟晚舟乘坐中国政府包机离开加拿大,孟晚舟得以回到祖国,这也体现了中国政府在推进国际法律和经济领域的积极作用,为维护全球稳定和繁荣做出了努力。

中兴通讯被美国政府列入实体清单后,面临严重的经济损失和业务暂停风险。2018年4月,美国商务部以违反美国出口管制规定为由,禁止美国企业向中兴通讯供应关键零部件和技术，导致该公司无法正常运营。中兴通讯被迫暂停了一些关键业务和工程项目，其股票价格也大幅下跌。中兴通讯的股价在禁令实施前一个月的最高点为33.53元人民币，而在禁令实施后一个月内，其股价经历了八连板下跌，跌幅超50%，这意味着该公司市值在短时间内遭受了巨大的缩水。2019年海康威视、大华股份等被美国商务部列入实体名单，禁止美国企业向其出售产品和技术，这一措施使得这两家公司在国际市场上遭受了一定程度的限制和打击。2019年海康威视的年度财报显示，虽然公司收入增长了12.41%，达到498.14亿元人民币，但由于实体名单的影响，公司的净利润却下降了38.13%，仅为52.94亿元人民币。而2019年大华股份业绩则表现更加不佳，营收下降了11.35%，净利润下降了26.69%。

其二，阻止中资企业赴美上市是美国政府针对中资银行和企业的一系列限制措施之一。具体来说，2019年5月，美国证券交易委员会（SEC）发布了一项新规定，要求所有在美上市的公司都必须接受其监管并要求他们公开财务信息。但由于中国法律规定，任何以海外交易所为主的中国公司必须获得中国证券监管机构的批准，这项要求成了一个制约中资企业上市的壁垒，已经在美上市的中概股公司也面临着退市风险。滴滴出行于2021年6月30日在纽约证券交易所上市，但由于中美贸易战升级、美国对中国企业的限制加剧，以及美国政府对于中概股审查加强，滴滴出行及其他中资企业在美国市场面临日益严峻的退市压力，最终滴滴出行于2021年12月3日宣布在美退市，并启动在香港上市的准备工作。

其三，美国禁止养老基金投资中国市场是美国政府针对中资企业和金融机构的限制措施之一。具体来说，2019年11月，美国政府修改相关规定，禁止联邦政府的养老基金投资包括中国股票市场在内的境外市场。根据彭博社的报道，截至2020年底，联邦政府持有养老基金的总规模约为4.33万亿美元，其中大约5%分配给了外国市场，而中国是最大的市场之一。这一举措使得国际资本流入中国市场受阻，进而可能影响到中国市场的资金流动和投资热度，此外也加剧了股市的持续不稳定性，投资者因此更易受损。

第三，除了经贸、科技、金融等领域，中美贸易战对财富的影响还体现在外交、地缘政治、国际舆论等方面。在外交层面，中美之间的对抗不断升级，除贸易战外，两国还在南海争端、台湾问题、香港问题等问题上存在分歧；在国际组织与规则领域，美国不承认中国市场经济和发展中国家地位等，单方面施压世界贸易组织修改国际规则；在国际舆论领域两国也展开了激烈的较量，中国和美国都在扩大它们的影响力，例如中国在全球范围内推行"一带一路"倡议，而美国则将重心放在了印太地区和欧洲等地，这些举措无疑会对两国财富产生更加深远的影响。

三、德意志关税同盟

关税是贸易争端中最常用的一个手段。一国通过关税壁垒限制别的国家的商品进入本国市场，在短期内获得立竿见影的效果。一方面，关税壁垒的设立可以带来关税收入，这些额外的收入可以被用于促进本国经济的发展。另一方面，关税壁垒可以提高进口商品的价格，从而增加本国生产商品的竞争力，这将促进国内产业的发展，提高其市场份额和利润。此外，关税壁垒还可以保护本国企业的商品竞争力，从而保护本国产业发展。19世纪初期，在德意志地区所建立的德意志关税同盟就通过降低内部的关税壁垒，极大地促进了同盟内各地区财富的创造和积累。

1815年滑铁卢之后，法国的大陆封锁政策也随之取消。面对来自英国物美价廉的商品的竞争，原先受法国庇护的德意志工业也纷纷陷入困境，大量的英国工业品向德国运销，却不允许德国农产品进入英国市场，在这样一个不平等的经济交换体系中，德国的财富也被英国大量收割。在此背景下，确立统一关税体制是摆脱困境的唯一出路。1834年，在普鲁士领导下的德意志关税同盟宣告成立。该同盟涉及的内容非常广泛，主要包括取消成员国之间关税征收，建立一个统一的贸易区域；成员国之间没有进出口限制，商品和服务可以自由流通；建立一个共同的货币和商业法律体系；成员国遵循统一的贸易规则，消除不同国家之间的贸易壁垒。德意志关税同盟的建立对德国乃至欧洲的经济产生了深远的影响。

首先，德意志关税同盟优化了投融资环境。关税同盟内部贸易和对外贸易空前繁荣，财政收入的增加使各邦的经济实力大为增强，为财富的创造和积累提供了有力的支撑。德意志内部贸易额在 19 世纪上半期增长了 1 倍，下半期增长了 3 倍。对外贸易在 19 世纪下半期出现连年出口贸易总额大于进口贸易总额的情况。据统计，德国 19 世纪中期的贸易顺差占 GDP 的比例超过 10%，这为德国的经济稳定和财富积累提供了坚实的基础。关税同盟使德意志广大地区形成了一个统一的关税区，增加了德国财政收入。同时，统一的关税区能够降低德国对税收的监管费用，进而为德国政府带来了巨额财政收入盈余。关税同盟的税收从 1834 年的 1450 万塔勒增至 1835 年的 1650 万塔勒，前 10 年税收的整体增长率达到 82%（W. Bowden 等，1937）。

其次，德意志关税同盟有效保护并推动了德意志民族工业的发展。工业的发展带动了财富的创造，所制造的商品品质高、价格竞争力强，在国际市场上得到了广泛的认可和青睐，这也为德国日后成为世界经济大国奠定了基础。自关税同盟政策对税率进行调整并实行高额的保护关税以后，棉纱和生铁的进口所占比重持续下降。1836~1861 年，外国棉纱在德意志全部棉纱中所占的比重从 3/4 降低到 1/4，钢铁制品的进口量占国内产量的比重也从 1857 年的 50%降低为 60 年代初的 25%~35%，国内钢铁产量在 1840~1870 年增长了 26 倍。国内黑铁产量在 1850~1870 年从 21.16 万吨增长至 139.11 万吨，基本满足本国生产者对黑铁的需求，日渐摆脱了德意志对进口黑铁的依赖（彭波和施诚，2021）。

最后，德意志关税同盟通过消除各个邦国之间的贸易壁垒，促进了商品和服务的自由流动，提高了市场的整体效率，加强了区域内经济一体化发展。德意志整体的竞争力和实力大幅提升，对德意志国家财富的创造也产生了重要的作用。根据世界银行的数据显示，德国 19 世纪的 GDP 年增长率从 1815 年的 0.6%提高到 1871 年的 4.5%。这一增长率远高于英国、法国等其他欧洲国家。

第三章　文化与财富管理

文化对财富的影响体现在以下几个方面：首先，文化影响了财富的形态。在不同文化的影响下，财富形态不尽相同，特别是典型财富代表的货币，其形态承载了不同的文化烙印。其次，文化深刻影响了财富观。古今中外不同学者对财富相关问题持有不同看法，均体现了鲜明的文化元素。最后，在不同文化影响下的财富观念，进一步会形成差异化的资产配置。

第一节　文化与财富形态

不同的地域、不同的文化崇尚不同的财富形态。我们以农耕文明、畜牧文明和海洋文明三个种类来探讨不同文化对财富形态的影响。

一、农耕文明中的财富形态

1. 财富形态之一：土地

中华文明作为农耕文明的典例，发源于大江大河下游形成的广袤的冲积平原。其巨厚的沉积物形成的肥沃土地能够供给人们在此地种植作物，驯养家禽，养蚕缫丝。平原上平坦的地形利于水分的下渗，减少了水土流失的发生。东部显著的季风气候雨热同期，为作物生长周期期间提供了充足的水源和热量。伏旱和春旱为农作物提供了充足的光照,灌溉的河水有效缓解了天气的干旱,更加有利于农作物生长。农耕经济通常以家庭为单位男耕女织的自给自足形式为主,重视家庭和土地,分工较为简单,商品交换不多,宗法思想源远流长。由于春种秋收的特点,农民为了应对不时之需,会将剩余的物资储蓄起来,也就决定了农民更喜欢把土地作为最重要的资产,把储蓄作为创造财富的重要手段。

土地作为重要的财富形态,贯穿了中国历史的全过程。原始社会由于生产力低下,个体难以完成耕种的全过程,决定了人类赖以生存的土地为社会成员共同的财富。在夏商周的奴隶制社会,实施的是"井田制"。土地按照井字形分为九分,只有中间一分为私田,其余部分田地的粮食产出全部上交。"普天之下,莫非王土;率土之滨,莫非王臣"描述的便是井田制。在这种制度下,土地是君主的私人财富,农奴只有使用权。

战国时期,"井田制"逐渐瓦解,国家承认土地私有,允许人们开荒,土地可以自由买卖。此后的两千多年里,土地成为人们心中财富最重要的衡量标准,"耕者有其田"成为所有农民共同的梦想。宏观上看,土地也是一个国家最重要的财富,两国征战最直接的目的就是掠夺土地。拥有了土地,农民就有了温饱,国家就有了钱粮。

2. 财富形态之二:牲畜

生产工具的进步是文明进步的重要部分。牲畜的驯服并用于农耕,极大地提高了生产效率。同时,牲畜不仅可以用于农业生产,而且牲畜本身还具有食用价值,因此牲畜成为重要的财富形态。

牛从早期役畜到用于农耕,使单位面积的土地里刨出更多的食物,这使古人对牛产生不可割舍的情结。中国历朝历代都重视稼穑之本扩充耕牛。秦汉时期,成立养牛的专门机构,制定"籍薄官牛"等专门法规。汉武帝晚年推行"代田法",发明和推广耦耕技术,使牛耕和农业生产的效率大大提高,全国开垦的土地面积得以扩大。直到近现代的中国,牛耕仍在广大农村占有重要地位。农耕文明带来稳定的收获和财富,造就了相对有余、安逸的定居生活,衍生出高雅的文化艺术创作,使文明更有活力弹性。这就出现了文化与生产财富的相互影响。《弥勒经变之农作图——五代》如图 3-1 所示。

图 3-1　莫高窟第 61 窟《弥勒经变之农作图——五代》

图片来源：中新网，崔琳摄。

炎黄子孙植五谷、饲六畜，农桑并举、耕织结合的农业传统在其中起着决定性作用。聚族而居、精耕细作的农业文明充分展现了古人的生存智慧。农耕文明的地域特色、历史传承和乡土生态，不仅赋予中华文化绵延不断的重要特征，也是中华民族繁衍发展的重要原因。以渔樵耕读为代表的农耕文明是千百年来中华民族文化的底色，"耕"是家庭生活的维系。这非常契合中国文化"乐天知命"的人生修养。知晓宇宙的法则和规律，懂得生命的价值和真谛，推崇自然和谐和合作包容，而不是游牧民族机会主义的掠夺式利用自然资源，这样的理念积厚流光。

马克思在《摩尔根·古代社会》中写到：家畜是比至今所知所有其他财产种类的总和更有价值的财产，它们可以食用，可以交换其他商品，也可以用来赎回俘虏，用来支付罚金和用作敬神的牺牲。因为它们能无限地繁殖，拥有它们便给予人类心灵以财富的最初概念。相伴中国几千年漫长的是农耕时代，牛亦曾是最重要的家庭财产之一，故有"谁家有牛，谁家就牛"之说，也体现出牲畜可以说是一种重要的财富形态。

3. 财富形态之三：丝绸、缣帛

除了吃饱自然还要穿暖。在千百年的历史长河中，人们一直种植养蚕，缫丝织绸。丝绸除了遮羞保暖，还为文学艺术提供了丰富的素材，为礼仪制度提供了重要的参考标准，为风俗民情提供了主题鲜明的背景。因此，丝绸是农耕文明中非常重要的财富形态。

神话传说记载，黄帝之妻嫘祖开创了最早的种桑养蚕、治丝织衣工艺；甲骨文和《诗经》等早期文献中存有许多与桑、蚕、丝相关的卜辞和诗歌；河姆渡文化、仰韶文化、良渚文化等遗址中分别出土了蚕形雕刻、丝麻织物、丝线绢片的遗物。织女图如图3-2所示。

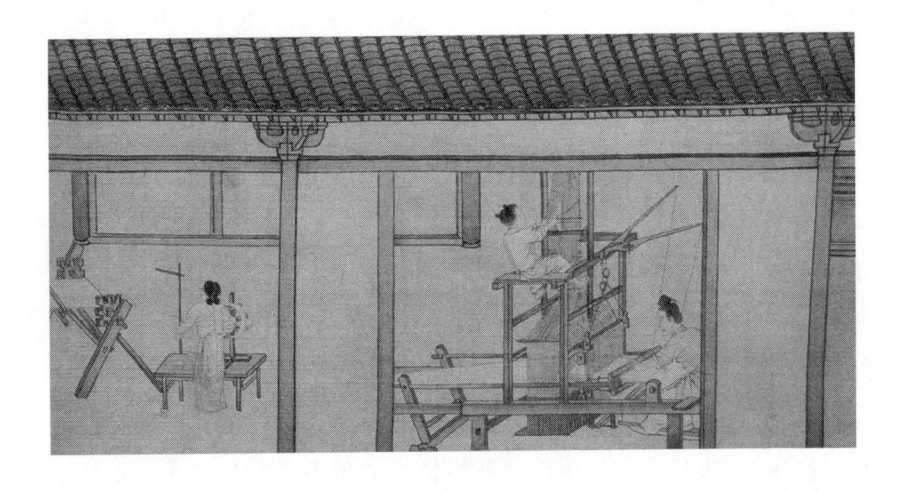

图3-2 织女图

图片来源：图行天下（人物名画0062）。

随着养蚕缫丝的技艺逐渐成熟，丝绸工艺日渐精进。工艺奢华的丝绸受到皇室的热烈追捧，丝绸成为皇室和民间重要的商品。但由于商品经济发展水平较低，民间的大量交易通过以物换物完成，政府的赋税也大都以实物（如粮食、布匹）来充抵，因此缣帛（或称绢、布帛）也曾长期被当作实物货币流通，所以也是重要的财富形态。

早在《诗经·氓》中就有"氓之蚩蚩,抱布贸丝"的记载。秦律《金布律》规定,布长8尺,阔2尺5寸为1布,值11钱,当时钱和布可以通用。汉唐时,就曾实施过"多元货币政策"(钱帛平行本位)。即以钱币为主,杂以金银、绢帛、粮食同时通行。东汉末年,连年征战导致谷帛等实物再次取代铸币成为财富的首要象征。曹魏黄初二年,曹丕曾下令"罢五铢钱,使百姓以谷帛为市"。同时期蜀汉和东吴发行的虚值货币民间也不愿接受,而多以绢帛作为交易媒介。而唐代时,规定"绢值与钱值并重",《唐会要·泉货》载"货物兼通,将以利用,而布帛为本,钱刀是末",将绢帛视之为法定货币。绢价在开元时定为550钱一匹,安史之乱时达到万钱,大历年间又跌至4000钱,足见钱价在动荡时起伏之剧烈,以及实物货币保值之效用。

丝绸之路开通后,产于中国的华美丝绸进入欧洲,欧洲贵族中间迅速掀起一场"丝绸热"。公元2世纪的罗马,一磅上等丝织品售价12盎司黄金,身穿中国丝绸成为当时欧洲人身份和财富最明显的标志。

二、畜牧文明和海洋文明中的财富形态

1. 畜牧文明中的财富形态:牲畜

畜牧文明以饲养各种动物为主,牲畜更是作为牧民的主要财富。牧民通常四海为家,他们的财产更多的是一种流动资产。畜牧民通过动物的繁殖来增加资产,繁殖幼崽就跟获得"利息"类似,这种是不稳定的、波动的经济类型让游牧民族对交换和利用货币的自我增值(收取利息)的需求更加强烈。由于游牧经济的流动性,他们逐渐承担起商业交流的责任。绵羊等家畜的头,是英语中"资本"(capital)的语源[①]。在我国灿烂的历史文明中,元朝就是盛极一时的畜牧文明,元朝疆域极其辽阔,东起日本海,南抵南海,西至天山,北包贝加尔湖,面积高达1500多万平方千米,是中国历史上疆域面积最大的朝代,史称"东尽辽左,西极流沙,北逾阴山,南越海表,汉唐极盛之时不

---

① 英语单词capital来自拉丁语capitale,而capitale是形容词capitalis(主要的、头的)的名词形式,原意为"头、首领",还可以表示牲畜的"头数"。由于古代牲畜是很重要的财产,拥有多少头牲畜代表了拥有多少财富,所以表示牲畜的"头数"的拉丁语capitale产生了"资本、财富"的含义。

及也"。

2. 海洋文明中的财富形态：贸易、奴隶

提到欧洲，提到海洋文明，永远是绕不开古希腊的。古希腊并不是一个国家，而是一个泛指区域。古希腊从公元前 800 年到公元前 146 年持续了不到 650 年，孕育出对西方影响深远的海洋文明，这与其独特的地理结构有关。

从希腊半岛看，许多西北至东南走向的山脉贯穿整个希腊半岛。尽管这些山脉最高没有超过 1 万英尺的，但山势陡峭难以翻越，把希腊半岛与巴尔干半岛的北部分割开来。岛屿繁多，山脉耸立，导致了地理封闭，促使城邦文化的产生。希腊半岛无大河，因此水源不充足，也没有平原，土地不肥沃。另外，冬季潮湿多雨，夏季炎热干旱的地中海气候也不适宜农作物稳定的收成，因此古希腊农业生产落后，无法形成农业文明。好在希腊半岛三面环海，海岸线曲折漫长，海洋给了古希腊人广阔的生存空间。一方面，城邦文化导致人口相对不集中，市场狭小，竞争激烈，但几乎所有的城邦距离海洋的距离都不足 40 千米，凭借着海洋优势，古希腊迅速发展工商业，这是海洋文明重要的经济要求。另一方面，陆路交通的不便，让古希腊人将目光放到海洋，大力发展航海业，积极与其他地方的人进行贸易，将自己的特产卖出去，换来粮食和精美的手工制品。

柏拉图曾言："如果公民们要从别的民族那里得到他们所需要的，他们的代理人就必须运去这些民族所需要的。如果他们两手空空而去，他们也将两手空空而返……因此，我们城里的工人就不但要生产足够国内消费的东西，而且也要生产一定数量和种类为别的民族所需要的东西。"从这可看出古希腊的对外交往非常普遍，海洋贸易非常发达。

1500 年前后的地理大发现，被当作西方近世的开始。欧洲冒险家借助船舶、海图、仪器历经艰险漂洋过海，绕过非洲，发现美洲，将"新世界"带到欧洲人眼前，也为 17 世纪的荷兰带来了黄金时代。郁金香、香料、药材、瓷器、丝绸以及各色贵金属不仅让世界各地商品流通，也给他们带来了巨大的财富，更带动了知识、文化的传播与经济的兴起，并最终助推现代世界的成型。与其说贸易获得的商品是重要的财富，倒不如说"贸易"本身是一种重要的财富形态。

从贸易又延伸出掠夺和殖民,甚至孕育出资本主义的萌芽。西方国家将奴隶视为财富的历史由来已久,古希腊时期是奴隶经济的第一个高峰。彼时奴隶的来源主要有三种:一是战争俘虏;二是不拥有任何财产的阶层,被本国的富裕阶层买下充当奴隶;三是违反了法律被剥夺自由罚为奴隶的人,这些奴隶所生的后代同样也属于奴隶主的私有财富。奴隶作为劳动力财富为古希腊经济的繁荣做出了重要贡献,城邦每征服一地就将当地居民划为城邦的集体奴隶,让其为城邦耕种,提供粮食。拥有的奴隶越多也就意味着城邦越富裕越强大。

雅典城邦时代之后的古罗马,奴隶作为财富的象征更加明显。罗马时期奴隶完全被视为"会说话的工具",奴隶主除了将奴隶用于自家的农业和手工业生产之外,还将自有的奴隶通过市场租借给需要劳动力的自由民,奴隶的劳动所得完全归租户和奴隶主所有。到了中世纪,随着奴隶起义的频发和生产力的发展,奴隶这一古老的财富象征逐渐淡出人们的视野。

三、文化形态差异的成因

东方文明大多比较内敛含蓄,人们性格温和。而西方文明则锐意进取,大力扩张,人们的侵略性强。这与其各自的发展历程、发展方向有关。纵观中国农耕文明的历史发展,中华文明是建立在大河流域的农耕文明,充足的水源、丰富的物产让我们更加注重自身的休养生息,注重内政,而不是侵略别国,开拓疆土。中华民族是缺少侵略性的、不远征的民族,即使是面对实力远远不如自己的国家,古代中国也只是让其称臣纳贡。郑和下西洋属于中国海洋文明的一部分,但也与西方有很大不同,庞大的船队,漫长的航线,却不是为了征服,而是为了宣扬国威,没有任何侵略行为。

农耕文明的财富积累是与时间线性相关的,例如,种地的时间越久,积累的财富就越多,很容易就产生地位与时间的关联。中华文化尊老并非只是尊重老人的经验,而是因为年长者耕种的时间久,积累的财富多,话语权就大。

海洋文明则不然,出海交易很大程度上取决于概率,也就是不确定性。航海人如果顺利返航,就会有十倍百倍的利润,一夜暴富,反之就葬身海底。也就是说，海洋文明下，一个人的财富获取与时间没有那么强的关联性。

一个人在海上活下来的概率有多大？可想而知。而且概率本身就告诉你"久赌必输"这个道理，如果一个人一辈子都在出海，就有死在风浪里的风险。所以海洋文明从来不崇老，他们更看重某一次的暴富。其实这一点在游牧民族身上也能看到，游牧民族同样不尊老，他们尊重力量。一个人力量最高光的时刻，就是其地位最高的时刻。正是基于生存模式的不同，所以文化不同，对待财富的态度更不同，最后造就了不同的财富形态。

农耕文明更看重传承。父辈种下的地，希望留给子孙，《白鹿原》里的祠堂就是这么诞生的。作为海洋文明，是不可能诞生祠堂的，人的脚下是条船不是陆地，所以他们对生命的理解就是高光时刻。

第二节 文化在货币中的体现

一、金属铸币的发展历程以及文化体现

货币虽然不是唯一的财富形态，但却是财富形态中最常见的。在早期人类生产力低下的时期，普遍存在重农抑商倾向，即视经商和放贷为下等职业。在人类进入资本社会之前，人们通常认为收取利息实现货币的自我增值行为会导致贫富差距的扩大，威胁到社会安定，因此基督教、天主教和伊斯兰教等都禁止收取利息。例如，在公元前1776年颁布的《汉谟拉比法典》对利息进行了严格规定，如大麦不超过33%，白银不超过20%，否则就要没收所有本金。

经济的基础是分工，农耕民和畜牧民之间频繁地交换需求，催生了货币，白银在大约4000年前在美索不达米亚平原开始被用作货币。

殷商时期也已经开始使用货币，但最开始并不是金属，而是南海产的贝类（见图3-3）。中国文字中的"财""货""贷""资"都可以看到"贝"的身影。殷商时期之后，失去了土地的殷人只得靠经商为生，这就是"商人"的

语源。

货币价值的根源是"信用",凭借信用的稳定供给和循环,逐渐确立了货币制度。公元前 3 世纪,秦始皇统一了文字、货币(铜币)等,构筑了一直持续到现在的中华文明和经济的基础。

根据《塔木德大全集:犹太人经商和处世圣经》,最善于利用资产的犹太人最初就来自畜牧民族。犹太人善于经商,具有创造力的财商,有着悠久的历史地理根源:被罗马帝国放逐出故乡大陆的犹太人,在流散期间,社会地位低,不能拥有土地,只能从事手工业和商业,所以经商是被迫的选择,而因为其宗教规定可以对其他民族放债,于是成就了世界史上最具有代表性的商人。

图 3-3 贝币图

图片来源:网络公开资料。

金属铸币最早产生于公元前 650 年小亚细亚半岛的吕底亚王国,它是用一种天然的金银合金(琥珀金)铸造的。随后的几十年里,春秋战国时期的中国也开始使用青铜进行铸币。

春秋战国时期,币制各国不一:周、郑、晋、卫主要为平尖空首布,刀化(货)流通于东方齐燕两国,蚁鼻钱流通于南方楚国。秦朝时期,黄金以镒名,为上币;铜钱识曰半两,重如其文,为下币;而珠玉龟贝银锡之属为器饰宝藏,不为币。隋朝时期,隋文帝铸统一的五铢钱。唐规定货币流通钱帛兼行，武德四年废五铢铸开元通宝钱，规定了成色标准并以重量作为钱币的名称。两宋时期，在通宝钱规定之外，加上皇帝的年号。

北宋初发行的货币为宋元通宝，之后还有太平通宝、淳化通宝等。元朝时因强行发行纸币"宝钞"而对金属铸币严格限制，但其在民间仍有不少流通。鸦片战争后清政府为解决西方银元成为国内支付结算货币所带来的国内白银大量流失以及各省私铸银币的问题，开始自铸银元。自古时至近代，虽世殊事异币制多变，但自从金属铸币流行开始，其都是彰显财富多寡的重要形态。

二、纸币的发展历程以及文化体现

"纸币之设，本与钱相权"，纸币随着信用形式的发展，纸币逐渐取代金属货币成为主要的流通货币。

1. 纸币的发展历程

纸币萌芽于古代中国，最早可上溯到西汉时期的"皮币"和唐朝中后期的"飞钱"。西汉汉武帝时期，由于连年的对外作战，国力疲惫，为了改善国库空虚的状况，主管财政的大臣桑弘羊倡议发行"白鹿皮币"，即用上林苑中白鹿的鹿皮作为制币材料，每张鹿皮币定价四十万钱。由于其代表的价值比其自身实际价格高出很多，致使"白鹿皮币"无法广泛流通，所以并不是真正意义上的纸币。"飞钱"产生于唐代宪宗时期，当时商品贸易较为发达，跨地区交易频繁，商人外出进行贸易活动不方便随身携带大量的铜钱，于是"飞钱"应运而生。需要外出贸易的商人可以先到官府开具一张纸质凭证，其上记载着所代表铜钱的数额以及贸易地区，之后可以凭此票据去异地提现。"飞钱"本质上是汇票，无法进入大范围流通，也不是真正意义上的纸币。

真正纸币的起源始于北宋时期的"交子"。产生原因主要有两点：一是北宋初期，四川地区使用的铁钱，每枚铁钱币值不高，重量却比较重，不方便携带，特别是用于大额交易或者商旅远行时使用起来极为不便。二是由于北方战事不利，澶渊之盟后北宋每年需要向金国缴纳巨额的岁币，白银大量外流，无法满足流通需要。于是商人们发行了一种纸质的兑换券，这就是中国最早的纸币——"交子"。"交子"可以自由兑换成铸钱，极大地方便了交易。

在宋朝使用纸币的同时，与之相对峙的金政权也开始学习宋朝发行纸质货币"交钞"。宋金时期人们对于纸币的发行还处于懵懂时期，元朝时人们对纸币的认知就很清晰了。元朝吸取了宋金发纸币的教训，制定了一套比较完善的纸币流通制度。明朝建立之后，政府设立了宝钞提举司，开始发行大明宝钞。大明宝钞实行后，明代各帝均未改变过大明宝钞的名称或形制，继续按最初的大明宝钞发行，整个明代270多年就只发行过大明宝钞这一种纸钞。清朝时期，由于吸取其祖先金朝因滥发纸币而导致亡国的惨痛教训，政府对于纸币的发行和使用始终十分谨慎。纸币发行通常是作为战时的临时性行为，境况一有好转就停用。

西方最早的纸币起源于北欧地区，由公元1661年的斯德哥尔摩银行所发行。此后数百年里，英格兰银行的银行券和美元"绿币"都成为烜赫一时的财富代表。直到现在，纸币的多少以及它背后所代表的实际财富价值，依旧是衡量国家与个人富裕程度的重要标志。

图3-4为交子、会子、美元的展示。

图3-4 交子、会子与美元

2. 纸币中的文化体现

在我们现行流通的人民币上印有汉语、藏语、维吾尔语、蒙古语和壮语，一共5种可视文字加上盲文。这表明了我国各民族都有使用和发展自己的语言文字的平等权。而被人们称为最具中国文化色彩的纸币是渣打银行（香港）

发行的 2010 版港币。图 3-5~图 3-7、图 3-9~图 3-10 便是渣打银行发行的这套面值分别为 20 元、50 元、100 元、500 元、1000 元的纸币的正反面展示。

图 3-5　20 元面值港币（2010 版）

20 元面值纸币的正面主体图案乍一看是一条鲤鱼。鲤鱼在汉文化中的含义很明显，我们首先想到的就是"鲤鱼跃龙门"，而且这个图案中的鲤鱼正是飞跃的姿势，动感十足。但实际上，它并不是鲤鱼，而是螭吻（chī wěn）。螭吻是龙生九子中最小的那个，生性好吞。把它印在纸币上，自然寓意大家财源广进、日进斗金。纸币的背面主体图案是一只算盘。2013 年 12 月 4 日，联合国教科文组织保护非物质文化遗产委员会第八次会议通过决议，正式将中国珠算项目列入教科文组织人类非物质文化遗产名录。背面主体图案的背景是一些 1 和一些 0，正是与珠算十进制相对应的计算机二进制表达。古人的智慧结晶和现代科学交相呼应。

图 3-6　50 元面值港币（2010 版）

50元面值纸币的正面乍看起来是一只龟，龟让我们想到长寿，但实际上它是赑屃（bì xì）。赑屃还有一个名字叫"霸下"，是中国古代传说中的神兽，为鳞虫之长瑞兽龙九子之第六子，样子似龟，好负重，长年累月地驮载着石碑。赑屃是长寿和吉祥的象征。它总是奋力地昂着头，四只脚顽强地撑着，努力地向前走，并且总是不停步。我们在一些古迹中看到驮石碑的大龟，其实就是赑屃，它在传统文化中代表着长寿。赑屃和龟的区别在于赑屃有牙齿，乌龟没有牙齿。纸币的背面主体图案是一个中国传统密码锁，这种锁包含了中国古人神奇的智慧。通常民间使用的密码锁最少有三位，多的有五位，通过每个转轴上的文字组合出一句特定的短语，锁才能打开。密码锁的背景是一个银行金库的大门，纸币发行者大概是想通过这个传统密码锁表达他们银行的安全性。

图 3-7　100元面值港币（2010版）

100元面值纸币的正面是一只麒麟，麒麟是中国传统瑞兽。古人认为，麒麟出没处，必有祥瑞，经常用来比喻才能杰出、德才兼备的人。《礼记·礼运第九》有云："麟、凤、龟、龙，谓之四灵"，可见麒麟的地位并不比龙凤低。这张纸币的背面图案是一个印章，这种印章的字体有一个专门的名字叫"九叠篆"。这种篆书字体原本是一种流行于宋代的"国朝官印"字体，主要用于印章镌刻，其笔画折叠堆曲，均匀对称。每一个字折叠多少，则视笔画的繁简确定，有五叠、六叠、七叠、八叠、九叠、十叠之分。之所以称为"九叠"，则是因"九是数之终，言其多也"。九叠篆不仅在印章中使用，在一些特定的物品上也会用到，一些古币上也会出现。例如，图3-8为有古钱币之王称号的"宋皇通宝"。

图 3-8 宋皇通宝

宋皇通宝，中国古代钱币之一。北宋仁宗赵祯于宝元二年至皇祐末年（公元1039年~公元1054年）铸，非年号钱。钱文有篆书，楷书对钱，光背。有小平、折二两种，有铁钱。篆书中另有九叠篆者，极其罕有，为古泉大珍。

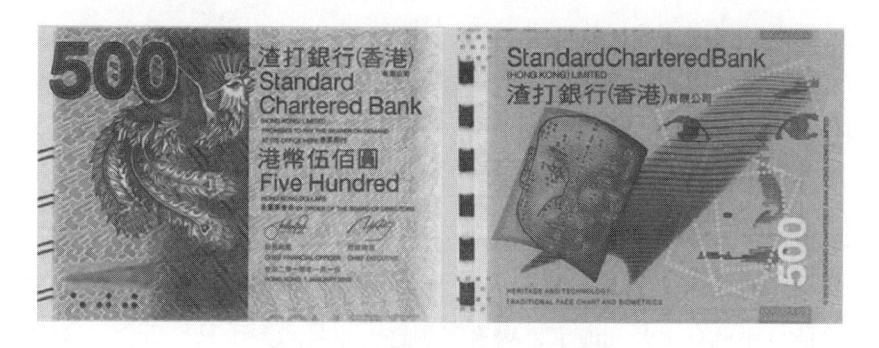

图 3-9 500元面值港币（2010版）

500元面值纸币的正面是一只凤。凤作为"四灵"之一，雄的叫"凤"，雌的叫"凰"，总称为凤凰，也称为丹鸟、火鸟、鹖鸡、威凤等，常用来象征祥瑞。凤凰齐飞，是吉祥和谐的象征，自古就是中国文化的重要元素。当然凤凰还有涅槃重生的这个重要寓意，或许是希望花出去的钞票个个都能"重生"再次回到自己的口袋里。纸币的背面主体图案是一张相术图。相术又叫相人术，是古代中国术数的一种，以人的面貌、五官、骨骼、气色、体态、手纹等推测吉凶祸福、贵贱夭寿之术。相术背后的背景图案是现代文化的面部识别，两者结合很有意思。

图 3-10　1000 元面值港币（2010 版）

1000 元面值纸币终于迎来了传统文化中最有分量的龙。龙是中国古代传说中的神异动物。龙是中华民族的象征，中国人都以自己是"龙的传人"而骄傲。亚洲其他国家和民族亦受中华龙文化影响。它可以说是贯穿了中华几千年的文明，是汉民族最具代表性的传统文化元素。纸币的背面是一枚铜钱，这枚铜钱可不简单，它是开元通宝（见图 3-11）。开元通宝是唐代的第一种货币，它现在在民间的意义已经超越了它作为货币本身的意义。民间把它作为辟邪、旺财的符号看待。最初"开元通宝"这四个字出自欧阳询之手，很多人认为这个"开元"跟唐玄宗时期的"开元盛世"有关系，其实不然。在开元盛世之前百年就有了开元通宝，唐玄宗用这个年号和铜币只是巧合。这样一套很有"文化"的纸币，拿到手里都舍不得花掉。

图 3-11 开元通宝

纸币中的其他国家文化体现。由于历史、文化等方面的不同，世界各国的纸币在颜色、图案设计等方面也千差万别，但都体现出了各个国家和民族的灿烂文化。比如，一提到马尔代夫，就好像有细细的海风吹拂着你的脸庞，蓝天白云、椰林树影、水清沙白、碧波荡漾这样的景象就跃入脑海。

在当地的纸币上，你会看到拥有美丽螺纹的贝壳与扬帆起航的帆船，大海的气息扑面而来（见图 3-12）。

图 3-12　50 元面值马尔代夫拉菲亚（正面）

温暖明媚的阳光、熙熙攘攘的人群，那些当地最真实的热闹都被搬到了纸币上，让人浮想联翩（见图 3-13）。

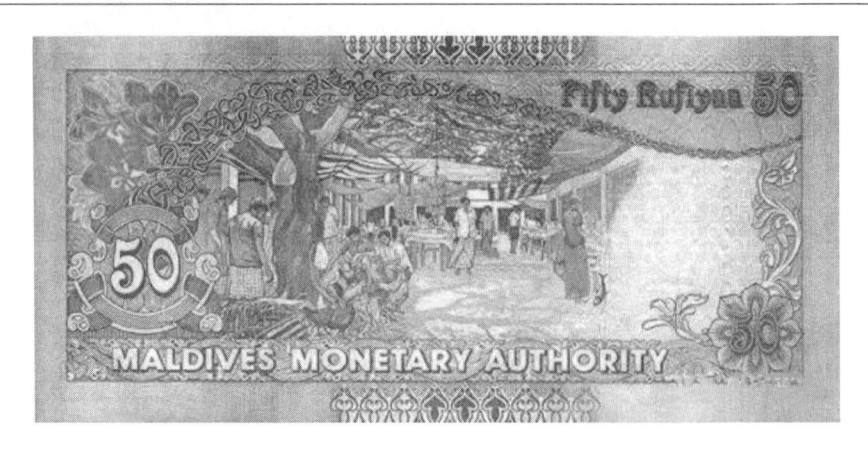

图 3-13　50 元面值马尔代夫拉菲亚（反面）

科摩罗是非洲一个位于印度洋上的西部岛国，位于非洲东侧莫桑比克海峡北端入口处，曾经是法国的殖民地，后于 1975 年独立。该国于 2006 年发行的 1000 法郎纸币以精致、细腻、新颖打动了世界纸币协会评委，成为 2006 年最佳纸币。

纸币的正面是当今世界存活的最古老鱼类——腔棘鱼（别名空棘鱼），背面是划着独木舟的科摩罗男子（见图 3-14、图 3-15）。

图 3-14　1000 元面值科摩罗法郎（正面）

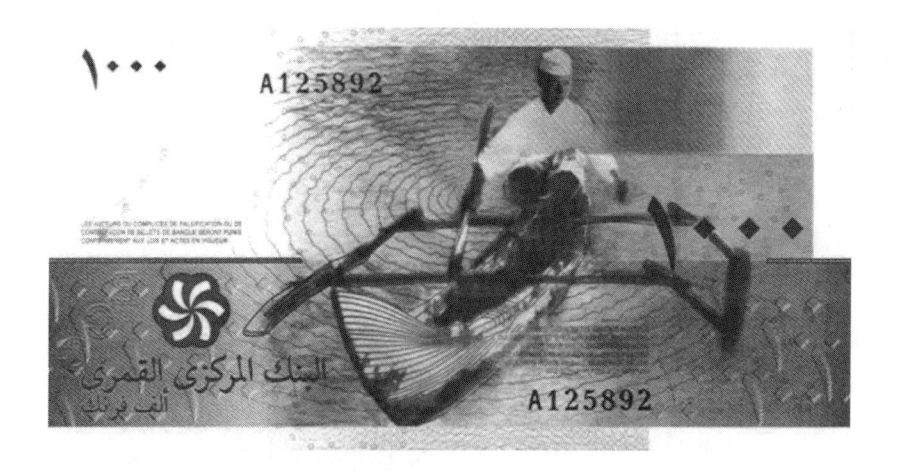

图 3-15　1000 元面值科摩罗法郎（反面）

在新西兰的 5 元纸币正面（见图 3-16）的这位勇士是埃德蒙·希拉里，他从珠峰南侧攀登，站在了世界之巅。除此之外，他还做出了征服喜马拉雅山脉的所有 11 座山峰，独自穿越南极的一系列壮举。因此埃德蒙·希拉里被英国女王伊丽莎白二世册封为爵士。

图 3-16　5 元面值新西兰元（正面）

黄眼企鹅因为嗓门太大，被毛利人命名为"Hoiho"，意为"大声喧哗者"。在新西兰的5元纸币的反面（见图3-17）上就印有这种稀有企鹅，醒目的黄色眼睛、黄色头带，一眼看去，它和我们熟悉的黑白色企鹅完全不同。它与新西兰特有的植物坎贝尔岛黛西（菊花的一种）、牛海藻、南极黄百合一同构成了一幅美丽的新西兰风景画。据说，把纸币对着光线转向不同方向时，企鹅的身体颜色也会发生变化。

图3-17　5元面值新西兰元（反面）

第三节　文化与财富观

所谓财富观，是人们对于财富的认知与态度，表现在人们对与财富相关问题的看法。比如，财富的本质是什么？如何取得财富？如何分配和消费财富？财富观是价值观的重要组成部分，与世界观也有着紧密联系。它影响着财富创造、分配、交换、消费和传承等各个环节。不同文化背景下，中西方学者对于财富的态度有着明显的差异。

一、西方财富观的演变

西方财富观在历史演变过程中体现了财富形式的多样化（如物品、货币、虚拟财富等）、财富源泉的多样化（如对外贸易、农业生产、劳动分工等）、古典经济学发展至新古典经济学、主观财富论与客观财富论相结合。

1. 经济学前史的财富观

古希腊罗马时期的财富观。在古希腊罗马时期，主要代表人物色诺芬（公元前430~公元前335年）认为，财富就是具有使用价值的东西，货币是财富的代表，是财富流通的媒介，而不是财富本身。另一代表人物柏拉图（公元前427~公元前347年）认为财富不是目的，而是手段，获取物质财富是为了达到高尚目的的手段。

重商主义的财富观。虽然重商主义不同时期代表人物的具体经验及其理论体系各具特色，但都是将金银作为唯一的财富形式，认为对外贸易是财富的源泉，并极力追求货币财富的最大化，即他们关于财富的内涵、财富的来源及其管理策略的基本观点是一致的。16世纪下半叶至17世纪，重商主义进入晚期重商主义阶段。晚期重商主义在坚持金银就是财富的前提下，主张发展工场手工业，对商品多卖少买，当然也可以多买，但必须做到在对外贸易中商品输出总量大于输入总量，目的是增加货币的净流入量，所以被称为"贸易差额论"或"重工主义"。该阶段的代表人物有法国的柯尔培尔、英国的托马斯·孟。16世纪下半叶，晚期重商主义者的思想已见诸实践，当时西欧各国开始在商业实践活动中力图通过奖励出口、限制进口的奖出限入措施，达到对外贸易出超、金银流入的目的。正如恩格斯所说，"此时的重商主义者已经开始明白，闲置在钱柜里的资本是死的，而流通中的资本会不断增值"。晚期重商主义完全认识到改善贸易条件的价值和重要性，致力于通商各国间缔结友好通商条约，以扩大贸易范围和规模，从贸易出超的净货币流入中获取更多货币财富。

重农学派的财富观。重农主义作为一种经济思想和政策主张，主要观点包括：自然秩序，社会规律是自然规律的反映，遵守经济规律要像遵守自然规律一样，合乎天道；放任自由，减少政府干预，最好取消各种管制；重视农业，农业是唯一生产价值的产业，只有农业才能生产全社会的剩余产品；只对土地所有者征税，如果对其他人征税，税收都会转嫁给土地所有者；经济循环，经济中商品和货币是循环流动且高度相关的。这些观点，对农民和工商业者是有利的，却损害了拥有土地的贵族。

重农主义者认为，只有农业才是生产性的，只有农业才是财富的源泉。这显然是错误的观念，也是重农主义观点和政策主张很快被抛弃的重要原因。实际上，重农主义的影响远非"重农"，意义要深远得多。自由放任和反对不利于资本主义发展的旧制度，客观上推动了1789年法国大革命的爆发。对经济循环和整体关系的认识，为后来以产品市场和资本市场关系构建宏观经济分析框架做了铺垫。

2. 古典主义时期的财富观

在古典经济学时期，经济学家认为劳动是财富的源泉，劳动效率的提升是财富增值最大的动力。英国古典经济学首次将价值和劳动联系起来，开劳动价值论之先河。

古典经济学开山鼻祖、"政治经济学之父"威廉·配第提出，任何商品的价值都由其所对应的劳动时间决定（这实际上奠定了劳动价值论的基础），价值量与劳动生产率成反比；财富的增加与能生产财富的人数、自然地理环境、政策等有关。配第认为，政府要鼓励人们勤劳致富，要保护人们的劳动成果，要杜绝欺骗、抢劫等不劳而获的财富积累的方式；土地和劳动共同创造价值，所有生产出来的商品都有价值，"价值"和"使用价值"没有区别。针对地租、土地价格，配第认为，一个人在土地上劳动所产生的价值减去各种费用后的剩余就是地租，用货币来衡量的话就等于另一个人在相同时间内生产和铸造的货币量减去自己的费用后所剩的货币。针对利息，配第认为，在可靠的情况下，利息等于用借到的货币所能买到的土地所产生的地租；在不可靠的情况下，就要在正常的利息的基础上再加上保险费。同时，利息水平要由货币的供求来决定。

被世人尊称为"现代经济学之父"和"自由企业守护神"的亚当·斯密（1723~1790）认为，一个企业组织、一个经济体开始运转，基本要素就是劳动、土地和资本。所有商品的生产都跟人的劳动有关；土地在经济行为中是一个固定价值，土地的价值的高低和这个土地上面承载的经济有重大的关系，而它们之间又形成一种交互性的关系。对于资本，在亚当·斯密之前，主流社会对资本和运用资本的人都是非常的藐视，而亚当·斯密认为资本是一个组织、一个国家、一个工厂能够正常运转、提高效率的一个要素。其次提出"看不见的手"，其实际上就是"市场的力量"，粮食的涨跌、车票的价格、商品的流通，背后都是由"看不见的手"在推动。在西方社会，他们认为"人之初，性本恶"，认为从伊甸园偷吃苹果以后就是原罪，人出生后，就要不断地赎罪，不断地忏悔。但是亚当·斯密在《国富论》中却发表了截然不同的看法："看不见的手"的背后，是众多个体为了私利实施经济行为的结果，而当人们不断追求私利时，往往会产生利他的结果。亚当·斯密认为，分工是一个企业组织能够极大提高效率、产能的最根本原因。300年前，当工业革命开始时，专业化分工理论的提出具有革命性的意义。1903年，美国人亨利·福特创立了汽车装配流水线，到1940年代以后，日本丰田创始人丰田喜一郎又把分工理论进一步迭代，叫精益化生产。正是由于精细化分工逐步在生产中的开始应用，社会总体产能效率才能不断进步。此外大卫·李嘉图（1772~1823）基于劳动价值论与分配论，建立起理论体系。他吸收了亚当·斯密的劳动价值论，并放弃了亚当·斯密的二元劳动价值论。同时，他建立了比较优势理论。

综上所述，古典经济学家从劳动创造价值开始，经过演化，逐渐提出了多元化价值论，但这些还都是客观价值论。

3. 新古典主义时期的财富观

西方经济学微观部分的主要内容来源于新古典经济学，它的基本框架是，通过建立目标函数，求效用最大化；分析内容主要是市场均衡分析与社会福利分析。由于实际社会生活中不存在真正的均衡理想情况，所以新古典经济学无法解释真实的世界，但意义及影响重大。新古典经济学的基本理论包括消费者行为理论，研究消费者如何实现效用最大化，从而推出需求函数；生产者行为理论，研究厂商如何实现利润最大化，从而推出供给函数；市场均衡理论，求需求函数与供给函数的均衡解，从而分析市场的均衡情况，并且把市场划分为四种类型,即完全竞争市场、垄断竞争市场、寡头垄断市场、独家垄断市场;社会福利分析,通过研究消费者剩余、生产者剩余、社会净福利,从而得出任何一种均衡都会让社会得到福利。并从效率的角度分析配置效率,及从参与市场的人员谁赚了钱的角度分析分配效率。

新古典经济学在以下方面不同于古典经济学。其一,方法论方面:古典经济学采用的是抽象分析法与历史分析法,而新古典经济学采用的是实证主义路线。其二,价值理论方面:古典经济学采用的是劳动价值理论,而新古典经济学采用的是价格理论/效用理论。其三,生产理论方面:古典经济学采用的是劳动分工理论,解释财富如何增加,并且讲究阶级,即资本家/地主/工人;而新古典经济学分析的是技术关系,即一种物质转化为另一种物质,如投入产出,研究的是数量关系,如生产函数。其四,分配理论方面:古典经济学研究的是利润与工资之间的关系,如此消彼长,在资本家与工人之间分配;而新古典经济学全部转化为数量关系,去社会化,变成一系列形式化、整洁、优美的方程式。新古典经济学相较于古典经济学的缺陷,一是在形式上优于古典经济学,但在内容上欠缺;二是新古典经济学通过均衡分析,把剩余价值全部消灭。

新古典经济学已经成为其他经济学流派共同使用的分析范式,在经济政策上为自由主义定下了基调,如20世纪70年代,自由主义浪潮推进国际多边贸易的形成。新古典经济学巨大的影响力来源于以下两个方面:一方面,新古典经济学理论本身的特点,如其理论内在一致、前后一贯,并且自洽,其理性经济人假设使所有分析都能得出一个确定的结论,并且在形式逻辑上非常完美,推导过程写出来非常简洁、漂亮,所以被有些经济学家戏称为"黑板经济学"。但简洁自洽的方程式是解释不了真实世界的,如英国女王曾斥责经济学家为何没有预测到2008年的金融危机。另一方面,此时的资本主义的财富观为了追求剩余价值,需要一种理论来倡导自由,可以使其自由追求利润。

4. 当代西方阶级学的财富观

新古典经济学的财富观在边际革命的影响下,从原先的"客观价值论"转变为主客观价值论的结合体,即均衡价值论。进入20世纪中叶后,西方又出现以"知识形态"为主导的财富观,主要探讨"什么能使财富增长"这一问题。也就是说,能使经济快速增长的东西就是财富,财富增长就是经济增长。

二、中国财富观的演变

根据对财富的获取、分配和消费等方面的看法,中国古代出现了以儒、道、法、商为主要思想的几种主要流派。近代,中国在西学思想的影响下走向实业强国之路。

1. 儒家的财富观

春秋战国时期是中国古代财富管理思想发展的一个极为重要的时期,不仅人们对财富的认识和观念产生了重要的变化,而且有关财富管理思想的材料也开始增多。作为对中国影响深远的思想学派,儒家主要代表人物有孔子、孟子和荀子。他们在以义制利的"伦理财富观"基础上,提出了独具特色的财富管理思想。

首先是义主利从论。春秋时期社会急剧变动,随着分封制的土崩瓦解,越来越多的人拥有了追求财富并通过自身的努力获得财富的机会。孔子对此持肯定态度,"富而可求也,虽执鞭之士,吾亦为之"(《论语·述而》),并推己及人,认为求富逐利是普遍存在的合乎人性的行为,而且财富越多,孔子的评价越高。孔子虽然承认所有人都有求富逐利的欲望,但并不认为任何求富行为都是可取的。因此孔子把财富和伦理观念严格结合起来,主张求富逐利要符合伦理,提出了"义主利从论"。孔子说:"饭疏食,饮水,曲肱而枕之,乐亦在其中矣。不义而富且贵,于我如浮云。"(《论语·述而》)孔子认为,财富的获得要服从于伦理标准,否则宁愿没有财富。所以,孔子很少谈及利益,却赞成天命和仁德,"子罕言利,与命与仁"(《论语·子罕》)。孔子强调,"君子喻于义,小人喻于利"(《论语·里仁》)。在他看来,偷盗抢劫侵犯私有财产是不义的行为,"小人有勇而无义为盗"。孔子认为,有权势的人与民争利是不义的,反对统治者聚敛、兼并以增加财富。

其次是藏富于民论。具体来说,孔子关于惠民、富民的政策的观点,体现在以下两点：第一，孔子主张惠民给百姓好处，但又认为应该"惠而不费"（《论语·尧曰》），即最好的办法是对民众谋求利益采取顺应放任的态度，这样统治者不需要耗费，百姓就可以得利。第二，要求君主和政府节约用度，减轻人民负担，同时实行利于富民的"薄赋敛"政策。春秋时期由于战争频繁和统治阶级日益奢靡，人民的赋税日益加重。孔子提出："入山泽以其时而无征，关讥市廛皆不收赋，此则生财之路，而明王节之，何财之费乎。"（《孔子家语·王言解》）鲁哀公听取了孔子的建议，减轻关税、开放山泽，不仅使人民富起来，还为国家财政收入培养了财源，并在一定程度上缓解了社会矛盾，有利于统治者赢得民心，巩固自己的统治。

均财平富论收入分配思想也是孔子财富管理思想的重要组成部分。《论语·季氏》中记载，季孙氏准备攻打颛臾前曾试探孔子的意见，孔子说："丘也有闻有国有家者，不患寡而患不均，不患贫而患不安。盖均无贫，和无寡，安无倾。""均"不是平均财富，而是朱熹解释的"各得其分"。所谓"均无贫"，就是按照社会地位分配物质财富，诸侯和大夫按照自己的身份等级获取物质利益，个人的富或贫和他的社会地位相称，"贫而乐，富而好礼"（《论语·学而》），富人不胡作非为，穷人能安贫乐道，才能保证社会的均衡与和谐。

中国古代在消费问题上的传统思想是黜奢崇俭。孔子是黜奢崇俭论者，他在继承前人观念的基础上，提出了奢俭以礼为标准的思想。他强调治国要节用而爱人，统治者个人首先要起到节俭的表率作用，人们的个人生活也俭胜于奢，因为"奢则不孙，俭则固；与其不孙也，宁固"（《论语·述而》）。

2. 道家的财富观

"道家"是以老子思想为宗脉的学术派别，因其以"道"作为天地万物的本原和人类思想形成的总法则而得名，其代表性人物主要有老子和庄子。道家思想以"道法自然"为特征，恢宏博大、气象高远。道家要求经济活动必须符合经济规律，主张顺其自然、清静无为，反对过度的人为干预。道家思想文化源远流长、影响深远，是中国传统思想文化之根，对中国社会生活有着深厚的影响。道家的财富管理思想十分丰富，是中国古代经济思想一个极具特色和价值的重要组成部分。

知足寡欲论是其主要观点。老子将"知足"视为人类活动应当遵循的一项非常重要的基本原则，进行了大力的宣扬。在老子看来，"知足"就是满足于人生的基本需要，不一味无止境地去追求和增加自己的财富。他认为，"知足"不但决定人们的荣辱祸福，而且可以使人们长久地获取和保有财富，"故知足不辱，知止不殆，可以长久"（《老子》第44章）。财富会引发人们的贪欲和妄念，导致人们过度追求和占有财富，而这种欲望永远不会得到完全的满足。为了使人们适度地获取和使用财富，老子强调节制个人的欲望，尽量做到淡泊物欲，不能对财富产生过度的贪婪欲望，特别是不能把难以得到的财货看得过于贵重，"是以圣人欲不欲，不贵难得之货"（《老子》第64章）。所以，老子主张适当限制个人的欲望而实行"寡欲"，"见素抱朴，少私寡欲"（《老子》第19章）。寡欲与知足是不可分割的，未有能寡欲而不知足者，亦未有不寡欲而能知足者。因此，老子所倡导的"寡欲"，能够在一定程度上使人们做到"知足"，从而尽可能地使人们避免一味地过度追求和贪婪财富。

3. 法家的财富观

法家的代表人物有管仲、商鞅和韩非子，他们的理财治国思想都是为"富国强国"服务，以"利以生义"为重点，以务实为特点倡导功利。《管子》的顺民富国论和适度取予论、商鞅的"人多出寡"和"积粟生金"的财富观、韩非子的人口论和财富增殖论等。

西汉时以桑弘羊为代表，北宋以李觏、王安石为代表，南宋时期以叶适为代表，极大地充实了"利以生义"这一思想，对儒家的"义主利从论"进行了批判。他们在其所处的时代代表了人们对财富问题更进一步的认识和思考。

在盐铁会议上，桑弘羊提出了"利以生义"的财富观念，承认了人的私欲；而儒生们所谈的"义"脱离了"利"，是在以极高的道德水平要求普通人。李觏明确强调要把"利"看作"义"的前提和司马迁的"仓廪实而知礼节，衣食足而知荣辱"内涵一致。南宋时期的叶适强调无利即无义，"利"是"义"的物质内容，它们不是二选一的关系，应当看作统一的整体。

儒家"以义生利"的观点和法家"利以生义"的观点之间的争论重点在

于物质利益和道德伦理二者谁更重要，因此都可称为伦理财富观。秦汉以后，儒法合流，随着汉武帝"罢黜百家，独尊儒术"政策的实施，利以生义的财富观受到打压，仅是延续了下来，而儒家"以义生利"财富观占据了主导地位，但这两种财富观点的争论也一直贯穿了封建社会的始终。

4. 商家的财富观

先秦时期中国的商业得到较大的发展，不但出现了专门的商业活动，形成以"华商始祖"王亥为代表的商人群体，而且一批具有较高学术文化素养的人进入商业领域，他们对自己及其他商人的实践经验进行了一定的理论总结，如陶朱公的"积著之理"、白圭的"治生之术"，使经商和学术活动相结合。商家或货殖家就是在这样的历史条件下形成了一个颇有特色的学术思想流派。明清时期，中国的商业进入一个蓬勃发展的兴盛阶段，地域性商帮逐步兴起，其中最具代表性的是晋商和徽商。商家在获取和积累财富的过程中，形成了以经商致富为核心和特色的财富管理思想。

5. 近代时期的财富观

近代，侵略者的坚船利炮将我们打醒。魏源作为睁眼看世界的第一人，提出应当繁荣商业贸易。洋务派办洋务的唯一目标是"强兵富国"，在李鸿章看来，政府若从事商业，必须握有经营的主导权。从洋务派中脱胎出来的早期资产阶级改良派康有为和梁启超在"富国"目标上首先提出了中国工业化问题。中华民国的缔造者孙中山提出了三民主义的公有经济主张：第一，国营实业：凡国中大规模之实业属于全民，由政府经营管理之。第二，平均地权：由国家规定土地法、使用土地法及地价税法，以谋地权之平等。

三、中西方财富观的比较

在如何获得财富、分配财富、消费财富和对待富人的态度这几个方面进行比较。

1. 比较之一：财富获得

在如何获得财富方面，中西方有着大体一致的思想。在西方，劳动被看作是财富的来源，这与我们的"富贵本无根，尽从勤里的"不谋而合。孔子的

"义主利从"论,《旧约》中讲"不可偷盗"和"不可贪恋人的房屋,也不可贪恋人的妻子、仆婢、牛驴,并他一切所有的",此外还详细记录了偷盗后如何进行赔偿和判罚,都是告诉我们"君子爱财,取之有道"。商家的经商致富思想与西方的重商主义致力于通商各国间缔结友好通商条约,以扩大贸易范围和规模,从贸易顺差的净货币流入中获取更多的货币财富有相似之处。

2. 比较之二:财富分配

从财富分配的角度来看,中西方财富观体现了较大的不同。

首先用儒家文化几条主要的财富观与西方财富观进行对比。"义主利从"和"藏富于民"很大程度上是为了缓解社会矛盾,有利于统治者赢得民心,巩固自己的统治。而西方则是走上了争取私有产权、重视契约法规这一财富分配的发展方向。"均财平富论"和"黜奢崇俭论"强调依"礼"而行,严格规定不同等级地位的人所能享有的财富,强调个人消费水平应与其等级身份相符合。1555年,塞巴斯蒂安·卡波特等伦敦商人获得伊丽莎白女王的特许状,发起成立了一家由一百六十人组成的股份制的商人团体——莫斯科公司。这是世界上第一家现代意义上的公司,从此人类进入了公司时代。公司制的诞生标志着收益由出资额所占比例分配。无论何种身份、社会地位都要遵从这一分配方式。

中国是建立在发达农业基础上的大一统中央集权国家,这使中国古代的经济思想更为宏观。财富观的重点是财富的分配,在分配上主张国家优先,经济政策上主张国家垄断。而"义主利从论"也是为了维护国家统治的稳定。这是中国古代财富观在分配环节上与同时期西方各国财富观鲜明的不同点。

3. 比较之三:财富消费

在财富消费方面,崇俭黜奢是中国古代消费思想的核心,几乎所有的思想家都主张勤俭节约。崇俭黜奢的消费观虽然有利于缓和古代社会生产与消费的矛盾,维护社会稳定,但其本质是为了维护上层统治阶级的利益,通过愚弄百姓的思想达到巩固皇权的目的。这一行为抑制了财富和经济的发展。

在今天,量入为出,提倡节俭并有规划的消费观成为主流观点。节俭消费观念的产生,主要是由生产力水平决定的。反对铺张浪费,充分利用社会资源，是任何社会都应该倡导的消费理念。但节俭消费并不等同于抑制消费。消费是社会在生产过程中的立足点，消费是生产的最终目的，赋予了生产的意义。消费产生需求，刺激生产，扩大市场，实现社会主义生产目的，充分满足人民物质文化生活的需要。因此，在社会主义市场经济条件下，虽然我们仍然要反对奢侈和浪费，但也要提倡适度消费。

4. 比较之四：对待富人的态度

西方对财富的态度可谓简单明了，对富人的态度同样简单淡定。究其原因，在完成了资产阶级革命和资本的原始积累的情况下，国家整体财富水平和民众的生活质量得到了提升，这使社会阶层之间矛盾弱化，社会的道德水平整体上升。在贵族环境中成长起来的高财富人群为了维护他们体面的社会地位，逐渐形成了温和、负责、节制的社会文化。

反观中国，我们的财富观是一个复杂的组合体。这源于受封建政治结构与儒家伦理影响形成的"义利观"与追求世俗利益之间的冲突。

从社会层面看，个人追逐财富以跻身富人行列。司马迁曾言"天下熙熙皆为利来，天下攘攘皆为利往"，承认了人对财富的追求。而最为主流的儒家文化却要求民众"重义轻利"。在这种义利矛盾的价值观念的影响下，就产生了对已经取得财富的富人的嫉妒。《孟子·滕文公章句上》记载："阳虎曰：为富不仁矣，为仁不富矣。"如今，在社会主义市场经济条件下，我们开始认可和尊重富人。

综上所述，中国传统财富观呈现出一种伦理财富观，讨论利益关系，重视财富分配。西方增殖财富以财富的创造为主，充分承认人性的自私，财富分配用法治的方式实现。这一中西方财富观的不同是影响近代中西方经济思想与社会发展分流的重要因素。上述概括，并不意味着中国传统的财富观忽视了财富的内在属性，不注重财富的增长，也不意味着西方传统的财富观不重视财富的分配，仅是在对比两者的主要特征。

第四节 文化与资产配置

现有与家庭金融相关的文献研究多是基于人口统计学特征、家庭财务状况、金融素养、家庭人口结构等探讨影响家庭资产配置的因素,但解释资产配置的差异却少有人研究。从结果来看,资产配置行为差异体现了个人认知偏好和思维模式差异,而这些现象皆可归属为文化影响范畴。文化植根于人的思维和决策过程,包含一套经久不衰的信念和价值观。鉴于此,文化是解释中西方家庭资产配置风格差异的深层次原因。

一、中美家庭资产配置的变化与对比

长期以来,不同国家的居民在资产配置方面存在显著差异。以中美两国为例,美国居民体现出了低储蓄率偏好信用消费,金融市场参与率高的特点,而中国居民则体现出储蓄率高,偏好投资地产和金融市场参与率低的特点。

1. 中国居民家庭资产配置现状

中国居民为何偏爱投资房产?从风险收益角度看,房产是一种值得持有的资产。这一结论可以由"中国股票"与"中国房产"的收益率和波动率比较发现(见图3-18)。2008~2020年,中国股票(数据选取的是沪深300指数)的收益率高于中国房产(数据选取的是中国70个大中城市的房产价格)。根据万得数据库资料,沪深300指数从2000年创立到2021年,累计上涨8倍,年复合增长率为11.4%。虽然从长期来看,中国股票的收益率较高,但其波动率亦是最高。收益率和波动率均处于较优区间的是美国股票和中国房产。美股的平均年化收益率高达13%,波动率只有11%。从风险调整后的收益来看,中国股票9%的收益率对应36%的波动率,这显然是不太理想的投资标的。中国房产的收益率虽然是8%,但对应的波动率只有5%,兼顾了收益率和波动率,因此投资房产是国人比较理想的投资选择。

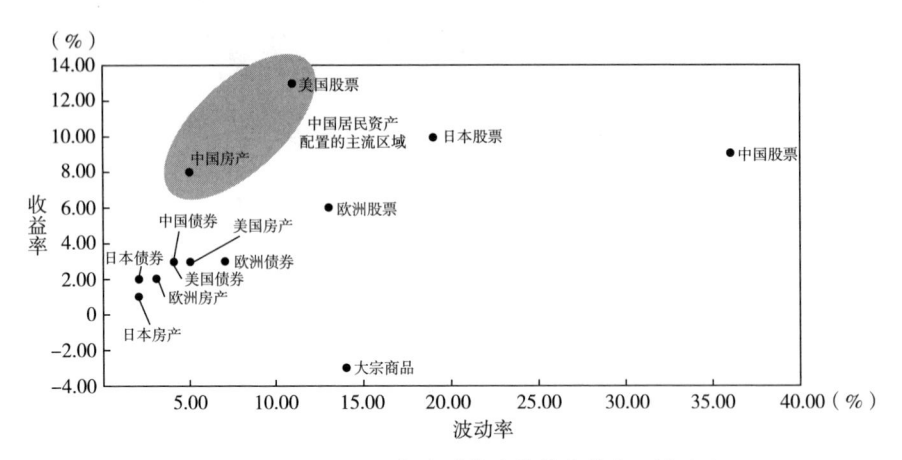

图 3-18 2008~2020年全球资产价格收益率、波动率

资料来源：Wind。

还有一个重要的原因，股票只有投资属性，而房产兼具投资和居住双重属性。房产投资除了可以享受升值带来的收益外，还能拥有稳定的租金收益，因此房产投资兼具股票和债券的双重优势。即是说，房产升值相当于是股票上涨，租金收益相当于债券的利息，因此房产的实际收益率是超越股票的。

除房产之外，中国居民在其他资产的配置情况如下（见图3-19），其中2016年一季度为基准指数化为100，股票选择万得全A指数，定期存款按照一年期整存整取复利计算，股票基金按照万得开放式封闭基金回报率中位数统计，住宅为百城样本住宅均价。

第一，存款仍是国内居民重要的投资渠道。虽然对财富积累而言，存款是缓慢的，甚至在特定年份跑不赢通货膨胀，但其安全稳健性符合居民避险的诉求。特别是在2022年理财破净期间，居民理财转定期现象较为普遍，导致定期存款所占比例达到历史峰值。

第二，A股体现出波动性高、风格和赛道分化严重的特征。次贷危机之后，国内股票类资产的投资回报率经历了整体的增长，但短期风险较大。其中，消费股的回报率经历了几次大起大落，在2009年取得110.7%的回报率后，于2011年下降至-25.6%，而后维持了三年较高回报率后又有大的下跌和上升。金融股回报率在2014年国内投资品回报率中位列第一，达到了93.9%，成长股也在2015年达到了75.2%。2019~2021年，股票依旧有着不俗的表现，消费股、周期股都在全国各资产回报率排行中靠前。但与此同时，股市的波动性较大，有着较大的不确定性。

第三，债券投资历史业绩偏稳健，穿透到底层也是理财等重要资产，但不是居民直接配置的主流渠道。利率债的回报率从2008年起整体波动幅度不大，主要在1%~10%，然而各类债券的最高收益率相对其他资产也更低，因此债券更为保守，对财富积累和保值、增值的作用相对有限。居民财富流入债券类资产更多的是通过理财的形式，或是认筹国库券赚取票息，直接购买债基的渠道偏少，因此股债跷跷板中资金的往复更多事关机构、无关居民。

第四，购买基金比购买股票获胜的概率高。混合基金的波动变化与股票的波动曲线较为类似，表现为股票整体收益下滑时混合基金也相应下滑。过去的15年间有11年混合型基金的回报要好于A股，从分散风险的角度来讲，投资于基金要优于A股。因此，虽然股票市场是以个人投资者为主、机构投资者为辅的格局，但实际上存在很强的幸存者偏差，大多数情形下投资股票的宽基指数都跑不赢购置基金。

持有股票型基金、股票、住宅以及存入定期存款获得的回报对比如图3-19所示。

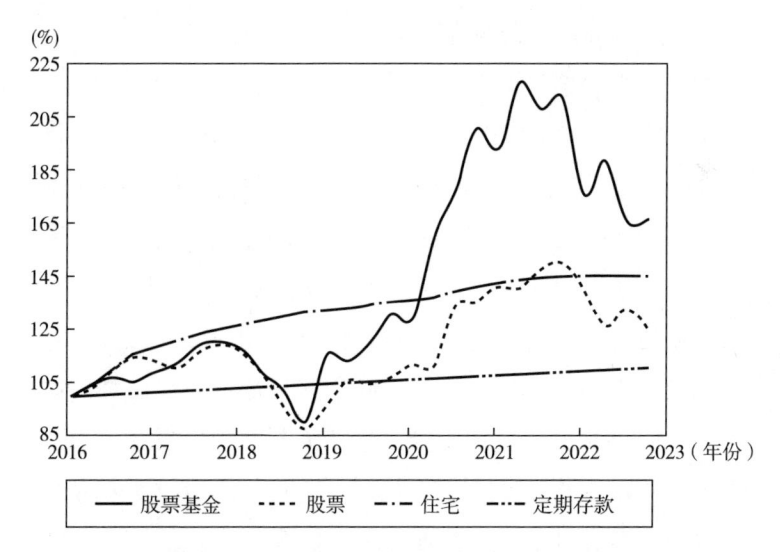

图3-19 持有股票型基金、股票、住宅以及存入定期存款获得的回报对比

资料来源：Wind。

2. 美国居民家庭资产配置现状

纵观美国居民资产配置的历史变迁，可以发现：第一，在美国居民部门财富总量增长过程中，其金融资产配置比例整体呈现波动提升态势。在非金融资产方面（尤其是房地产）：长周期维度来看，美国居民对住房资产和耐用消费品的配置比例呈现下降趋势，1900年其对房地产配置比例达39%，2021年则已降至25%。在金融资产方面：受监管环境的不断调整、财富资管机构的发展壮大、金融工具的广泛创新、资产价格的周期波动等因素影响，美国居民的可投资金融资产类别逐渐丰富、配置比例日趋均衡，2021年占居民总资产的近七成。

第二，共同基金、养老金权益、股票是增速较快的金融资产类别，2021年股票及基金配置占据半壁江山。1945~2021年美国居民持有的金融资产总规模从6479亿美元增长到118万亿美元，年均复合增速7.1%；其中所持共同基金（含货基）、养老金、股票规模的CAGR（复合年均增长率）高于金融资产整体增速，分别达12.9%、8.6%、7.4%。若将养老金进一步穿透至底层资产，2021年股票（34%）及基金（19%）两大权益类资产在其金融资产中配置比例合计过半，显著高于现金及存款（13%）、债券（7%）等低波动资产。

第三，宏观经济环境、金融监管政策、资产价格波动、金融危机等均会对居民的资产配置行为和偏好产生影响。分阶段来看，在1900~1945年美国居民可配置金融资产类别相对较少，股票是其主要金融资产，配置比例一度高达48%，但受股市波动影响较大。在1946~1964年监管转向严格的分业经营，金融产品的供给创新速度减缓。美国居民资产配置结构相对稳定，标准化金融产品配置比例上升。在1965~1980年货币市场基金诞生并快速发展，1974~1980年复合年均增速超过70%。养老金三支柱体系逐步形成，养老金开始成为居民资产配置的重要组成部分。在1981~2000年储贷危机后居民对存款的配置比例从20%多的高点逐步下行至约10%。养老金配置比例超过30%，成为居民主要的金融资产，以养老金为代表的长期资金的增长推动了共同基金行业高速发展。此阶段美国居民对股票的配置也出现显著提升。在2001~2021年美国居民金融资产配置结构趋于均衡。穿透来看，股票和共同基金位列美国居民所配置的前两大类金融资产①。

图 3-20 显示了中国和美国家庭当前的资产配置。可以看出，美国家庭的资产配置相对平衡。房地产和保险所占比例最大，分别为 25% 和 24%，存款和股票分别占 13% 和 11%，这种平衡的配置有足够的现金流来应对未来的风险问题。在中国，房地产在家庭资产中所占的比例高达 56%。存款与股票所占的比例与美国大致相同。保险比例仅为 4%，不到美国的 1/6。房地产所占的比例过高，所以当房地产市场出现波动时将对家庭资产有较大影响。

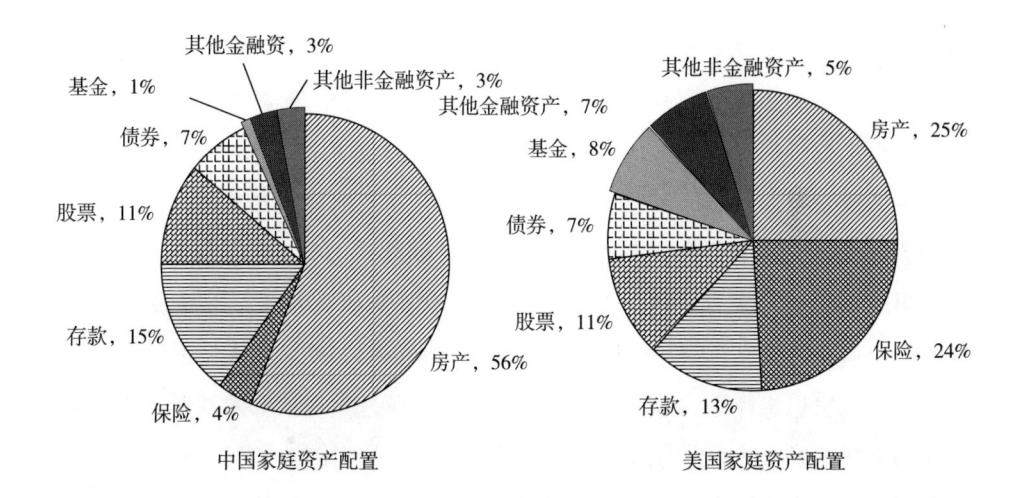

图 3-20　2021 年中国、美国家庭资产配置

资料来源：Wind。

二、中美资产配置差异的文化成因

中美两国传统文化的差异使两国家庭资产配置出现较大差别。

1. 中国传统文化对家庭资产配置的影响

中华民族历史悠久、人口众多、疆域广阔并拥有大量平坦肥沃的平原土地。我们用悠久的农业文明，塑造了中华民族以节俭、责任、和平为价值的传

---

① The Federal Reserve、Bureau of Economic Analysis、中金公司研究部。

统观念，重农抑商的社会氛围使人们更加注重物质形态，小农经济以家庭为单位，这强化了对财富积累传承的偏好。长达两千多年的封建制度验证了其稳定性，但冲淡了人们的探索创新、冒险进取的意识。这也体现在了家庭资产的选择上：热衷于储蓄，基于对土地的留恋喜欢投资房产，厌恶风险，在投资方面较为保守。

与此同时，中华民族早期一直受儒家思想的熏陶，儒家文化也是中国的主流文化。儒家文化主要从两个方面影响家庭的资产配置行为。

第一，对"风险偏好"进行分析。儒家文化的"中庸""三思而后行"所蕴含的风险规避理念会使家庭风险偏好程度降低。其一，儒家文化主张"谨言慎行"的中庸思想和言辞谨慎态度。其二，儒家文化蕴含"居安思危"的忧患意识。孔子在《论语·卫灵公》中指出"人无远虑，必有近忧"，儒家文化强调做事要有远见和危机感，要为不确定的将来提前计划和准备。反映在家庭的资产配置决策中，将会主动进行"预防性储蓄"。

第二，基于"生育意愿"进行分析的观点。有研究发现，一个家庭所生子女的数量和性别结构对家庭资产的分配有重要影响。孔孟将人口增殖的思想观念注入儒家思想体系，因此早生、多生、生男孩是生育信仰的基调。受儒家文化影响的家庭，生育意愿会更强烈。首先，在是否生育方面，孟子曰"不孝有三，无后为大"（《孟子·离娄上》）。其次，在生育数量方面，主张"多子多福"。与西方追求个人幸福、自由不同，儒家文化以儿孙满堂、多子多福和延续家族香火为重要的生育观念。同时，在儒家"孝"文化的影响下，"养儿防老"成为中国传统的养老方式。除了基于家庭责任感，基于互惠主义理论，父母期望在晚年得到子女更好的照料，往往会追加在衣食、教育、医疗等方面对子女的投入，提供更好的资源。但更高的抚养成本会挤出家庭风险金融资产投资，并且在多子女的家庭中这一现象更加明显。同时，多子女家庭就意味着需要面积更大、数量更多的房子，购房需求显著提升。最后，在生育性别方面，偏好生育男孩。随着父系宗族社会的发展，"男尊女卑"的观念鲜明，"不孝有三，无后为大"，"后"尤指男性，这更加明确地反映了男性子嗣对家族延续香火、维持家族繁盛永存的特殊意义。在当前男女失衡、婚姻市场竞争加剧和房地产热潮的背景下，婚房购置成为中国婚姻市场的"入场券"，婚房和彩礼成为家庭经济决策的首要考虑因素。为提高子女在婚姻市场的竞争力和婚姻生活中的话语权，家庭"竞争性储蓄"动力明显增强。

"居者有其屋"是我国居民一直信奉的社会理想。但我们应该认识到，"有其屋"，不只是代表一定拥有具象化的房屋不动产，与不动产相似安全性好、流动性高的"存款"就深受青睐。

2. 美国文化对家庭资产配置的影响

美国是一个多种族移民国家。乘坐"五月花"来到美洲大陆的初代移民面对这样一片富饶却荒蛮原始的土地，冒险、探索、开拓成为唯一的选择。独立战争结束后"百荒待兴"，这就意味着"百无禁忌"，因而使当地人在生活、经济、商业活动中自由度比较大。独特的历史原因造成了美国文化的开放自由，崇尚大胆追求物质生活。反映在居民家庭资产选择行为上有如下体现：美国居民家庭乐于接受新兴投资产品。"明天的钱今天花"更是描述了美国居民提前消费注重享受的习惯。相当一部分家庭直接或间接参与股市。与中国偏爱地产投资不同的是，美国政府大力支持成立能够为居民提供规范化、高质量的房屋租赁公司，这导致了美国大量中高收入家庭会选择长期租房。活跃的租赁交易让美国房地产市场更有弹性、更加市场化，与中国房地产市场租售比畸形大为不同。

第四章 人口与财富管理

人口与财富管理有着密切相关性。在马克思主义财富管理思想中,坚持财富"为人的属性",强调人在创造财富中的主体地位,认为创造出来的财富服务于人,反过来,人又促进财富的创造。财富能够满足人们生活的需求,激励人们奋斗的干劲,实现人们的愿望,改变人们的生活水平和生存方式。与此同时,人口数量和结构的变化贯穿于财富创造、消费和分配等环节,对财富管理的影响不容小觑。随着全球人口增长的加快,世界各地都在积极推行多样的人口管理措施。鉴于此,为了厘清人口对财富管理的影响,本章拟从人口与财富的关系、人口结构与财富管理、人口政策与财富管理等方面展开论述。

第一节 人口与财富的关系

人口与财富的关系主要表现在两个方面:第一,人是劳动力,是创造财富的主体;第二,人同时又是消费财富的主体。

一、人是创造财富的主体

英国古典经济学派的主要代表人物亚当·斯密(Adam Smith)认为,人口绝对水平的增长是经济发展的动力,直接反映一个国家繁荣程度的最明显指标是居民人口的增加，这也意味着国民财富的增长。马克思主义指出，作为社会发展的核心力量，人民的行动和思想不仅对社会进步和发展至关重要，而且将成为社会变革的关键驱动力。因此，作为重要的社会存在，人民是社会历史的主体，亦是社会财富的创造主体。

1. 人口增长的典型事实

人口及人口增长是社会财富创造过程中的重要因素。每当谈及人口及其增长问题，以"70亿行动"为代表的全球性活动是人口增长的一个典型事实。这一活动标志着人口增长的一个新里程碑，记录全球人口从1950年的26亿到1987年的50亿，再到2011年的70亿这一迅速增长过程。最新数据统计，截至2022年11月25日，世界人口达到80亿人。《世界人口展望2022》显示，亚洲在全球人口增长的过程中发挥了重要作用，其中，中国和印度的贡献最为突出，预计到2037年，全球人口将达到90亿。

2. 人口增长与社会财富创造的现实考察

人口的增加已成为促进社会发展的重要因素，就人口增长带来社会财富增加的现实表现来看，欧洲和中国尤为突出。

第一，欧洲人口增长与社会财富创造。在10世纪至13世纪中叶的欧洲，社会经历了重大变革，其主要动力源于人口规模的增长。在此之前，以公元9世纪为例，欧洲典型庄园普遍人少地多。随后，人口规模增加，土地变得稀缺，无法承受新增的人口；新增的人口无法如他们祖辈一般获得同样数量的土地，纷纷涌向庄园周边那些未开垦的土地。在公元10世纪到13世纪的300年间，欧洲人民开始向庄园外的领域要土地，从事大规模的开垦荒地的运动，这就是著名的"边疆运动"。边疆运动的发展进一步促进了市场经济的繁荣，主要表现在：新工艺和新技术不断涌现；逐渐出现生产专业化，人口密度高的地区可以更有效地生产劳动密集的产品；地方贸易的发展使得市场贸易规模变大，市场贸易逐渐取代传统自给自足的庄园经济，并随着人口的不断增加而快速发展。

第二，中国人口增长与社会财富创造。从古代来看，我国先后经历了五次重大的人口政策红利期（见图4-1），这些人口政策的实施不仅推动了当地的合国开发计划署发表的《2021/2022年人类发展报告》显示,非洲国家的发展前景十分严峻,非洲每年至少1/4的国家和1/3的国民都在经历着严峻的粮食供应困境。根据最新的统计,非洲目前已经成为全球最贫困的地区,该大陆占世界饥饿死亡人数的约3/4。若采取有效措施,以及加强对非洲的支持,就能够有效地缓解非洲的粮食短缺,从而减少非洲的经济损失。

综上所述,人口不仅能创造财富,同时也在消耗财富。当消耗财富的速度超过创造财富的速度时,发展的问题就会面临威胁。为了实现可持续发展,我们必须确保当下的需求得到满足,同时也不会给未来的子孙造成任何负面影响。

第二节　人口结构与财富管理

本节拟从人口红利和人口老龄化两方面分析其与财富管理的关系。

一、人口红利与财富管理

1. 人口红利的概念界定

人口红利是指一个国家的劳动年龄人口占总人口比重较大,使其劳动力资源更加充足,同时也减少社会的抚育压力,能够为经济的可持续增长提供保障,形成对经济发展十分有利的"黄金时期"。从人口年龄结构来看,劳动力人口的比例更高,这是人口红利的一个显著特征。人口结构与人口红利在本质上有着一定的联系,人口红利的出现基于有效性的人口结构变化。"人口红利"对经济发展的重大影响主要体现在生产领域、消费者和储蓄者之间的关系上。

2. 人口红利与生产

第一,"人口红利"对生产领域的影响主要体现在对劳动供给上。一般情况下,当一个国家的劳动年龄人口增长停止后,很快就会面临劳动力数量不足的问题。但是,由于中国的城乡二元结构,农村人口数量巨大,因此相当长一段时间内仍可以为城市提供劳动力资源。根据第七次全国人口普查的结果，中国城镇人口比例已达到63.89%，城镇化程度持续提高。接下来城镇化的进程、节奏，直接关系到城市建设和发展速度。今后一段时间，我国仍然处在城镇化进程中，不过将从快速城镇化转向慢速城镇化。而中国城镇化促进会常务副主席郑新立认为，未来15年，我国城镇化速度仍然有望快速推进。郑新立表示："再用15年的时间，我们平均每年城市化率提高的幅度保持在1个百分点以上。那么2035年我们常住人口的城市化率能够达到70%以上。户籍人口的城市化率能够达到55%以上。这样城市化的速度才可能会出现一个减缓的过程。未来15年之内，我们要创造条件使我们的城市化率保持一个快速推进的态势。"中国城镇每年将新增100万以上的劳动年龄人口（见图4-2）。假设中国进入了比较发达阶段，大多数人口会选择居住在城镇，则农村劳动力向城镇的转移还会持续很多年。因此，从劳动力供给来看，中国似乎仍然拥有比较充足的劳动力供给，正因如此，"人口红利"将继续推动中国经济的高速增长。

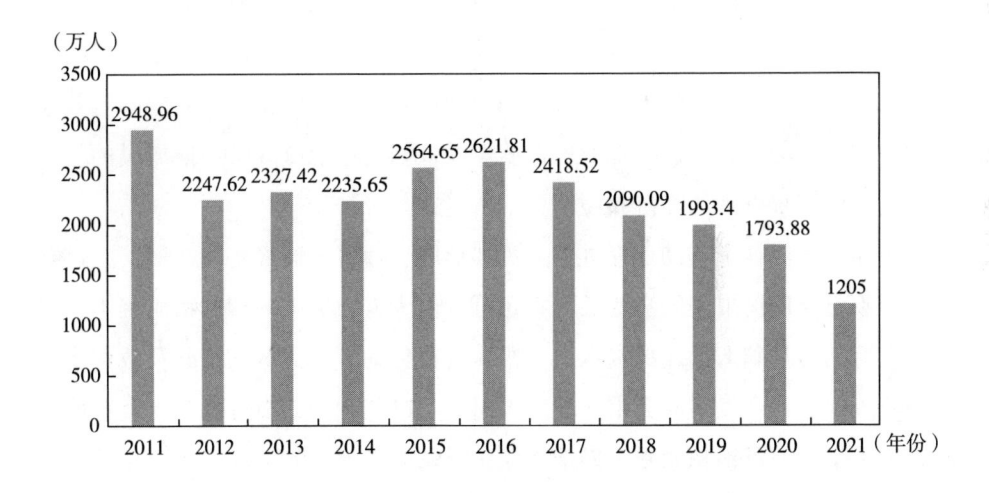

图4-2 2011~2021年新增城镇人口

数据来源：国家统计局网站。

第二，人口红利有助于满足劳动力供给需求。随着全球化的加快，人口红利对于满足社会对劳动力的日益迫切的需求，以及推动经济的持续健康发展，都起到了至关重要的作用。只有在全球范围内拥有充分的劳动力,才能确保社会的可持续繁荣,并创造出大量的工作岗位。在人口红利初期,由于劳动力人口的不断增加,劳动力资源随之增长、人口抚养比例下降,更多人参与社会经济发展中,对满足我国经济建设劳动力供给需求起到了关键作用。这不仅为企业提供了充裕的劳动力,而且减少了家庭负担,为社会的可持续发展提供了良好的条件,从而为实现全面小康提供了强劲的支撑。研究表明,在人口红利时期,由于没有了抚养压力和负担,女性的工作岗位占据了比以前非人口红利时期更多的权重,在这种情况下,劳动力的供应量也随之增加,这样就可以缓解较为特殊生产活动劳动力资源不足的问题,并且也能够推动社会的经济增长。

第三,人口红利有助于合理配置劳动力资源。通过实施人口红利政策,可以更好地利用农村的劳动力,从而更加充分地利用其优势,推动农村的可持续发展。在人口红利的初期,农村的劳动力人口比例相对较高,这意味着农村的劳动力资源可以更好地利用,而且,在科技的持续推动下,农村的工作效率可以更高,从而推动农村的经济发展。随着城镇和农村的统筹协调,把农村的闲散劳动力纳入城镇的规模中,不仅有助于增加当地的就业机会,还能够有效地分散和调整劳动力,促进当地的可持续发展,同时还能够改善当地居民的生活水平,进而带来可观的经济收益。

第四,人口红利有助于促进人力资本形成。随着全球经济的发展,人口红利已经不再仅仅局限于经济增长,它还可以作为人力资本,即非物质资本,实质是在劳动力基础上形成的资本,主要体现在劳动者个人健康状况及教育水平方面,以满足社会发展的需求。虽然表面上人口红利与人口资本并无直接性联系,但由于人力资本积累受人口结构变化影响,进而导致人口红利变化是促进人力资本积累的潜在要素。其带来的影响在短时期阶段并无较为明显的变化,随着时间的推移,会对经济发展产生影响。人口红利时期到来,生育率与青少年比重逐渐下降,也就表明未来青少年中有更大比例的人拥有了接受教育的机会,在一定程度上增加了我国教育人力资本。人力资本有效性的积累,能够带动各方面行业领域的发展,生活条件得到改善,教育与医疗水平得到提高,是确保我国经济持续健康发展的基础保障。人力资本的积累也会有助于提高劳动生产率，会构成国家发展新的人口优势。人才红利或人力资本红利，是国家发展新的人口红利。

3. 人口红利与消费、储蓄

第一，从"人口红利"对消费和储蓄的影响来看，劳动年龄人口增长停止或老龄人口比例增加，并不必然导致储蓄率下降，反而可能使储蓄率进一步上升。这是因为在老龄化的初期阶段，新进入老龄阶段的人通常具有较高的储蓄率和储蓄倾向。这意味着老龄化的初期阶段可以被看作第二次"人口红利"期。尽管第二次"人口红利"期的结束标志着真正的"人口红利"时代的结束，但只要能够有效地利用储蓄资金并使资本获得合理回报，第二次"人口红利"仍然有可能为经济增长注入活力。因此，合理利用老年人的储蓄资金对于维持经济稳定和促进可持续增长至关重要（张车伟，2010）。

第二，人口红利有助于积累社会资本。收入情况影响着消费总支出，当收入高于消费时，更多的人会选择将消费剩余进行储蓄。从劳动力生命周期的角度来看，这一部分储蓄人员可看作适龄劳动人员。同时在人口红利时期，由于抚养比重的下降（见图4-3），缩减了以家庭为单位的人口抚养成本，减轻了生活负担，劳动力资源较为充足，进而使更多的资本转化为储蓄资源，既提升了社会整体资本储蓄率，也为大量的积累社会资本提供了良好的条件，对我国经济发展起到了促进作用。

综上所述，无论是从生产、消费还是储蓄方面来看，"人口红利"都将在相当长的时间内成为推动中国经济持续增长的重要因素。当前，中国正处于历史上最繁荣的时期，也是"人口红利"回报最为丰厚的时期。随着未来20~30年的发展，中国的经济增长将会变得更加强劲和充满活力。

4. 案例剖析：人口红利与房价

人口结构对中国居民的资产配置和房地产市场具有重要的影响。特别是在人口红利时期，房地产投资扮演着更为重要的角色。人口红利时期是指劳动年龄人口比例相对较高的时期，这时人口结构的特点会对经济和社会产生深远影响。在这个阶段，劳动年龄人口的增多意味着更多的劳动力和潜在消费者，促

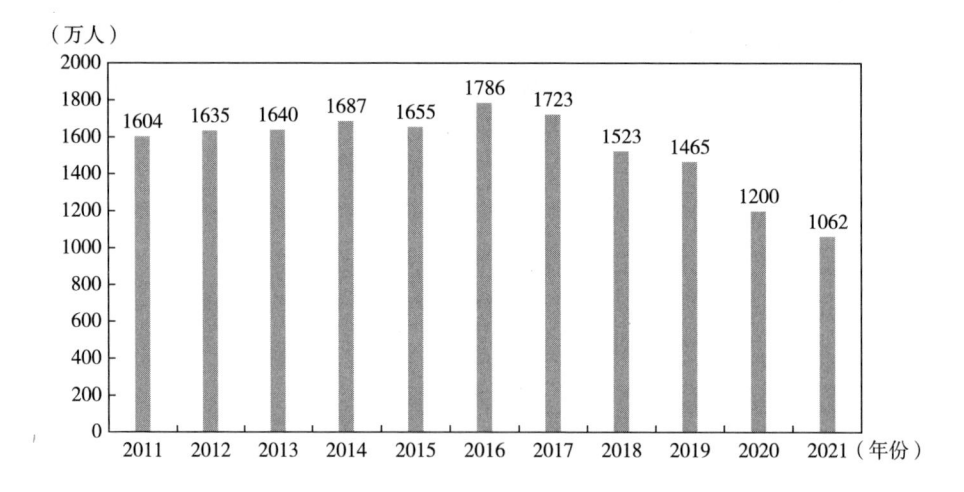

图 4-3　2011~2021 年中国出生人口

数据来源：国家统计局网站。

进了经济的快速增长和需求的提升。因此，中国居民将更多的资产配置到房地产领域，以期获得投资回报和稳定收入。

地产作为一种重要的资产类型，与金融系统密切相关，具有特殊属性和地位。房地产不仅是人们的居住空间，也是一种重要的投资工具。由于房地产的价值相对稳定且能够提供稳定的现金流，许多人将其作为长期资产进行配置。此外，房地产市场与金融系统之间存在紧密的联系。房地产贷款、房地产开发融资等金融活动都与房地产密切相关。因此，房地产市场的发展和房地产资产的配置会对整个金融系统产生广泛的影响。

人口变迁是一种难以改变的趋势性力量，而地产的周期变化与人口密切相关。人口结构的变化会导致劳动年龄人口的增减，从而对房地产市场产生影响。在人口红利时期，劳动年龄人口占整体人口的比例较高。这意味着有更多的劳动力和潜在的购房者，促使房地产市场的需求增加。然而，随着人口老龄化趋势的出现，劳动年龄人口的比例将逐渐下降，可能导致房地产市场需求的减少。因此，了解人口变迁对房地产市场的影响，可以帮助我们预测房地产市场的周期变化和趋势，并制定相应的政策措施。

因此，人口结构对于中国居民的资产配置和房地产市场具有重要的影响，尤其是劳动年龄人口在经济生产和房地产需求中扮演关键角色。

首先，人口直接形成住房的需求力量。随着人口进入适龄购房阶段，直接增加了房地产的需求。特别是在婴儿潮人口集中进入住房市场时，生产者/消费者比重增加，推动住房需求和价格上涨。这种情况下，居民资金流向房地产领域，进一步推动了市场的活跃度和发展。

其次，人口通过构成经济增长的力量间接影响房地产市场。人口红利期能够提供充足的劳动力供给，带动生产超过需求，形成人口红利经济。生产者对消费者的比重增加，储蓄率上升。这种储蓄率的增加为经济增长提供了源泉，同时也支撑了地产价格、销售与建设。历史上的房价上升主要发生在资金宽松、经济快速增长的时期，这与人口红利经济的形成密切相关。

最后，人口因素最终影响房地产的配置比重。人口红利对于住宅市场的配置比例至关重要。从生命周期角度看，人口在青壮年或中老年时的住宅需求达到顶峰，推动住宅市场的发展。尤其是中青年人口的增加增强了投资者的风险偏好，促进了对房地产的配置。然而，当住房市场需求和价格持续低迷时，可能导致供给过剩，居民对房地产的配置比重逐渐减少。

综上所述，人口因素对房地产市场产生重要影响。人口进入购房阶段直接增加了住房需求，人口红利期间的经济增长间接影响了房地产市场的发展，而人口的配置变化也最终影响着房地产市场的供求关系。因此，人口规模、年龄结构和经济发展阶段等因素都对住房需求和价格产生重要影响，进而影响居民对房地产的配置和投资决策。

中国居民财务状况与地产配置的关系一直缺乏统一的证据支持，但几个数据提供了一些参考。根据中国人民银行、中国社会科学院和广发银行等机构的数据，中国居民对住房的投资比例相对较高，住房资产在家庭总资产中的比例从40%到77.7%不等。这表明中国居民普遍倾向于将大部分财务资源投入住房市场。然而，虽然这些数据提供了初步的线索，但我们需要更多的统一证据来全面了解中国居民的财务状况。

相比之下，美国家庭对地产的投资一直保持增长势头。然而，在2008年金融危机后，地产市场的趋势与价格出现了分离。消费者对住宅的投资减少可能与劳动人口比重下降有关。劳动人口比重的下降意味着就业率的持续下降，这可能使地产市场造成持久性的衰退。因此，美国的地产配置经历了两个高峰，但在金融危机后出现了分离趋势。未来，就业率的持续下降可能导致持久的衰退。这表明劳动人口比重的变化在一定程度上影响了居民对地产的配置。

此外，日本、德国和英国等国家的劳动人口比重与地产配置存在一定的相关性，并且不同国家在地产配置方面存在一定的变化趋势。劳动人口比重的变化可能对居民的地产配置产生影响。例如，在日本，劳动人口比重的下降导致地产配置发生了变化。德国和英国也经历了类似的情况。因此，不同国家劳动人口比重的变化都对地产配置产生了影响，尽管影响程度可能因国家而异。

劳动人口比重的变化可能对居民的地产配置产生影响，尽管缺乏统一的证据来证实中国居民的财务状况，但数据显示他们对住房的投资比例较高。美国的地产配置经历了两个高峰，但在金融危机后出现了分离趋势，未来的就业率持续下降可能导致持久的衰退。综上所述，应该加强对人口红利的研究，以及改革和创新，以更好地满足当前的需求。因此，应该加强社会保障制度的建设，积极开拓新的就业机遇，加强技术创新，积极引入更多的创业者，以更好地满足当前的就业需求，并且有效地激励和培养更多的就业者，以最终实现未来的可持续发展。

二、人口老龄化与财富管理

人口老龄化是指人口生育率降低和人均寿命延长导致的总人口中因年轻人口数量减少、年长人口数量增加而导致的老年人口比例相应增长的动态。包含两个含义：一是指老年人口相对增多，在总人口中所占比例不断上升的过程；二是指社会人口结构呈现老年状态，进入老龄化社会。国际上通常看法是，当一个国家或地区60岁以上老年人口占人口总数的10%，或65岁以上老年人口占人口总数的7%，即意味着这个国家或地区处于老龄化社会。

1. 中国人口老龄化近几年加剧的原因

从历史角度来讲，中华人民共和国成立后，由于前期战争消耗了巨量人口，而国家建设又对劳动力人口有着急迫的需求，因此新中国成立初期采取了鼓励生育的政策，即使经历了三年困难时期，人民的生育意愿也没有明显的下降。自中国第一批的婴儿潮到现在，已经过去了60年左右，随着时间的洗礼，曾经的大批稚嫩婴儿成为现在推动老龄化进程的主力军。婴儿潮的出现当然还存在一部分的辅助原因，包括新中国成立后的社会稳定，人民的生育意愿较高，以及科技医疗水平的提高明显降低了新生儿的夭折率。这些因素共同导致了在20世纪五六十年代出现的第一批婴儿潮。

从现代社会角度来看，人民的生育意愿明显下降，这也在一定程度上使得老龄化更加明显。造成人民生育意愿明显下降的原因，包括现在社会压力过大，来自住房，工薪，物价，加班氛围严重，无效竞争（内卷）严重，男女不平等，老人赡养压力大，使年轻人身心俱疲，即使可以像忍者般有分身之术，也难以应付。

近年来，我国人口年龄结构发生了较大变动，"老龄化加速"（见图4-4和图4-5）和"少子化严重"（见图4-6）是当前我国人口年龄结构的两大主要特征。除了老龄化不断加剧，我国人口年龄结构还呈现出严重的"少子化"特征。计划生育政策实施以来，计划生育政策的执行使中华民族的总体生育率显著下降，而"单独二孩""全面二孩""全面三孩"政策的颁布，使我国的幼儿抚养比例也随之回升，从而缓解了我国的老龄化问题。

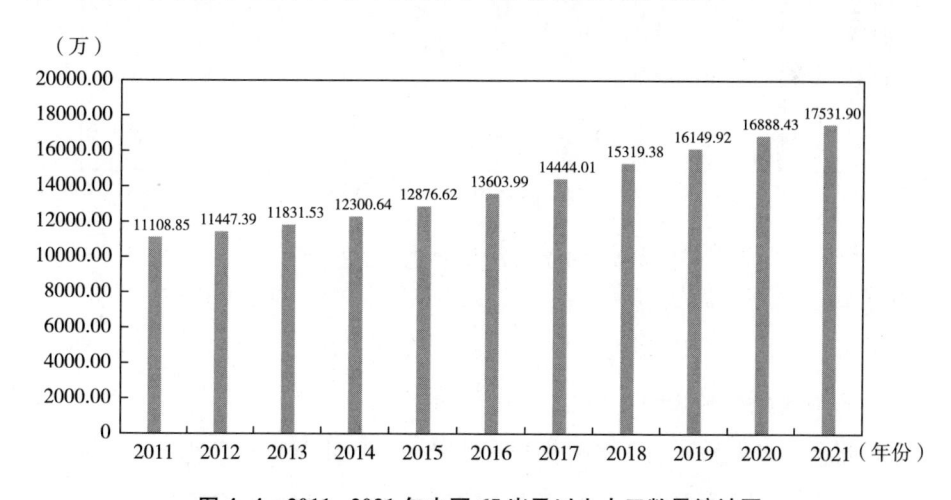

图4-4 2011~2021年中国65岁及以上人口数量统计图

数据来源：国家统计局网站、《第七次全国人口普查公报》。

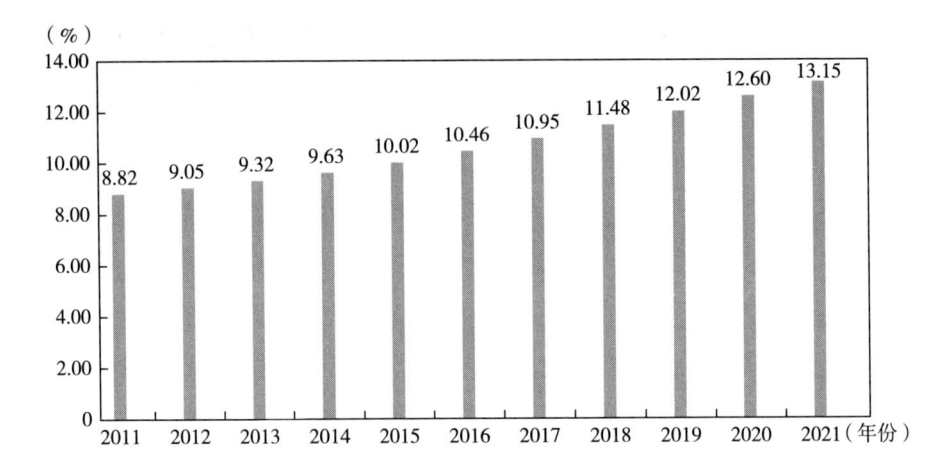

图 4-5　2011~2021 年中国老年人（65 岁及以上）占总人口比重

数据来源：国家统计局网站、《第七次全国人口普查公报》。

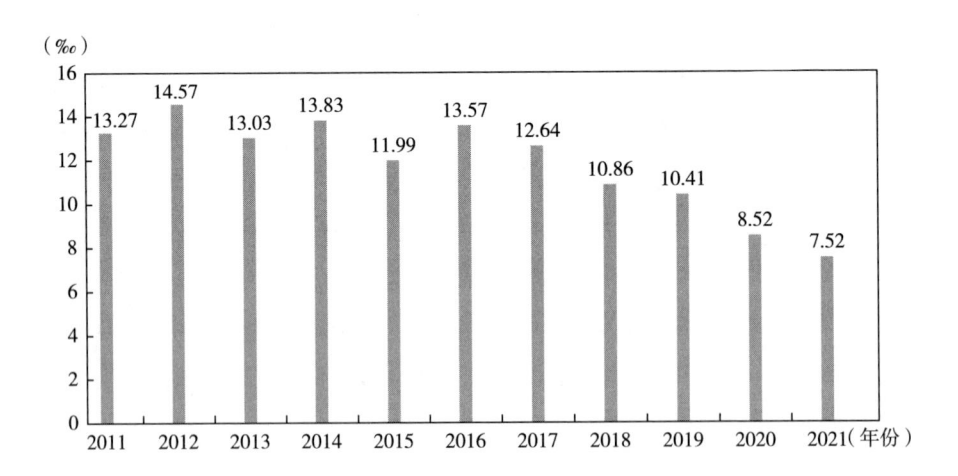

图 4-6　2011~2021 年中国人口出生率

数据来源：《中国统计年鉴 2021》、国家统计局网站。

2. 人口老龄化的影响

对社会生产力的影响：老龄化最直接影响的是社会劳动力供给的减少，年轻劳动力不能及时跟上，年长劳动力面临退休，这中间就形成了缺口，从而降低社会生产力水平。虽然老龄化确实会带来消费需求的减弱、创新能力的减弱,但这只是部分的减弱,随着寿命的增长,这部分人群的社会阅历更加丰富,能以更小的成本给社会创造更大的价值。一项学术研究表明,年龄在45~60岁之间的创业者更容易获得成功,而且现在针对老龄化的再就业制度正在日趋完善。

对产业结构的影响:老龄化无疑会带来产业结构的升级。现在科技含量高的行业,如半导体、芯片,以及数字经济的建设,需要具备专业认知和创新能力的劳动者,这部分是老龄化带来的瓶颈。原来是技术含量低的工种,年纪大一点无所谓,但现在不行了,产业的升级将会倒逼企业进行更多的研发,倒逼个人进行更多的学习。低端产业会越来越少,研发创新会是企业的核心竞争力。

对消费需求的影响:老龄化会带来消费欲望和能力的下降,进而降低社会总体的消费水平。所以,在国内需求复苏的进程中,老龄化是不得不考虑的因素之一,这部分老年需要什么,如何激发他们的消费需求显得尤为重要。近几年,老龄产业得到了快速的发展,养老休闲、养老居家、老年大学、老年社区都伴随着养老服务产业的发展应运而生,这激发了老年人口新的消费需求,部分弥补了因老龄化带来的社会总需求的下降。

对社会储蓄的影响:一般而言劳动年龄人口是社会储蓄的主体,随着人口老龄化的加剧,他们的收入会随之减少,社会储蓄水平会下降,这将给政府带来更大的财政压力。因此,老龄化社会的到来将会对社会储蓄产生重大的影响。老龄化社会对政府养老金的需求是巨大的,一方面因老年人口增多带来养老金支出的增加,另一方面因老年人口的增多带来财政的减少,最终会造成养老账户资金缺口的不断扩大。人社部数据显示,截至2021年底,我国基本养老保险参保人数达10.3亿人,约占GDP的10%,但参照国际经验,这一水平是远远不够的,世界经合组织成员国的平均水平是49.7%,美国更是达到了134.4%。2022年,国务院办公厅推出《关于推动个人养老金发展的意见》,我国开始实行个人养老金账户,这是一个突破,对推动我国养老体系的完善具有重要意义。

3. 人口老龄化下财富管理趋势

老龄化社会和全球化一样,是历史发展的必然趋势。随着人口老龄化的加剧，我们必须采取人才红利来取代人口红利，同时既要满足新的需求，也要激发旧的需求活力。2022年，政府在行动，以养老金为代表的长期资本在不断优化配置，在社会的发展中发挥着重要的作用；投资机构在行动，为顺应老龄化发展趋势，投资机构提前瞄准相关产业，全年养老产业的投融资、并购重组活跃；企业在行动，优质养老服务企业在地产、医疗、休闲产业链上下游进行全方位的布局。

财富管理的目标，不仅是关注现在，更是聚焦在未来，无论是社会还是个人，对未来充分考虑、做出防范与规划，寻找最合理的财富分配模式，保障未来的生活质量，无疑是应对老龄化问题的重要一环。

财富管理无论是在个人还是社会，都需要为个人退休规划提供生活保障和丰厚的养老回报。但我们也看到了，现阶段税延养老保险产品在税收、产品设计以及产品的销售等方面，都不及预期。面对如此庞大的市场，各家金融机构应该有所为，有所动，除了直接应对老龄化趋势的产品和服务，金融机构也开始从细节入手，体现了面对老龄化增速的社会的关注与关怀。2019年7月，工商银行首次针对老年客户，开创性地开展了一系列针对性的政策，包括开发幸福生活版的智能银行，以及针对老年人的定制化的业务流程，以满足他们的需求。软件对多项业务流程进行了简化，页面字号扩大至76PX，提升了交互体验，提高了操作的便利性。此举不仅拓展了传统的金融服务，而且为满足老年人的投资和保险需求，还设计并提供一整套特色的银行存款和保险服务，以期将财富管理和老年保险有机结合。

财富管理面对老龄化趋势，应该做的事情也许可以更多。诸如采取适应"智能老龄化"时代的产品与服务。除了工商银行开展的幸福生活版手机银行App，我们的银发客群（50~70岁之间称为银发群体）还大量存在于证券行业、保险行业甚至是社交行业，在未来10年甚至是20年时间，"80后"即将步入银发群体，遵循"智能老龄化"的发展财富管理业务，不局限在一个App的改变上。在老年人理财顾问、资产传承以及遗产继承等方面，财富管理可以做的不仅仅是养老险、寿险、以房养老、住房反向抵押等内容。在服务目标路径以及财富管理的规划设计上，我们的老龄化应对措施都存在大量的政策空白以及服务盲区，金融机构的差异化服务应有所布局。

综上所述，在人口老龄化时期，既要寻找新的需求点，也要激发旧的需求动能。不仅要关注现在，更要聚焦未来，无论是社会还是个人，对未来充分考虑、做出防范与规划，寻找最合理的财富分配模式，保障未来的生活质量，无疑是应对老龄化问题的重要一环。

第三节　人口政策与财富管理

人口政策是一个国家根据本国人口增长情况而采取的相应政策措施。对于不同国家而言，因人口发展的实际国情存在差异，彼此之间采取的人口政策迥异。表4-1汇总梳理了中华人民共和国成立以来的我国人口政策。其中，在现阶段影响较大的人口政策包括：2015年实施二孩政策、2016年正式全面落实二孩政策、2021年全面三孩。尤其是全面三孩政策，民众反响非常热烈。在问卷调查中，明确表示不会生三孩的人有20000多人，而表示计划或愿意生三孩的仅有2000多人。舆论的普遍共识是，精英富裕阶层生育三孩的动机和意愿最强，中产和一般收入阶层、农村人口生育三孩的概率相当小。不论大家的观点如何，基于中国庞大的人口基数，三孩政策一定会在未来对中国人口和经济基本面产生不可忽视的影响。鉴于此，本节以二孩政策、三孩政策作为研究对象，并基于"宏观—中观—微观"三维度，分析其对财富管理的影响。

表4-1　中华人民共和国成立以来的人口政策

时间	关键词	主要内容
1949年	鼓励生育	"人多就是力量"的观念深入人心，此阶段严格限制节育及人工流产
1956年	节制生育	1956年初，中央在《1956~1967年全国农业发展纲要》中再次明确，除少数民族地区外，要推广节制生育，把节制生育的政策扩展到农村
1971年	计划生育、一二三	1971年，国务院批转《关于做好计划生育工作的报告》，强调要有计划生育。在当年制定"四五"计划中，提出"一个不少，两个正好，三个多个"

续表

时间	关键词	主要内容
1973年	晚、稀、少	1973年12月,第一次全国计划生育汇报会提出"晚、稀、少"的政策。"晚"指男25周岁、女23周岁以后结婚,女24周岁以后生育;"稀"指生育间隔为3年以上;"少"指一对夫妇生育不超过两个孩子
1978年	提倡一个、最多两个	1978年3月,第五届全国人民代表大会第一次会议通过的《中华人民共和国宪法》第五十三条规定"国家提倡和推行计划生育"。计划生育第一次以法律形式载入我国宪法。同年,中央下发《关于国务院计划生育领导小组第一次会议的报告》,明确提出"提倡一对夫妇生育子女数最好一个,最多两个"
1980年	党团员只生一个	1980年9月25日,党中央发表《关于控制我国人口增长问题致全体共产党员、共青团员的公开信》,提倡"一对夫妇只生育一个孩子"
1982年	农村独女户二胎	1982年,《中共中央、国务院关于进一步做好计划生育工作的指示》提出照顾农村独女户生育二胎
1984年	(农村)开小口、堵大口	1984年,中央批转国家计生委党组《关于计划生育工作情况的汇报》,提出"对农村继续有控制地把口子开得稍大一些,按照规定的条件,经过批准,可以生二胎;坚决制止大口子,即严禁生育超计划的二胎和多胎",即"开小口、堵大口"
2002年	双独二胎	2002年9月施行的《中华人民共和国人口与计划生育法》明确规定,国家稳定现行生育政策鼓励公民晚婚晚育,提倡一对夫妻生育一个子女;符合法律法规规定条件的,可以要求安排生育第二个子女。"双独二胎"政策由此在全国推开
2013年	单独两孩	2013年11月,十八届三中全会审议通过《中共中央关于全面深化改革若干重大问题的决定》。决定提出,坚持计划生育的基本国策,启动实施一方是独生子女的夫妇可生育两个孩子的政策,逐步调整完善生育政策促进人口长期均衡发展
2015年	全面两孩	2015年10月29日,党的十八届五中全会决定,坚持计划生育的基本国策,完善人口发展战略,全面实施一对夫妇可生育两个孩子政策,积极开展应对人口老龄化行动
2021年	全面三孩	2021年5月31日,中共中央政治局召开会议,审议《关于优化生育政策促进人口长期均衡发展的决定》,会议指出,进一步优化生育政策,实施一对夫妻可以生育三个子女政策及配套支持措施

资料来源:根据公开资料整理。

一、全面二孩政策对我国宏观经济的影响

二孩政策的放开对于我国经济发展具有重要影响。首先,放开二孩政策将

促进我国高素质劳动力的增加，有利于弥补劳动力需求与供给之间的缺口，提升经济竞争力。随着二孩政策的实施，越来越多的家庭将选择生育第二个孩子，这将增加劳动力的供给。同时，由于二孩往往是由有经济实力和高素质的家庭选择，这意味着新增劳动力的素质相对较高，有利于提高整体劳动力水平。高素质劳动力的增加将有助于推动科技创新、提高生产效率和质量，从而提升我国经济的竞争力。

其次，二孩政策的开放可以减轻家庭的抚养压力。随着人口老龄化趋势的加剧，养老问题成为社会的重要挑战。放开二孩政策将增加每个家庭的有效劳动力，减轻赡养老人的负担。有更多的子女可以分担家庭的赡养责任，减轻家庭的经济压力和时间压力。同时，减轻家庭的抚养压力也有助于提高家庭的消费能力和储蓄能力，进一步推动经济的发展。

最后，二孩政策的放开推动了经济转型。随着二孩政策的实施，婴幼儿市场的消费需求呈现快速增长的趋势。家庭在满足孩子教育、健康、娱乐等方面的需求时，将带动相关产业的发展。婴幼儿用品、教育培训、医疗保健等行业将得到进一步发展，从而拉动整个经济的增长。此外，随着家庭消费的增加，国民储蓄也将逐渐向消费转化。消费在经济增长中的重要作用将进一步凸显，促进经济转型和可持续发展。

综上所述，二孩政策的放开对我国经济发展具有重要影响。通过补充高素质劳动力、减轻抚养压力以及推动经济转型，二孩政策有助于实现经济增长和可持续发展的目标。

二、人口政策对我国保险行业的影响

国家在发布"三孩政策"的同时，也提出要加强"优生优育、普惠托育、教育公平、生育保险、税收和住房政策"等一系列配套措施，但目前还只是规划层面。作为社会稳定器的保险行业，也必将因此出现几大变化。

首先，保险客户数增加。二孩政策为国家带来每年数百万的人口增额，三孩政策虽然会出现边际效应递减，但一定会导致出生人口的增加，这将直接带来保险客户数的增加。

其次，养老保险将得到进一步发展。面对第七次全国人口普查数据，国人对中国老龄化速度之快、幅度之大大为震惊，对未富先老以及老无所依的恐惧情绪也在不断攀升。越来越多的年轻人群开始提前规划自己的养老生活，希望通过商业养老年金保险和增额终身寿险等产品，降低将来退休后的养老金替代率，保证晚年生活品质。另外，国家也在大力推动长期护理保险产品的开发和普及，为疾病和失能老年人提供人性化的护理服务，保证老年人的生活尊严。而三孩政策也可能推动高净值人群的财富分配和精准传承需求，三种因素的相互叠加将推动养老保险的快速发展。

再次，保险在家庭财务和教育规划方面的作用将极大增强。由梁建章等编写的《中国生育成本报告2022版》指出，中国家庭养育一个孩子到18岁的平均成本约为48.5万元，而这不仅仅是接受高等教育之前的养育成本。教育成本已成为中国居民家庭最大的开支之一。与此同时，中国居民的家庭负债率也高居不下，房贷、车贷已经成为中产家庭难以绕开的"两座大山"，家庭可支配收入的承压迫使中产家庭在理财、股票、房产等领域寻求额外收益，并提前规划孩子的教育资金和发展方向，而保险作为家庭财务结构中的压舱石，其对冲风险、对抗通胀、强制储蓄、稳健确定的属性，使其日益受到越来越多中产家庭的青睐。

最后，推动保险产品的研发创新。有需求就会有创新，三孩政策将会产生一批大龄产妇和五口之家，这将引导保险行业在细分市场的需求洞察和产品创新，针对大龄产妇的个性化保险产品，以及汇集全球优质医疗资源的中高端医疗和家庭团体保险产品有可能得到快速发展。另外，面向中高收入家庭的以保险产品为基础的健康管理服务也将得到长足发展。

保险与我们每个人的生活都息息相关，随着国家三孩政策配套措施的不断推出，相信保险行业将会不断发现创新突破点，从而为健康中国美好愿景的实现提供坚实保障。

三、人口政策对我国银行业的影响

随着三孩政策的实施，二孩、三孩的家庭越来越多。根据第七次全国人口普查数据显示，二孩占比由2013年的30%左右上升到2021年的43%左右，这不仅推高了市场的需求，也促使了消费的持续攀升。三孩家庭对出行工具的需求会有所改变，大空间大型家庭乘用车的需求将会增加。过去，一个三口之家一辆小轿车足以满足出行需求。现在，三孩家庭除了父母孩子，还可能包括保姆、爷爷奶奶辈的出行和行李放置需求。在这样的家庭结构下，小轿车甚至SUV已经无法满足三孩家庭的需求了。有已经生了二孩的网友表示，一家老小出门，没有七座汽车寸步难行。房地产行业的需求也会因三孩政策而改变，由于养育的孩子数量增多，睡眠、娱乐休闲、学习空间都需要扩容，最为利好的应该是120平方米以上的大户型房型，这类大户型的价格和租金有可能上涨。家庭消费的增长，银行也推出相应的消费贷款。中国银行江西省分行针对实施的"三孩"政策，特别推出了"生育消费贷"计划，旨在支持一胎、二胎和三胎家庭。该计划适用于已婚、年龄在20~50岁、具有完全民事行为能力的自然人。只要在怀孕满6个月至幼儿2周岁期间，符合条件的家庭均可申请该贷款。对于三胎家庭，最高可申请30万元的贷款额度。整个贷款期限最长为3年，一年期的年利率为4.85%，1~3年期的年利率为5.4%。

早在2016年3月，某国有银行及旗下消费金融公司发布了针对"有孩家庭"的消费金融产品，名为"二胎贷"。然而，这款贷款产品以及类似的生育消费贷款（如"三胎贷"）却在网络上引起了广泛的质疑声。本段将探讨这些生育消费贷款受到质疑的原因。首先，这些消费类贷款的推出反映了银行在消费信贷研究方面的进展，显示出银行业对市场需求的积极响应。然而，问题在于这些贷款产品的特性。它们鼓励家庭提前消费和透支消费，这与传统的民俗道德观念存在冲突。家庭应该以负责任的方式规划生育和消费，而这种贷款的推出似乎在一定程度上违背了这一原则。其次，通过这些贷款产品的设计，银行试图满足家庭生育和消费的需求，促进经济增长。然而，这种鼓励提前消费和透支消费的做法可能为家庭的长远经济状况带来风险。家庭可能会因过度借贷造成财务压力和债务负担增加，最终导致社会经济不稳定。因此，这些生育消费贷款因其与社会道德观念的冲突而备受质疑。人们担忧这些贷款产品的推出可能会导致家庭过度消费和透支，对家庭经济稳定和社会稳定造成潜在威胁。鉴于这些质疑，银行和相关机构应该认真审视这类消费贷款的设计和影响，并在提供金融产品时平衡经济发展和社会责任之间的关系。只有这样，我们才能建立一个健康和可持续的消费金融环境。

四、子女数量对家庭金融资产配置的影响

随着全面二孩政策和三孩政策的推行，我国老龄化进程加速，家庭结构发生了重要变化。人口数量的增加导致了劳动力的增加，这对经济发展产生了积极的影响。然而，老年人口的增加也带来了养老和医疗等方面的挑战，需要更多的社会资源进行支持。此外，家庭结构也发生了变化，从原先的核心家庭向多代同堂家庭转变，家庭成员的数量增加，家庭责任和负担也相应增加。全面二孩政策和三孩政策的实施使家庭规模扩大，家庭成员之间的经济联系和金融需求也因此增加。

在金融领域，家庭资产配置变得更加多元化，金融服务和产品成为家庭的重要需求。家庭开始主动进行资产配置，包括购买房产、股票、基金等金融产品，以实现财富保值和增值。此外，随着家庭规模的扩大，家庭在教育、医疗、养老等方面的支出也相应增加，对金融服务的需求更加多样化。因此，金融业应关注并适应家庭金融需求的变化，提供多样化、灵活性强的金融产品和服务，以满足家庭在资产配置过程中的需要。

《中国财富报告 2022》显示，中国是世界上财富总量排名第二位的国家，其居民财富总量接近 700 万亿元，复合年均增长率达到惊人的 14.7%。然而，中国家庭财富结构存在一定的不均衡性。根据数据，实物资产在总财富中所占比重高达 69.3%，其中主要以房地产为主，而金融资产仅占 30.7%。此外，中国家庭的金融投资主要集中在传统资产上，如银行存款和房产，仅有 5% 的家庭参与股票和基金等金融资产的投资。

这种家庭投资行为与传统的资产组合理论存在明显不符。家庭资产配置行为受到政策环境和家庭内部特征等多种因素的影响。对于中国家庭来说，政策环境的变化可能是影响其资产配置决策的重要因素之一。举例来说，全面二孩政策的实施对于出生人口数量和家庭结构产生了巨大的冲击，从而影响了家庭的财务状况和金融需求。

除了政策因素外，家庭内部的特征也对资产配置产生着重要的影响。家庭背景风险、人口统计学特征和家庭生命周期等因素都会对家庭的资产配置行为产生影响。不同家庭可能有不同的财务目标和风险承受能力，因此其资产配置决策也会有所不同。

传统的金融研究方法已经不能完全满足中国家庭财务和福利的需求。未来的研究需要综合考虑政策、制度环境以及家庭内部因素，以更好地理解和满足家庭的金融需求。这意味着在研究中需要更加注重对家庭背景风险、人口统计学特征和家庭生命周期等因素的分析，以便提供更准确的家庭资产配置建议和政策制定建议。

首先，我国家庭总资产中金融资产占比较低，投资组合缺乏分散化，这导致了家庭投资风险的增加。由于金融知识和投资技能的不足，许多家庭更倾向于将资产集中投资于房地产等实物资产，而对于金融资产的配置比例较低。这种配置模式的缺陷在全面二孩政策的背景下更加显著，使家庭在金融市场波动中的风险敞口增大。

其次，全面二孩政策的实施引起了家庭结构的变化，进而对家庭的金融投资决策产生了直接的影响。家庭在准备迎接第二个孩子时，通常会调整其投资策略。研究表明，家庭准备二胎时会减少对风险资产的投资，并更倾向于选择流动性较强、安全性较高的资产。这主要是出于对家庭未来经济稳定性和子女教育费用的考虑，家庭希望通过持有较为保守的资产来保障子女的成长和未来的教育需求。

进一步分析发现，全面二孩政策的实施不仅使家庭减少了风险资产的投资，还导致了家庭的抗风险能力下降。家庭结构的变化以及二孩政策对家庭经济的影响，使家庭在金融市场的风险承受能力减弱。因此，即使家庭愿意进行金融资产配置，也往往采取保守的投资策略，对高风险资产持谨慎态度。

此外，全面二孩政策还引发了家庭消费倾向的增加，从而导致家庭财富的减少。随着子女数量的增多，家庭支出也相应增加，尤其是在子女教育方面的支出。研究表明，教育支出占据了家庭支出的重要部分，家庭为了子女的教育投入了大量的金钱和精力。然而，这也导致了家庭在金融市场和股票市场的参与意愿下降，进而影响了家庭对金融资产的配置比例。

子女数量的增加不仅增加了家庭的经济负担，也对家庭的时间和精力造成了更大的压力。繁忙的家庭生活使得家庭成员缺乏参与金融市场的时间和机会，因此对股票市场和金融市场的关注度和参与意愿降低。此外，教育支出的增加也使得家庭对金融资产的投资比例下降，因为家庭更倾向于将资金用于子女的教育，而不是进行金融资产配置。

综上所述，全面二孩政策的实施会对家庭金融资产配置产生负面影响。家庭在准备二胎时会减少风险资产投资，更偏好流动性强、安全性高的资产。家庭结构变化导致抗风险能力下降，减少了风险资产投资。此外，全面二孩政策增加了家庭消费倾向，导致家庭财富减少，对风险资产持谨慎态度。子女数量增多会降低家庭股市和金融市场的参与意愿，金融资产配置比例下降。教育支出增加也会降低家庭对股票市场和金融市场的参与意愿以及金融资产投资比例。

本章主要从人口与财富的关系、人口结构与财富管理、人口政策与财富管理三个方面论述了人口与财富管理之间的联系。

第一，人是创造财富的主体，但同时又是消费财富的主体。马克思主义指出，人民是社会发展的核心力量，他们的行动和思想对于社会的进步至关重要，他们的行动将成为社会变革的关键驱动力。人民作为重要的社会存在，是社会历史的主体。历史上，五次重大的人口政策红利期为中华民族带来了巨大的发展机遇，它们不仅推动了经济的全面发展，而且为中华民族的繁荣昌盛奠定了坚实的基础。与此同时，每个国家在享受着劳动人口带来的财富，又要承担劳动人口和非劳动人口对社会财富的消耗，包括对能源、粮食、矿产等物质能源的消耗。劳动人口在总人口中的占比多少，影响着社会财富的创造和消费等诸多方面。

第二，不同的人口结构对财富的创造、财富的消费以及财富的配置都有着明显的不同。我国在人口红利时期对经济的贡献一直处于上升阶段，之后，人口过多伴随着老龄化可能会对我国经济发展产生负向影响。我国人口红利的上升阶段对应着劳动力"爆炸",由此财富创造急剧增加,同时这一阶段年轻人居多,财富的消费旺盛,而从老年人"爆炸"开始我国的人口红利开始逐渐消退,财富创造的速度减慢,老年人居多,也伴随着财富消费欲望的降低。在财富配置方面,在人口红利时期,房地产在中国居民资产配置结构中尤为重要,房价与人口红利总体呈正相关关系。为顺应老龄化发展趋势,投资机构提前瞄准相关产业,全年养老产业的投融资、并购重组活跃;企业在行动,优质养老服务企业在地产、医疗、休闲产业链上下游进行全方位的布局。

  第三,人口政策的改变影响着我国的经济、家庭的消费储蓄结构以及家庭金融资产的配置。二孩政策的实施,我国高素质劳动力的补充得到了显著提升,这不仅有助于将国民储蓄转化为消费,而且还能够加速经济发展的步伐。此外,它还能够有效缓解社会抚养压力,从而推动经济的稳定增长。二孩政策的实施,不仅推动了经济的转型,而且在很大程度上促进了我国国民储蓄转化为消费,加快经济发展的脚步。最后,在家庭金融资产配置方面,全面二孩政策对家庭股市的参与、金融市场的参与以及金融资产的持有比例造成了更深程度的负影响。房产这种低风险的投资方式受到更多青睐,挤出了家庭配置的风险金融资产。当家庭重视教育,教育支出越多时,股票市场参与意愿、金融市场参与意愿以及金融资产投资比例都会降低。

第五章 法制与财富管理

改革开放至今,我国不断加大财富管理工作的力度,以确保国民财富的合理分配和有效利用。为此,我国制定了一系列法律法规,以确保财产的归属、监管金融机构行为,解决财产纠纷问题,健全财富管理市场经济法律框架,推进财富管理市场经济的蓬勃发展,提升财富管理服务社会经济蓬勃发展的效能。

第一节 法制与财富归属

从法律视角看,财富管理就是对个人资产进行配置和变动的一种具有法律保障的行为。财富的产生是具有开创性的行为,是一种可以通过合理的运作,使资产从温饱到富足、从单一到多样的过程,同时财富管理又是一种可以使自有资产抵御通货膨胀,通过资产增值来确保财富可以延续、传承下去的过程。法律不仅能给物质资源充沛的人提供保障,也是整个行业发展的必需品。财富管理面对的是个人、家庭或家族的财富传承和配置,需要民事法律对婚姻财产和家族财产方面的归属进行确定。《中华人民共和国民法典》(以下简称《民法典》)被称为"社会生活的百科全书",其中明确了婚姻和家族的财产归属,本节将通过典型案例进行详细剖析。

一、婚姻财产归属

财产归属问题是在婚姻与家庭中不可绕开的矛盾点。私人财产管理也是现代婚恋与家庭生活中不能忽略的重要部分。对于一般收入家庭来说，鉴于其财产较为单一，资产的配置和管理也比较容易操作。对经济收入较高的家庭而言，随着财产的多元化，其财产配置与管理的运作困难度也有所增加。同时他们也会面临着较于普通收入家庭中更多关于结婚问题而产生的危机，比如与订婚、结婚、离婚和再婚有关的风险，还包括未来孩子的出生和收养以及遗产继承。由于婚姻与财产之间存在千丝万缕的瓜葛，因此有效防范和管理婚姻中存在的财富归属问题一直是普遍存在的。

《民法典》对夫妻双方的婚后、婚前财产做了定义（见表 5-1）。在当代，签署婚前协议已经越来越普遍，婚前协议已经成为用来约定双方婚后财产联系的主要手段（鲍乐东，2021）。杨某和吴某于 2021 年 8 月 27 日签署了《结婚协议书》，约定杨某婚前购买的房屋及婚后房屋内的所有财产均归双方共同所有，剩余款项由双方共同分享。该协议自签署之日起生效，并且双方必须在同一天登记结婚，并举行结婚仪式，以确保婚姻关系的稳定和幸福。虽然是同学，但性格迥异，二人婚后 12 天就开始分居。杨某到法院要求离婚，吴某则根据双方签订的婚姻协议，要求将财产作为共同财产进行分割。《民法典》规定，男女双方可以通过契约将结婚存续期间获得的财产和婚前财产全部归属于任何一方，或是部分归属于另一方。为了确保各方权益的公平性，本协议书必须以书面形式订立。杨某和吴某在婚前签订了婚约，各方就结婚存续期间所得的财物和婚前遗产达成协议，这一协议书具备司法制约，即夫妻双方必须明示合同，证明婚后所得的财物归各自所有，若另一方知晓该合同，则必须以夫妻双方的个人财产清偿债务。即具有夫妻间的财产关系，虽然结婚协议的形式使人们对结婚有了有条件的认同，但实质内容并不存在吴某为获得财产而与杨某结婚或骗婚的目的。

表5-1 中国婚前财产和婚后财产

财产类型	个人财产	共同财产
婚前财产	婚前财产都是个人财产	
婚后财产	受到人身损害获得的赔偿和补偿 遗嘱或者赠与合同中明确了只归于一方的财产 一方专用的生活用品 其他应当归一方的财产	工资、奖金和其他劳务报酬 生产、经营、投资的收益 知识产权的收益 继承或者受赠的财产（特殊情况除外） 其他应当归共同所有的财产

资料来源：《中华人民共和国民法典》。

当夫妻共同拥有一家公司的股权时，离婚财产纠纷问题面临更复杂的状况。这主要是因为夫妻共同持有有限责任公司的股权在《民法典》和《中华人民共和国公司法》两个领域交叉，涉及夫妻双方财产权益的实现，以及公司治理、股东利益、债权人利益等第三方权益。我国《民法典》规定，夫妻双方可以选择适用约定财产制，可以对夫妻享有的股权进行约定。在现实中，夫妻双方共同持有的公司股份需要通过赠予、买卖、继承或是双方约定的其他方式获得。

在司法实务中夫妻股权纠纷案件也是非常普遍。在王某临与沈某的离婚诉讼中，双方未能针对夫妻共同持有某公司股份的划分达成一致。被诉坚决反对通过股权价值评定，只请求获得相应比例的权益。原告声称，该企业的股份仅是认缴，并未具体运营，目前各种税额都是零。由于该企业现在只是一块空壳，因此不赞成对其予以拆分。另一名拥有50%股份的蔡某既不希望作为被告的公司股东，也不希望收购该股份，并认为应该注销该企业。法院裁定，被告人提起的50%股份拆分请求，原告和被告人之间不能达成一致，其他股东蔡某也不同意被告人担任公司股东。因此，根据法律规定，应当认定被告人已经获得了25%的股份。当各方未能就夫妻共有的股份达成一致的拆分协议时，被告人明确表示不会接受评估价格，而是请求按照相应的比例分配股份。该案法官适用《婚姻法解释二》第十六条规定，直接将原告名下一半的股权分配给被告所有。

二、家族财产归属

《民法典》是中华人民共和国立法史上的一件重要成就，它的颁布实施丰富了我国民法制度，包括家族企业继承的规定，这在一定程度上打破了传统的宗族制度。对于家族企业的继承问题，《民法典》明确规定了继承人范围、平等原则和继承顺序等方面。其中，继承人范围包括法定继承人和遗嘱继承人两类。根据平等原则，男女子女在继承中享有平等的权利，不受性别限制。此外，《民法典》规定了继承顺序，依次为：配偶、子女、父母、兄弟姐妹、祖父母、外祖父母（见图5-1）。这些规定为家族企业继承提供了明确的法律依据，有助于保护继承人的权益，减少继承纠纷的发生。然而，即使有了这些规定，财产继承仍然可能面临着一些问题。一方面，对于家族企业的财产评估和分配可能存在争议。另一方面，遗嘱继承方式虽然可以更灵活地安排继承人，但遗嘱的真实性和合法性也容易受到质疑，从而引发纠纷。为了解决这些问题，遗嘱信托作为一种填补法律漏洞的继承方式应运而生。遗嘱信托是指遗嘱人将遗产转移给信托机构或受益人，由信托机构或受益人代为管理和分配。相较于传统的遗嘱继承方式，遗嘱信托有以下几个优点：首先，遗嘱信托具有一定的保密性，能够保护遗产不被非法侵占。其次，遗嘱信托可以规避法律纠纷，减少家族内部矛盾的发生（见图5-2）。最后，遗嘱信托还可以根据家族成员的实际情况制订个性化的继承方案，更加灵活。

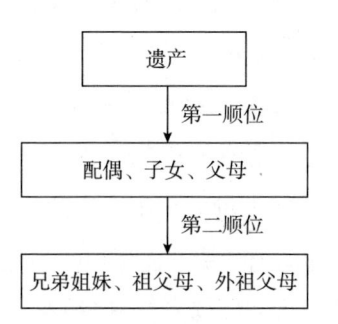

```
        ┌─────────┐
        │  遗产   │
        └────┬────┘
             │ 第一顺位
        ┌────▼──────────┐
        │ 配偶、子女、父母 │
        └────┬──────────┘
             │ 第二顺位
   ┌─────────▼──────────────┐
   │ 兄弟姐妹、祖父母、外祖父母 │
   └────────────────────────┘
```

图 5-1 法定继承顺序

资料来源：《中华人民共和国民法典》。

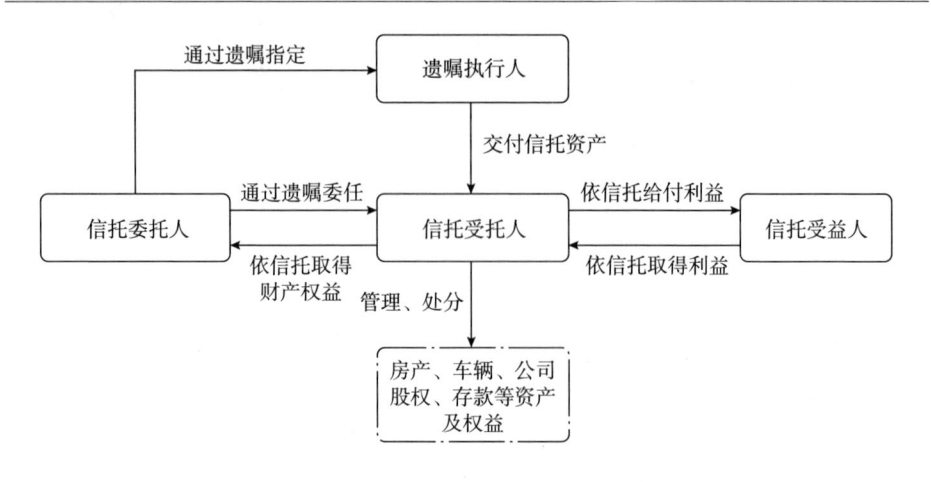

```
                通过遗嘱指定        遗嘱执行人
                                        │
                                   交付信托资产
                                        │
                     通过遗嘱委任         ▼      依信托给付利益
        信托委托人  ──────────────→  信托受托人  ──────────────→  信托受益人
                   ←──────────────            ←──────────────
                     依信托取得                  依信托取得利益
                     财产权益      管理、处分
                                        │
                                        ▼
                                 房产、车辆、公司
                                 股权、存款等资产
                                     及权益
```

图 5-2 遗嘱信托的流程

资料来源：《中华人民共和国民法典》。

根据中国裁判文书网的记载，李某、钦某某等遗嘱继承纠纷二审民事判决书受到了广泛的关注。它描述了李某在 2015 年 8 月 1 日写下遗嘱，并在十天后去世。遗嘱中提到，他的财产总计为由招商证券公司托管的元普投资 500 万元，上海银行易精灵和招商证券公司总计约 500 万元。他还拥有三套房屋，分别位于金家巷、青浦练塘前进街和海口。

遗嘱内容：在上海市购置一个三房两厅住宅，价格约 650 万元，只能继承给下一代人，永远不能卖出（已有三套房屋可以卖出，卖出收益将被收入李某 4 家庭信托基金会，若不卖出则收取房租）；对于其他财产，将采取相应的处理措施；剩余的 350 万元资金和 650 万元房屋以及其他资产，将被"李某 4 家庭信托"管理机构管理。钦某某和李某 2 一个月可以领到 1 万元的生活费（现房出租 5000 元，再领到现款 5000 元），而且所有人的医疗费用将全额报销，买房之前的房租也将全额支付。每年，钦某某、李某 5、李某 6、李某 7 都会从基金领到 1 万余元的国内学费，而他们的妻儿和三兄妹的医疗费用则可以报销一半（不包括住院大病）。如果有任何补充，将按照日后的日期来进行修订。钦某某、李某 5、李某 6 和李某 7 共同负责财产的有效管理和维护。钦某某、李某 2、李 1 均拥有 650 万元房产的所有权，但他们不能收取租金。根据遗产和判决书的具体内容，李某4打算建立一份永久性的家庭信任，如图5-3所示。李某4本人作为委托人，钦某某、李某5、李某6、李某7四人作为共同受托人，而李某1、李某2、李某3三人则分别担任受益人的角色，共同分享收益。李某4去世后，他的信托遗产包括现款、有价股票和房屋，但由于遗产分配等问题，继承人们纷纷提起诉讼，最终将其告上法庭。根据上海市第二中级人民法院〔2019〕沪02民终1307号民事判决书，二审人民法院基本认可了一审人民法院的裁决，认为李某4所立遗嘱正确，并依法成立信托，因此李某1的接受请求得到了人民法院的大力支持。李某6、李某5、李某7均有权请求履行遗书，并被指定为受托人，根据法律规定，他们应当依照遗书的具体内容履行义务。若继承份额超出遗嘱范围，则应依照法定继承原则上予以划分。经过法院审理，我们认为该案中的遗嘱行为合乎《中华人民共和国继承法》的规定。

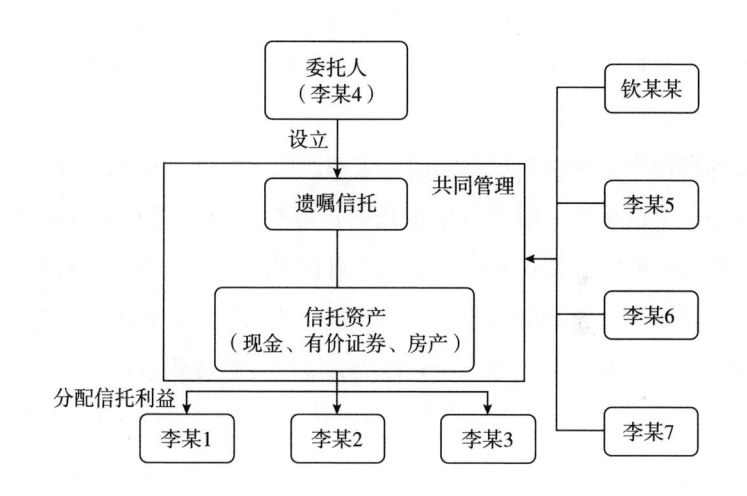

图5-3 李某4拟设立的家族信托

资料来源：上海市第二中级人民法院（2019）沪02民终1307号民事判决书。

此外，《民法典》首次提出了遗产管理人制度，也就是可以由法院指定个人或是银行来进行遗产划分，但细究其职责可发现遗产管理人对财产的管理实乃消极管理。而遗嘱信托受托人由于有足够的利益驱动，同时又能提供更加专业的财产保值、增值服务，对遗产进行更加专业化、更加细微的服务，这也是它区别于遗产管理人的地方。遗嘱信托是一种长期存续的信托模式，它兼具继承和信托的特性，可以延长财产存续期限，有效增值。在遗嘱信托中，财产管理连续性得到了很好的保证，即使受托人缺失或变更也不会无效，可以通过法院或受益人重新指定。这种长期存续的特性对于家族企业来说非常重要。家族企业的财产往往集中在少数几个人手中，而财产的分割往往会引起家族内部的纷争，甚至导致企业的分裂，影响企业的发展。因此，在家族企业财产的继承和分割过程中，需要考虑到企业的长期发展，遗嘱信托就是一个很好的选择。家族企业的财产分割问题一直是一个非常敏感的话题，目前在《民法典》中也没有明确说明何时应该划分遗产。但是在分割财产的过程中，继承人可以自行约定家族财产的分割时间。对于难以进行分割的遗产，可以通过折价补偿等方式来进行分割，但过程中应保证不对财产的效用造成损害。为了避免出现家族企业分崩离析的问题，应该将家族企业纳入不易分割的遗产范围内。这样可以避免家族企业财产分割对家族企业发展带来的影响，从而保证企业的长期稳定发展。

在实际操作中，可以通过遗嘱信托来解决家族企业的继承和分割问题。通过遗嘱信托，可以将企业财产置于信托中，由专业的受托人进行管理和运作。受托人具有丰富的财务知识和管理经验，可以更好地保证企业的财产不受到任何损害，并且能够将企业的财产有效地增值。遗嘱信托的长期存续特性也可以保证企业的财产能够长期存续，更好地为企业的发展提供支持。

第二节 法制与财富管理行为

改革开放以来，我国财富管理行业不论是规模还是结构都在不断地壮大和完善。延伸出了覆盖债券、股权型基金、保险、期货、期权等的综合理财类投资商品，实现了品种的多样化，并能够为消费者实现定制化、专门的咨询服务。理财业务不仅增加了投资人和银行的效益,还为投资项目的迅猛发展开拓了更多的资金获取方式,因此受到了很多金融机构的青睐。但同时也存在很多扰乱市场的秩序的金融乱象,例如多层嵌套、刚性兑付、非标准化债券等,威胁着客户财产安全,也给监管提出难题。《关于规范金融机构资产管理业务的指导意见》(以下简称《资管新规》)、《商业银行理财业务监督管理办法》、《商业银行理财子公司管理办法》、《中华人民共和国信托法》等相关法规的颁布,使商业银行、证券、保险和信托企业的发展得到了有效支持,从而将可能带来的风险降至可控水平。其中《资管新规》对于中国资管市场来说意义重大。中国金融业的持续发展过程中也存在一些问题,比如刚性兑付。刚性兑付这一概念在金融投资领域里非常常见,但也给投资者带来了一定的风险。《资管新规》旨在打破刚性兑付,引导资管业务回归本源,建立以随时兑付为原则的基金管理制度。这样既可以增强投资者的风险意识,也能引导资金回归实体经济。同时,《资管新规》还规定了理性投资的指导原则,要求投资者进行均衡的投资,避免过于追求高收益而忽略风险。此外,《资管新规》的实施还将加强净值化管理,通过强化信息披露和监管,防范风险,为投资者提供更加透明的服务。这些举措都有助于实现金融业的转型发展,回归服务实体经济本源,并重塑金融与经济的关系。本节拟以《资管新规》为出发点,分析其对财富管理机构的影响,重点分析《资管新规》对商业银行、证券公司、保险公司、信托公司等开展财富管理业务的影响。

一、《资管新规》与商业银行财富管理

银行理财产品具备较高的投资回报和较高风险,越来越受到大众的关注。投资者投资观念的转变可能会进一步加速我国的个人理财投资趋势(林颖,2022)。根据银行业理财登记托管中心发布的《中国银行业理财市场年度报告(2021年)》,2021年末,全市场持有银行理财产品的投资者规模达到8130万元,较2020年末增长95.34%,专业机构投资者占比为99.65%。由于人们对投资各方面的需求日益增加,促使财富管理行业不断地提高和多元化发展。到2021年末,银行理财产品行业市场规模达到29万亿元,同比增速12.41%。

全年各大银行累计推出理财产品4.76万只，募集资金122.19万亿元。投资形成投资收益近万亿元。与公募基金产品、固定收益产品和银行理财子公司等其他资管产品相比，银行理财产品的持续存款规模较大，连续三年占据行业龙头。

在各项投资理财业务全方位开展的情况下，如何解决风险和不确定性问题不容忽视。与美国等金融会计发达国家相比，我国国有商业银行起步较晚，财务会计相关法律法规和风险防控体系的建立尚未跟上，很多有所关联的法律法规缺失，市场的监管缺口造成投资理财中的风险问题日益突出。银行所面临的风险挑战愈加艰巨，如何将损失降到最小以及如何更好地管理风险，是商业银行迫切需要解决的问题。基于此，参照结合国家统一监管的通用标准来防范此类金融风险，促进金融体系的良性发展。《资管新规》发布前，各项风险防控制度相互分离，存在监管漏洞，金融机构采取各种手段规避市场监管。此前，市场上监管数据库数据不互通，资管业务相关机构大多数情况借助相关数据和各种手段，规避地方监管部门的检查。《资管新规》的出台，旨在进一步提升境内银行等金融机构的管理水平，优化中国金融市场的基本结构，引入金融供给侧结构性改革所需资金。新规的实施是为了解决过去银行理财市场存在的问题，防止金融机构违规经营，规范资管市场，优化金融体系结构，保护投资者的权益。其中，新规禁止公司资产以资金池形式在线经营，明确资金来源，杜绝通道业务，从源头上遏制了金融机构的风险，防止风险传导和系统性金融风险的扩散。同时，新规对资管产品的净值管理也做出了明确要求，打破了过去银行理财产品的刚性兑付，有利于降低市场流动性风险。然而，尽管政府已经出台了新规，但是仍然存在一些特定的风险需要制定更科学合理的风险防范和化解策略。随着市场监管难度的不断加大和系统性金融风险的扩散，政府需要加强对银行的监管，建立更加完善的风险管理和防范机制。此外，未来投资理财的发展需要全国统一的制度构建和具体操作流程的规范化，为银行提供更加清晰、透明的操作指导，以降低市场风险。

商业银行的个人理财业务发生了三个主要的变化。

首先，打破刚性兑付。在过去，银行的理财产品通常都具有刚性兑付的特点，即到期后必须按照约定的收益率进行兑付。这种方式使银行的资金难以流动，也增加了风险。随着监管政策的不断更新，银行逐渐放弃了刚性兑付的方式，采取了更加灵活的方式，如浮动收益和部分赎回等，这为银行的理财业务带来了更加安全和有效的管理方式。

其次，消除多层嵌套，降低杠杆水平。《资管新规》规定，封闭式资管商品的投资期限不能低于九十天，这一规定有效地阻止了部分企业运用短期内理财产品投到长期资产管理中，以此来赚取期间利差的行为。《资管新规》为了满足统一金融监管的要求，将财产投入范围划分为固定收益类、股权类、货币和金融服务衍生品等多个品种，从而取消了产业管理的束缚，实行了对此类品种的统一管理，使投资者可以更加安全、有效地投入。

最后，建立理财子公司。商业银行通过建立独立法人的理财子公司，实现了资管业务与银行存贷业务的分离。理财子公司通过独立的资产管理、风险控制和运营模式，更好地服务于投资者，并实现了表外化管理。同时，商业银行需要逐一披露资产的投资去向，明细了资产的投资去向，进一步提升了个人理财业务的透明度和风险控制能力。理财子公司的成立不仅增强了银行的资管实力，还促进了银行与资本市场的融合和发展，为个人投资者提供了更加优质的理财产品和服务。

二、《资管新规》与证券公司财富管理

随着经济发展和金融市场的壮大，证券公司成为金融服务的重要组成部分。为了增强核心实力，证券公司通过业务拓展和扩大经营范围来提高市场竞争力和盈利能力。然而，证券公司的特点意味着在缺乏有效监督机制的情况下，其经营者很可能利用便利的内部信息和代理客户资金操纵市场，滥用客户资金，损害股东和所有投资者的利益。因此，不仅要加强对证券公司的监管，而且要建立一套稳定证券市场的监管法律框架，以保护投资者的利益和社会利益（侯力源，2021）。

为了保护投资者和社会利益，监管机构需要加强对证券公司的监管，并建立稳定证券市场的监管法律框架。通过强化监管和加强法律约束，可以有效遏

制证券公司的不良行为和市场操纵行为,维护公平竞争和市场秩序。同时,监管机构还需要加大对证券公司的风险管理和服务质量的监督,确保证券公司合法、规范经营,保护投资者合法权益。

另外,《资管新规》的出台也为证券公司提供了机遇。

首先,证券公司通过加强对投资者适当性管理来控制风险、提高服务质量,避免利益冲突,保护客户利益。证券公司应当加强风险控制和服务质量,通过合适的适当性管理和避免利益冲突来保护客户利益。只有这样,证券公司才能够获得客户的信任和支持,进一步提高市场竞争力和盈利能力。证券公司在扩大业务范围和提高经营实力的同时,也必须加强风险控制和服务质量的管理。监管机构需要加强监管力度,建立完善的监管法律框架,促进证券市场的健康发展,保护投资者的合法权益和社会利益。只有这样,证券市场才能够实现良性循环,促进经济的快速发展和繁荣。

其次,资产的多元化配置。随着《资管新规》的颁布实施,证券公司正在迈向一个全新的发展阶段——实现全面净值化,以推动经济社会高质量发展,成为财富管理的重要推动力,为社会发展注入新的活力。在资金端,养老金相关个性化信息需求快速增长,相关机构广大客户保值增值需求提高。这将极大推动券商理财产品的市场占有率。在资产端,资本市场发展覆盖面不断扩大,普惠性金融不断完善,将极大拓展证券公司的投资理财范围,推动未来投资产品与财富中间地带的发展,证券业务领域的差异化产品的开发,以扩大该行业的前景。证券公司营业部利用最新的 IT,如大数据和人工智能,结合不同机构和个人投资者的资产规模、风险偏好和生命周期等因素,建立了一个多样化的净值型产品体系,即具有完善的投资工具、创新的投资理念、完整的投资周期、有序的分层结构以及与风险收益相匹配的特点。

最后,推广能够积极组织和管理本领。2022 年是《资管新规》正式实施的元年,为了更好地推动业务多元化,证券公司将采取全面措施,包括建立大型公募基金、设立正式股权合伙企业以及申请公募基金产品牌照等,以期在三年的过渡期内实现转型。推动商业模式创新,不断探索新的商业模式,加快产品创新步伐,提升资产组织和管理能力,以实现金融服务于实体经济的目标。

随着《资管新规》的实施，券商资管行业的蓬勃发展面对着史无前例的挑战，主动管理已成为其中最重要的一环。随着清算嵌套、资金池标准化等严格的监管政策的实施，规避监管、通道业务、刚性兑付等粗放式发展已经不再是可行的选择。往日券商资管的高收益可能不复存在，未来将会出现品牌渠道、投研水平、产品设计、投资顾问等方面的竞争趋势，主动管理能力已然成为主要竞争力。鉴于券商产品容易陷入同质化僵局，尤其是在打破刚性兑付、加强监督管理、产品标准化、严格采取使用主动化管理和净值管理的趋势下，中小券商生存环境受到挑战。打破产品同质化的严重内卷效应，促进达成"弯道超车"或向新锐质量发展迈进，促进达成创新思维和创新商业模式的突破。未来应当需要增强专业人才培养和优质投资，进一步推进规模较大的资管产品公募，发挥证券公司在客户数量上的优势。向优质客户推荐公募型产品。通过运用金融科技和其他多种手段，我们可以有效地管理信用风险，提高投资者的适当性，并确保风险管理能够覆盖所有业务。

三、《资管新规》与保险公司财富管理

进入 21 世纪以来，我国保险行业蓬勃发展，产品和服务不断创新优化。2017~2021 年全国保险公司保费收入情况表明（见图 5-4），保险公司近 5 年保费收入呈显著的增长态势，这对保险公司自身全方位的理赔风险管理提出了新的考验。随着我国保险业务规模的不断扩大，保险业的发展也遇到了许多新情况和难题。一方面，市场竞争日益激烈，利润空间缩小，但负债成本却不断上升；另一方面，保险公司信息管理落后，缺乏高效的资管、风控流程和管理制度，行业风险敞口增大，短期流动性受到威胁。

保险公司的健康发展，离不开安全稳定的社会环境。当前全世界错综复杂的经济形势和日益严峻的政经不确定性，大大提高了保险公司对运营风险管理的难度。随着金融市场的发展，套利频繁和多层嵌套等问题也日益突出，严重影响了金融市场的秩序，导致资本根本无法有效地支撑实物经济发展。为此，《资管新规》为保险业等其他金融机构资产管理商品市场监管提供了一个统一的标准，以期进一步完善金融风险综合防范，更好地挖掘潜力，为我国金融供

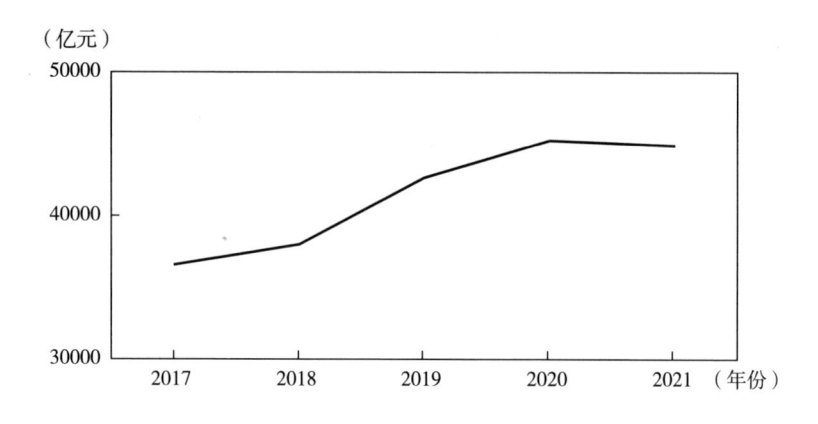

图 5-4 2017~2021年全国保险公司保费收入

数据来源：国家统计局。

给侧结构性改革提供有力支撑。《资管新规》的出台为我国财产保险提供了深刻的历史意义，它将对保险未来的资产负债管理形成重要影响。因此，保险必须及时采取行动，实现转型升级，以确保未来的可持续发展。

为更有效地落实《资管新规》，保险公司在今后的保险资产管理工作中应重点做好以下几方面的工作：

首先，保险公司必须认真对待基本工作。由于中国现有市场经济受到特定历史环境的限制，大多数情况下存在资产配置不当的问题。考虑到我国金融市场发展尚不完善，缺乏与资产或负债相匹配的产品。如果保险过分追求完美匹配，可能会导致其寿命缩短。为了避免这种情况的发生，保险公司应加强内部协调和沟通，监督和评估任务完成情况。

其次，加强资管责任的落实。此外，通过更加精细化的管理，保险公司得以确保资产收益可以涵盖负债成本，保证企业的盈利，并避免流动性问题的出现。在2018年之前，保险市场存在着严重的产品不规范问题，因此，必须加强资管责任的落实，以防止风险的发生。由此产生了保险公司形象不佳以及流动性问题。《资管新规》推出以后，保险公司可以实现自主管理，借助对不同的账号进行差别管理，更有效地匹配保险公司的资产和负债。

最后，强调两端联动，健全监管机制。《资管新规》强调保险资产负债信息化管理要全面贯穿整个企业管理流程。为了提高金融业的竞争力，政府机构应该加大对保险的监督，设立经常性和不经常性的资产负债监督审查机构，审查各保险提供的资产负债管理评估报表，并充分落实有关管理政策和具体措施。同时，应该重视金融业之间的沟通与协调，不断更新现有的方法，推广相关模型或概念的创新与应用，以提高公司的竞争力。保险公司应当完善内部评估机制，完善监管制度，提高资产负债管理水平，以确保公司的长期发展。

四、《资管新规》与信托公司财富管理

信托业是财富管理领域中扮演着重要角色的金融子行业。随着中国经济的高质量发展，信托业已经成为多元化金融体系中不可或缺的一部分。中国经济从高速发展到高质量发展，带来了财富的增加和财富管理需求的增加。在这个过程中，信托业进入了高积累财富时代。信托业是具有先天的法律和金融功能优势的财富管理重要角色。信托公司的资产已经超过10万亿元，成为多元化金融体系中不可或缺的一部分。在财富管理和资管行业的发展中，信托制度在金融领域有冲破信托公司单一载体而向其他金融机构延伸的趋势。因此，信托业的发展对于中国经济的高质量发展有着非常重要的意义。

然而，随着信托业的发展，也暴露出了杠杆过高、易引发系统性风险、刚性兑付等问题。这些问题在一定程度上制约了信托业的发展。监管对于信托公司非常重要，能够提高其市场竞争力和抗风险能力。同时，监管也能够解决信托业存在的问题。近年来，中国政府加强了对信托业的监管，对信托业进行了严格的管理和规范。《资管新规》的颁布为资管行业发展带来了一个全新的监管环境，使得信托业务更加规范化和透明化。这对于信托业的发展有着积极的促进作用。信托业作为金融第二大子行业也作为资管行业重要的一部分，必须以《资管新规》为导向，主动寻求转型。信托公司应当以规范化、透明化、稳健经营为发展方向，加强内部管理，降低风险，提高自身的竞争力和市场地位。同时，信托公司也应当积极拓展业务，不断开拓新的市场和领域，为中国经济的高质量发展做出更大的贡献。

在此背景下，信托公司也在谋求转型升级，信托业务发生了积极的转变。

主要体现在以下几个方面：

首先，信托产品进一步丰富。我国信托领域尚未得到充分发展，业务创新的推动力不足，渠道也相对较为有限。信托业务转型的关键在于不断创新和拓展应用领域，以适应市场并获得发展。在《资管新规》过渡期间，信托企业应积极探索信托机制的应用和发挥空间，以满足中国实体经济社会和市民对生活的追求，不断推出碳企业养老业务信托、IP信托等多种产品，通过不断尝试和积累经验，最终形成一条全新的信托业务模式，丰富信托业务组合，为社会发展提供更多有力支持。

其次，积极拓展线上线下营销渠道。过去，信托公司的产品销售主要依赖于机构客户和金融机构代理销售，而自身积累的客户数量较少。《资管新规》的出台，使机构客户的资金获取变得更加困难，这也促使信托公司加快经销渠道的建设，以满足客户的需求。自2019年以来，信托公司积极拓展线上线下营销渠道：在线上渠道方面，50多家信托公司推出了App，为投资者提供便捷的投资服务；在线下渠道方面，信托公司加快布局重点城市理财投资中心，增派专业的销售人员，以满足客户的需求。

最后，深化业内相互间的合作。由于《资管新规》不再允许开展通道业务，促使行业合作不再以非标通道为核心，而是要探索新的合作模式。当前，信托企业正在积极拓展非标资产投资合作，增强与保险资金等资金的联系，为更多类别的资产配置提供综合服务；同时，信托企业也在不断进一步发展规范化服务，加大与券商、私募基金、公募基金的协作，推动研究内容协作，推动各类产品技术创新，提升客户服务水平。

第三节　法制与财富管理纠纷

根据招商银行《中国私人财富报告数据》显示，过去十几年来，个人可投资资产规模从2006年的25万亿元增长到2020年的250万亿元（见图

5-5），国内居民财富增长非常可观。比较而言，国内当前名义 GDP 的年均增长率仅为 11.5%（见图 5-6），这表明国内居民财富的增长要远远超过 GDP 的增长。财富累积将进一步增加中国居民对资产合理配置的需求。在供给端，财富管理产品层出不穷，财富管理市场风险不断攀升，由此产生的纠纷逐渐引起重视。资管行业成为金融风险积聚的高危土壤。前车之鉴，后事之师，因此，本节拟对理财产品法律风险问题的分析从事件切入，基于金融事件窥探法律监管，进而归纳总结我国金融资管产品监管问题，为财富管理业务的健康、规范发展提供经验支撑。

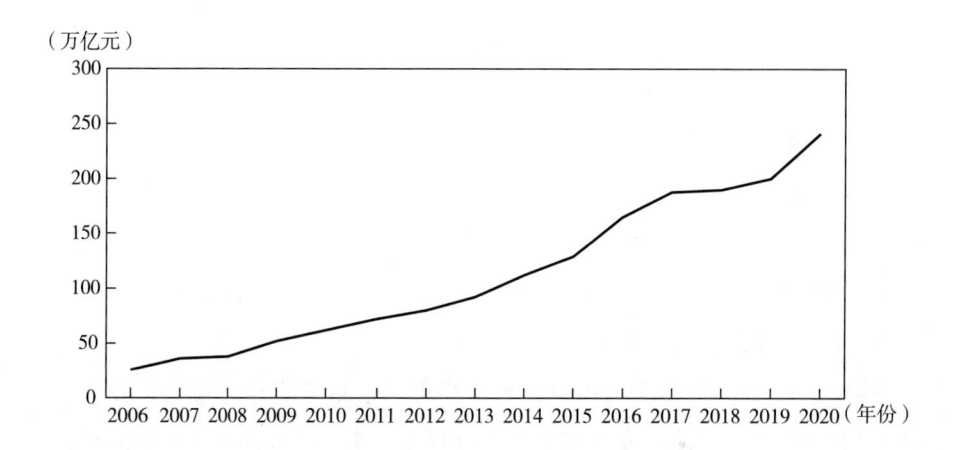

图 5-5　中国个人持有的可投资资产总体规模

数据来源：招商银行《中国私人财富报告》。

一、金融资管产品募集、销售阶段相关法律问题

其一，未了解客户。了解客户主要指金融机构应对客户进行风险测评，通过了解其个人信息、投资经历、财产状况、风险承受能力等情况，将其识别为普通投资者或者合格投资者。实践中存在的问题主要包括：风险测评表设计不合理，未对投资者流动性状况、信用状况、投资状况、风险承受能力进行全面测评，不能真实反映投资者风险承受能力；风险测评流于形式，甚至未实际进

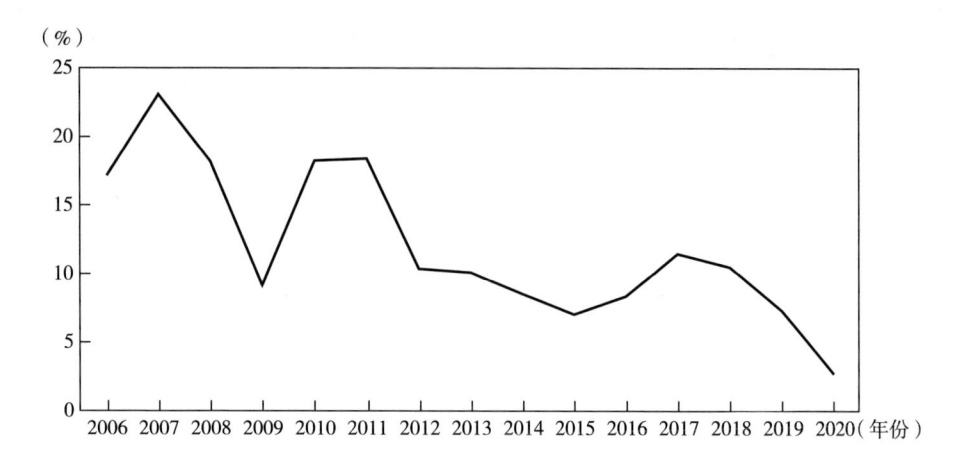

图 5-6　中国 GDP 年增长率

数据来源：国家统计局。

行测评，由投资者在空白的风险测评表上签字，其他内容由业务人员自行代为填写；在委托合作机构销售时，对合作机构是否进行转委托销售审核不严，对合作机构如何进行风险测评、风险提示监管不到位，甚至在诉讼过程中无法举证证明进行过风险测评与提示。

典型案例1[①]：在金某与甲银行财产损害赔偿纠纷案中，甲银行在向其私人银行客户金某推销某款定增资管产品过程中，未审慎关注金某在同时期风险测评存在明显前后矛盾的回答，仍向其推介高风险金融产品，导致客户受损。法院经审理后认定，甲银行既未能充分了解客户，也未能充分披露资管产品的风险，应承担相应的客户损失的赔偿责任。

其二，未尽了解产品义务。了解产品义务要求金融机构应当充分了解其所推荐的金融产品或服务的特性、交易结构和风险等，不能推荐自己不了解、不熟悉的产品。部分金融机构在介绍资管产品投资结构时，机械引用第三方机构对被投资企业的预测分析，并声明对相关数据的真实性、准确性、完整性不作保证，由此引发投资者认为销售机构不了解产品甚至存在销售误导的纠纷。

---

① 典型案例1～10均参考《上海市浦东新区人民法院金融资产管理类案件审判情况通报（2021.8～2022.7）》。

典型案例2：在满某与甲证券公司等财产损害赔偿纠纷案中，甲证券公司为发起设立涉案资管计划出具了《尽职调查报告》，载明报告期内资管计划下的信托贷款的保证人满某无对外担保情况，但实际上满某存在多笔未履行完毕的担保债务。法院经审理后认定，甲证券公司的尽职调查不够审慎，未尽充分了解产品义务，应承担相应客户损失赔偿责任。

其三，未尽风险匹配义务。风险匹配义务要求金融机构根据客户的风险承受能力向其推荐相应风险等级的产品或服务。部分金融机构在投资者与其投资产品风险等级不匹配甚至未进行风险测评的情况下，仅凭投资者签署的自担风险的承诺，即将高风险资管产品销售给投资者；或者向投资者提供有关风险测评问题的答案，引导投资者作出高风险承受能力的回答，甚至在投资者风险测评不合格时，私自涂改投资者风险测评问卷答案。投资者提出金融机构违反适当性义务的，应由金融机构承担相应的举证责任。

典型案例3：在卢某与甲财富管理公司委托理财合同纠纷案中，卢某主张甲财富管理公司向其销售私募基金时违反了适当性义务。经查，甲财富管理公司将涉案私募基金评定为中风险，销售过程中对卢某进行了风险测评（结果为平衡型投资者），并将产品风险告知了卢某，卢某在回访中再次明确知晓产品的风险等级以及与自身风险承受能力的匹配性。法院经审理后认定，甲财富管理公司已履行适当性义务，遂驳回了卢某的诉讼请求。

其四，未尽告知说明义务。告知说明义务指金融机构在推销资管产品时，应该充分说明与产品有关的风险及合同主要内容，以便投资者对产品有足够的认识从而做出投资决定，属于金融机构在销售阶段的信息披露义务。金融机构应当在销售过程中完整披露资管产品投资对象的财务状况，避免在推介材料中选择性披露被投企业财务数据，隐瞒被投企业经营状况、对外负债以及担保等重要情况，夸大盈利数据，美化收益预测。

典型案例4：在潘某与甲资管公司等私募基金合同纠纷案中，涉及的资管产品系采用摊余成本法作为估值方法的定期开放私募资管产品。法院经审理后认定，在开放申赎期时，资管产品持仓的部分债券已发生对产品风险有重大影响的变化情况，在估值无法反映资管产品价值波动风险，且投资者不能随时退出涉案资管产品的情况下，管理人未将资管产品所持部分债券不符合资管合同约定信用评级的信息告知潘某等开放期内新进入的投资者，故应对投资者的相应损失承担赔偿责任。

二、金融资管产品投资阶段相关法律问题

其一，未尽审慎投资义务。投资阶段是资管业务的核心，资管合同应当对投资目标、投资范围、投资限制等进行明确约定。该阶段主要争议在于管理人是否依据合同约定全面审慎完成投资义务，以及托管人是否对管理人的投资尽到审慎监督义务。若管理人未审慎完成投资义务，将会导致投资目的不能实现，因而承担赔偿责任。

典型案例5：在周某与甲资管公司等私募基金纠纷案中，私募股权投资基金合同约定募集资金投资于乙合伙企业，由乙合伙企业对丙上市公司进行股权投资。甲资管公司作为基金管理人未审慎调查乙合伙企业普通合伙人变更原因，贸然将基金募集款划付至乙合伙企业，导致基金募集款被乙合伙企业执行事务合伙人挪用，未实际投向丙上市公司股权。法院经审理后认定，甲资管公司在投资阶段严重违反信义义务，结合其他销售、管理阶段的相应过错，综合认定由其对投资者的全部损失承担赔偿责任。

其二，投资方式约定不明。私募股权投资基金中，投资方式约定不明或者约定模糊，将会导致投资者对管理人是否妥善履行投资阶段的信义义务产生纠纷。例如私募基金合同对基金财产的投资范围是合伙企业的合伙份额还是份额收益权约定不明，引发投资者对管理人投资是否符合资管合同所约定投资方式的纠纷。部分私募股权投资基金合同中仅简单约定了投资上市或者未上市公司股权，并未明确约定具体投资标的，该种情况下管理人需妥善保留其实际进行投资的相关材料，避免因是否善尽投资职责引发纠纷。

典型案例6：在谢某与甲有限合伙企业私募基金合同纠纷案中，谢某通过签订有限合伙协议进行私募股权基金投资，但并未在有限合伙协议中约定具体投资标的，甲有限合伙企业作为管理人并未向谢某披露后续投资情况、合伙企业经营和财务状况，也未能证明投资亏损是否实际产生以及是否为依约投资经

营所产生的风险与亏损。法院经审理后认定,甲有限合伙企业未按约完成投资义务,应承担相应的赔偿责任。

三、金融资管产品管理阶段相关法律问题

其一,管理人未尽管理职责。金融机构在管理阶段应当切实履行包括忠实义务和勤勉义务在内的受托管理职责,即通常所说的信义义务。资管机构未尽信义义务,将会导致投资者提起赔偿之诉,这也是目前投资者要求管理人承担赔偿责任的主要理由。由于对管理人如何履行管理职责的法律规范较为笼统,资管合同中多为"按照诚实信用、勤勉尽责的原则履行管理人义务"的原则性约定。如何在交易结构各异的资管产品中妥善认定管理人是否善尽信义义务是司法实践中的审理难点,尤其是投资亏损究竟是管理人违反信义义务所致抑或正常市场风险所致争议较大。此外,《资管新规》发布之前信托公司的通道业务并不违反监管规定。实践中,对于该类通道业务中委托人和受托人之间的权利义务关系,应依据信托文件的约定加以确定,受托人在通道业务中如违反审慎经营原则,仍应承担相应的赔偿责任。对于管理人是否违反信义义务项下的审慎管理职责,应结合法律法规、监管规定及资管合同约定,审慎审查管理人是否采取了具体有效的投后管理措施,从投资项目运作的持续性跟进、风险防范措施的有效落实以及风险控制措施的及时采取等方面进行综合判断。

典型案例7:在邓某与甲证券公司等财产损害赔偿纠纷案中,甲证券公司明知资管计划投资标的的融资人乙股份公司及其保证人多次违约,而未及时披露并控制相关风险,亦未采取积极有效的应对措施,其在维护资管合同项下投资者的合法利益方面存在过错。虽然邓某损失的直接原因系丙股份公司的违约行为,但甲证券公司的违规违约行为与邓某的损失亦存在因果关系,应根据其过错承担相应的赔偿责任。法院经审理后结合甲证券公司的过错程度,酌定甲证券公司赔偿邓某投资本金损失的30%。

其二,实际管理人的责任。实际管理人相对于合同中列明的管理人而言,是指实际参与资管产品募集、投资、管理、退出的主体,通常表现为资管产品中管理人的出资人、实际控制人或关联方。实际管理人往往以自己名义参与销

售推介，利用其品牌优势对产品进行增信，误导投资者理性决策，但在基金发生亏损时，则以其与管理人及资管产品无法律上的关系为由拒绝赔偿。实际管理人具体参与资管产品募集、投资、管理的，应认定二者构成代理关系。代理行为应当合法，实际管理人应对其实施的违法代理行为承担相应的法律责任。

典型案例8：在周某与甲资管公司、乙集团公司私募基金纠纷案中，法院经审理后认定，虽然私募基金合同由周某和甲资管公司签订，但结合实际出资情况，乙集团公司与甲资管公司构成实质意义上的代销关系。这意味着，乙集团公司有告知说明义务和适当性义务，即在销售私募基金产品时，应当向投资者充分告知基金产品的风险和收益特点，并根据投资者的风险偏好、投资目的等情况，判断该产品是否适合投资者投资。然而，在本案中，乙集团公司未尽此义务，没有向投资者充分披露私募基金产品的风险，也没有进行适当性判断，导致投资者在投资过程中遭受了损失。根据法院的判决结果，乙集团公司和管理人及其实控人违反了监管规则和信义义务，应当承担连带赔偿责任。

四、金融资管产品清算、退出阶段相关法律问题

其一，清算程序启动后投资者投资造成损失的认定。资管产品到期后，如管理人已经启动清算程序，则应根据清算的具体情况来判断投资者的损失。管理人虽然启动清算程序，但若无具体清算措施或清算措施不合理，则应认定管理人未妥善尽到清算义务。若管理人已启动清算程序，有明确合理的清算安排，且对底层资产采取了合理可预见的处置计划，则投资者的具体损失情况应在管理人清算结束后才能确定。

典型案例9：在王某与甲资管公司委托理财合同纠纷案中，法院经审理后认定，资管计划项下投资者的损失确定原则上应以资管产品清算为前提，在投资者明知资管计划存在延期风险的情况下，资管计划延期导致清算结果尚未完成，但甲资管公司作为管理人已启动清算程序，对受托财产正在进行积极追偿且财产变现具有一定可预见性，不能直接认定投资者的损失已经确定，遂驳回了原告要求赔偿的诉讼请求。

其二，未启动清算程序的投资者损失认定。资管产品未经清算情形下投资者的损失能否认定是目前金融资管案件中常见的争议问题。资管产品到期后，管理人应当按约进行清算，但实践中，受投资项目退出、非现金资产变现、底层资产诉讼程序等各种因素影响，造成资管产品的退出和清算耗时较长，管理人未能及时清算，投资者认为管理人未尽清算义务，应当推定投资损失已经发生，径行要求管理人承担赔偿责任，而管理人则抗辩未经清算不能认定投资者的具体损失，由此导致损失产生是否以清算为前提的争议。资管计划项下投资者的损失能否确定原则上应以涉案资管产品清算为前提，但对于诉讼中未经清算的资管产品，若一概以未经清算为由认定损失无法确定，一方面会助长管理人怠于清算的不当行为，另一方面也不利于投资者合法权益保护。因此，资管产品未经清算的，应当结合涉案资管产品的具体情况、管理人的过错程度等因素综合认定投资者损失是否客观发生。同时为避免投资者获得双重清偿的可能，应明确资管计划清算完成后仍有可分配资金的，管理人可按赔付比例扣除相应款项后再将剩余资金依约向投资者进行分配，即采用管理人先赔付后清算再结算的方式处理，以合理衡平各方当事人的利益。

典型案例 10：在王某与甲证券公司等委托理财合同纠纷案中，法院经审理后认定，甲证券公司作为管理人长期未履行清算义务且无证据证明尚存在可清算资产，可合理认定投资者损失已客观产生。在周某与乙资管公司等私募基金纠纷案中，法院经审理后认定，乙资管公司作为管理人未控制任何基金资产且资产追回期限不可预见，造成清算无法进行，应认定投资者损失已经产生。

五、金融资管产品法律监管启示

首先，强化卖者尽责理念，切实履行适当性义务。强化卖者尽责理念，加强投资者适当性管理，切实维护投资者合法权益。金融机构在开展资管业务时，应加强合规经营理念，合理设置合同条款，避免因缔约地位不平等导致合同权利义务失衡。金融机构在销售资管产品时，须尽到全面风险提示义务，健全产品风险评估机制，区分普通投资者和合格投资者两类不同的投资主体，遵守投资者适当性管理要求，真正实现"将适当的产品销售给适当的投资者"。加强对销售机构及中介机构从业人员的培训教育，坚决避免为促成产品销售而实施销售误导、夸大收益、回避风险等违规销售行为。

其次，善尽受托管理职责，提高资产管理水平。资管机构应当强化以投资者为中心的服务宗旨，提高对资管产品的主动管理能力，积极履行包括忠实义务和勤勉义务在内的信义义务，在募集、投资、管理、退出各个阶段切实履行受托管理职责。托管机构应树立专业托管理念，认真履行托管职责，避免因"仅托不管"或对受托资金疏于监管而承担相应的赔偿责任。积极创新有关"绿色金融"的资管产品和服务，满足投资者多样化需求，加大对绿色领域的投资力度，积极配置绿色资产，提升浦东新区绿色金融服务水平，助力上海国际绿色金融枢纽建设和"碳达峰、碳中和"目标实现。

再次，加强投资风险教育，培育理性投资主体。积极培育成熟理性的市场参与主体是资管市场良性可持续发展的重要基础。金融机构在提供资管服务时，应当主动合理引导，打破投资者在银行理财、信托领域长期形成的"固定收益""隐性刚兑"惯性预期，将风险理念正确传递给投资者，帮助投资者树立科学的风险观和理性的收益观。金融监管机构、行业自律组织、各类市场主体应共同加强投资者教育宣传，拓展宣传途径、创新宣传方式，帮助投资者树立风险自担的投资理念，增强投资风险意识，为资管市场培育成熟理性的投资主体。

最后，坚持谨慎投资理念，主动防范投资风险。投资理财是主动的民事行为，投资者自身应具有合理谨慎的注意义务，理解自愿签约的法律后果，全面了解资管合同权利义务，合理预见产品风险收益。投资者应树立正确的风险收益观，在关注资管产品收益时，更要关注相关的风险，根据自身实际情况审慎决策，理性认识市场风险的客观性；仔细阅读资管合同和推介材料，对不清楚的条款应及时要求销售人员进行解释、说明，切勿轻信任何保本保收益的兑付承诺，警惕为了获得收益做出与自身风险状况不一致的回答、与自身风险承受能力相悖的投资承诺。

随着国内财富管理行业的不断发展，我国财富管理行业正面临着一个更加复杂、更加成熟的发展环境，虽然取得了一定的成就，但也暴露出了一些潜在的风险。当出现婚姻和家族的财富分配与传承问题时，遗嘱、婚前协议、信托等法律手段使得财富得以传承和延续下去。对于财富管理机构的监管问题，《资管新规》《商业银行资产管理企业监督管理办法》《商业银行资产管理子公司管理办法》《中华人民共和国信托法》等有关法规的颁布，使财富管理机构的风险得到了有效控制，使其可以安全地运营。对于财富管理产品产生的纠纷，从产品的募集再到产品退出，各个环节都需要法律进行约束，继而实现财富管理业务的健康、规范发展。可见，结合中国当前加大金融开放的政策措施，法律法规如何规范财富管理行业是十分重要的议题。只有不断地完善法律框架，严格落实和执行法律法规，才可以保护个人财产不受侵犯，降低金融机构高速发展的风险，确保社会的稳健运行，从而促进和引导财富管理行业更加规范化发展、高质量发展。

第六章 经济周期与财富管理

经济周期与财富管理两者之间存在密切相关性，经济的起伏波动影响着财富管理的方式和效果，而财富的增长也离不开经济的发展。经济周期的存在意味着财富管理并不是静态配置，而是一个需要根据经济状况的变化不断进行资产组合动态调整的过程。鉴于此，本章着重介绍经济周期的划分，经济周期的不同阶段对宏观财富管理、微观资产配置的影响，使读者厘清经济周期对财富管理的影响机理，进而探索经济周期波动中财富管理的运行规律。

第一节 经济周期的划分

清晰界定经济周期的概念及其阶段划分是探讨经济周期与财富管理两者关系的基础和前提。所谓周期，诸如日起日落，月盈月亏，即某些事情周而复始、持续反复发生，宇宙万物都有内在运行的周期规律，经济活动也不例外。美国经济学家韦斯利·克莱尔·米切尔（Wesley Clair Mitchell）在《经济周期》（1913）中较早提出经济周期概念，并将其定义为由工商企业占主体的国家在整体经济活动中出现波动的现象。

根据现代西方经济学辞典对于经济周期的解释：经济周期，又可以称作"经济变动周期"，指的是一个经济区域内由于国民经济运行所出现的起起落落、经济活动扩张与收缩不断交替的一种周期性波动。在经济周期中，经济会周期性地扩张和收缩，特别体现在国民总产出、总收入和就业率的上下波动，这个定义是由美国经济学家威斯利·米契尔（Wesley C. Mitchell）和阿瑟·伯恩斯（Arthur Burns）在1946年提出的。

随着经济学家对经济周期研究的推进，1950年，英国经济学家约翰·理查德·希克斯（John Richard Hicks）在《经济周期理论》一书中提出经济周期理论思想并将经济周期分成四个不同的阶段，即繁荣、衰退、萧条和复苏，每个阶段都有不同的特点，被后世广泛接受。

在经济复苏阶段，经济发展速度低于长期趋势，此时经济正在走出衰退，企业就业率与边际利润虽然保持低位，但已触底回升。在经济繁荣阶段，经济发展速度高于长期趋势并且正在加速。此时得益于复苏期经济的逐步恢复，企业盈利增长迅速提升，失业率降低，消费增加，信用持续扩张。在经济衰退阶段，经济发展陷入低迷，信用扩张开始放缓，企业边际利润不再增长，同时劳动力市场开始收缩。在经济萧条阶段，经济发展继续减速，企业信用持续收缩，库存增加，经济增长迅速恶化。最终，企业因利润率下降开始裁员，导致失业率上升，直至经济重新进入复苏期，开始新一轮的周期演变。

目前，主流的经济周期理论包括以下四种：

一、基钦周期

基钦周期又称为短波理论，最早由英国经济学家约瑟夫·基钦（Joseph Kitchin）提出。基钦是基于社会生产端的方面，一旦厂商生产的商品过剩就会形成存货，而过多存货会抑制生产活动的现象，把这种用3~4年调整存货的短期周期称为存货周期。

基钦周期主要划分为四个阶段，即被动补库存、主动去库存、被动去库存、主动补库存（见图6-1）。以上四个阶段，两个主动，两个被动。主动阶段是企业基于对未来需求预期主动调整生产进度而带来库存变化的阶段。而被动阶段是因为需求已经开始转向，而短期之内企业生产行为调整缓慢，库存虽然变动趋缓但还未发生转向，导致供需错配。根本原因在于时滞，即供给调整与需求变化的时滞。

这种库存的变化会引发经济有规律地波动,这种波动由约瑟夫·基钦(Joseph Kitchin)于1923年在《经济因素中的周期与倾向》一书中提出,被其称为"基钦周期"。

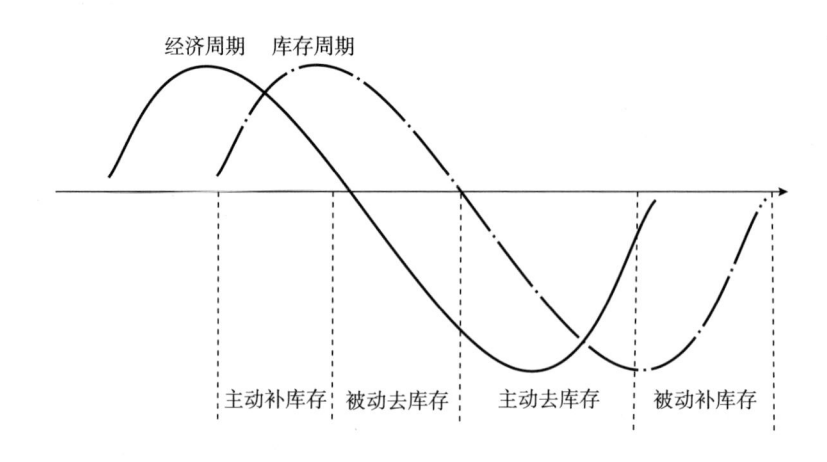

图6-1 基钦周期

二、朱格拉周期

朱格拉周期理论由法国经济学家克里门特·朱格拉(C Juglar)首次提出。他指出,经济活动中存在一种为期9~10年且不停循环的经济波动。这一波动与企业设备的投资周期相关,因此经济周期取决于设备更替周期。更换设备导致资本投资会拉动经济增长,当设备更新完成时,企业就失去了投资的欲望,经济也会没有了活力。

在复苏阶段,需求慢慢释放,企业产能出清使产能利用率提高;在繁荣阶段,社会需求继续加大,企业进行产能扩张以应对需求的增加,新建产能投产;到了衰退阶段,由于之前过度扩张导致产能利用率下降,工厂缩减产能并辞退部分工人,进而失业率上升,物价下降;在萧条阶段,过剩的产能慢慢出清,迎来复苏,不断循环。

这种企业由于更换设备需求而周而复始的投资行为使得经济出现一种规律的周期性变化，这种变化包括繁荣、衰退、复苏、萧条四个阶段，这一周期也被称作朱格拉周期（见图 6-2）。

繁荣阶段：
企业扩张，新产能投产

衰退阶段：
产能利用率下降，失业率上升

复苏阶段：
产能出清，产能利用率提高

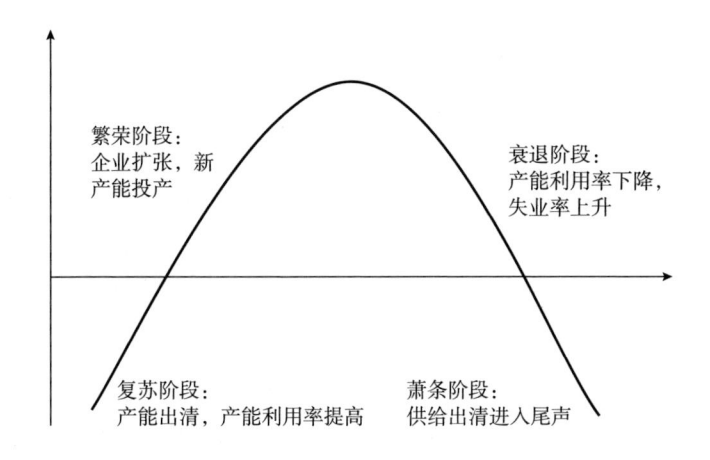

萧条阶段：
供给出清进入尾声

图 6-2　朱格拉周期

三、库兹涅茨周期

库兹涅茨周期，又称库兹涅茨循环，由 19 世纪 70 年代诺贝尔经济学奖获得者美国经济学家库西蒙·史密斯·库兹涅茨（Simon Smith Kuznets）提出。库兹涅茨在研究美国经济发展的时候，发现在 19 世纪到"二战"之前这一段时间的美国经济呈现有规律的波动，此期间的生产端，特别是传统工业的经济增长率会出现一种长度在 15~25 年的规律波动。

库兹涅茨认为，现代经济体制是不断变化的，在这些变化中存在着持久的、不可逆转的变化的规律。库兹涅茨得出该规律主要是基于 19 世纪初以来 60 种主要工业品和农产品的生产、35 种主要工业品和农产品价格变动的时间序列数据，这些工业品和农产品来自美国、英国、法国、德国、比利时等代表性的欧美国家。库兹涅茨从这些数据中得出经济发展存在"长波"或"长潮"，该"长波"或"长潮"在主要资本主义国家的期限为 15~25 年不等，平均期限为20年。由于该周期主要是以建筑业的兴旺和衰落这一周期性波动现象为标志加以划分的，所以也被称为建筑周期。

基于建筑业的库兹涅茨周期分为四个阶段，分别是扩张早期阶段、扩张后期阶段、下降早期阶段和下降后期阶段（见图6-3）。

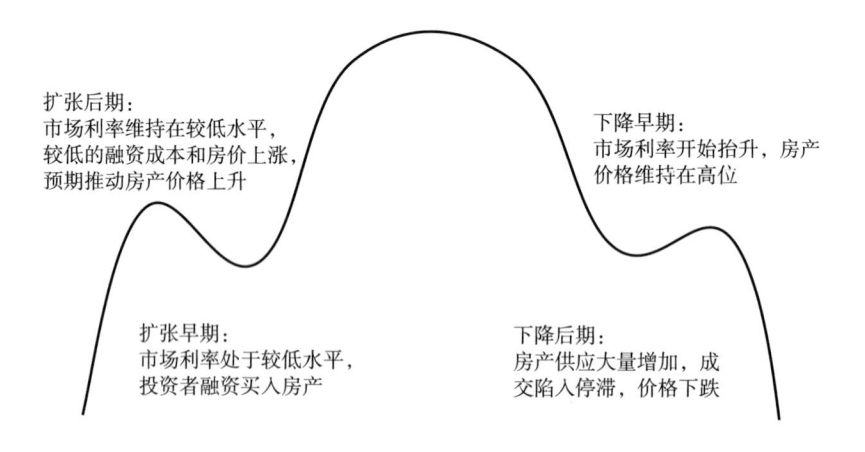

图6-3 库兹涅茨周期

在扩张早期阶段，市场利率不断下降，消费者会用更便宜的融资来建造和购买新房产，此时房产需求逐步回升。在扩张后期阶段，市场利率维持在较低水平甚至略有抬升，较低的融资成本和扩张早期的房价上涨预期导致房产投资需求处于顶峰，此时商业地产租金上升，空置率下降，房产价格上升速度加快。在下降早期阶段，市场利率开始抬升，房产价格维持高位。到了下降后期阶段，大量房产的更新需求导致供给快速增加，成交量陷入停滞导致房产价格下跌。

四、康德拉季耶夫周期

康德拉季耶夫周期是考察资本主义经济中历时50~60年的周期性波动的理论。1925年苏联经济学家康德拉季耶夫在美国发表的《经济生活中的长波》一文中首先提出该理论。从科学技术是生产力发展的动力来看，康德拉季耶夫周期是生产力发展的周期。这种生产力发展的周期是由科学技术发展的周期决定的，可以分为繁荣、衰退、萧条、复苏四个阶段（见图6-4）。

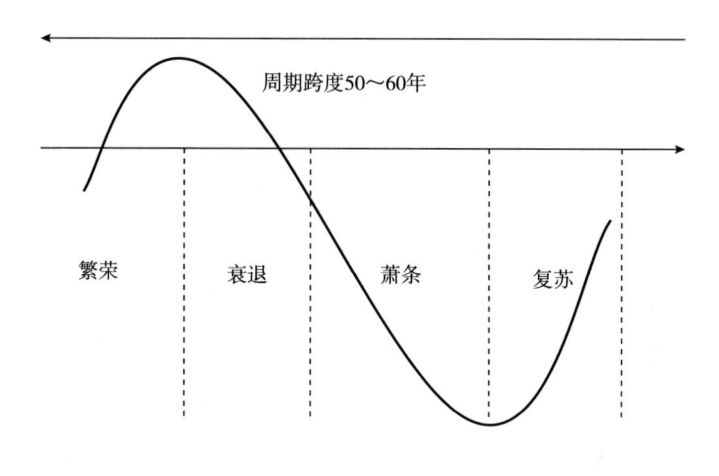

图 6-4 康德拉季耶夫周期

由于这种周期比人们观察到的另外两种经济波动的周期——"朱格拉周期"和"基钦周期"明显要长，所以被叫作长波或者长周期。

第二节 经济繁荣与财富管理

经济繁荣属于经济周期中的一个阶段。在现代的经济周期理论中，经济繁荣期主要包括两个特点：经济持续稳定增长和通货膨胀率的上升。一方面，经济持续稳定增长是经济繁荣期最重要的指标，它意味着各类经济活动活跃，银行外部环境宽松，各类经济主体经济预期良好，社会资金需求量大，发展机会多（杨延青，2010）。另一方面，通货膨胀率的上升伴随着经济增长速度的持续提高，经济的发展带动了投资的不断增长，产量的扩大，市场需求的旺盛，同时也创造了更多的就业机会，企业利润、居民收入和消费水平也有了不同程度的提高。通常来说,经济周期对财富管理的影响一般分为宏观和微观两个方面。

一、经济繁荣期与宏观财富管理

宏观来看,经济繁荣期是商业周期的扩张和高峰期,经济繁荣期经济活动在国内生产总值、生产力和收入方面均有增加。生产力方面,企业销售额增加会拉动利润上升,进而提高生产力。收入方面,国民收入增加促使投资活动火热,企业业绩势头良好,进而拉动不同资产价格上升。

1950~1960年的欧美经济出现了一个典型的繁荣期。20世纪50年代,西德的人均国民生产总值年平均增长率为6.5%,意大利为5.3%,法国为3.5%。与过去几十年的表现相比,欧美国家经济的持续增长令人惊讶,因为在1913~1950年,德国的经济年增长率只有0.4%,意大利和法国也只有0.6%和0.7%,这个经济繁荣期的经济增长远远高于此前几十年,即使是在英明的威廉二世统治下的德国,经济年增长率也只有1.8%(托尼·朱特,2014)。

在这十年的经济繁荣期内,欧美经历了巨大的变化,包括:其一,欧美国家的海外贸易不断增长,这主要得益于工业化使得工人的生产力得到巨大提升。其二,这十年期间大多数国家都经历了工业化、城镇化进程,大量的欧洲人抛弃了土地,进入城镇工作。1977年,意大利全国的农业生产人数仅占16%;在意大利东北部的艾米利亚—罗马涅区,农业生产人数从1951年的52%猛跌到1971年的20%。奥地利全国农业劳动力的人数则降到了12%,法国是9.7%,西德是6.8%。即使在西班牙,到1977年,其农业生产人数也只占20%。农业就业人数的降低导致了农业生产在GDP中的占比下降,在意大利,农业在国民生产中的比重从1949年的27.5%降到了1960年的13%,同时第三产业GDP占比上升。其三,新生人口快速增长,出现人口红利。20世纪50年代的十年是欧美婴儿潮的十年,特别是美国,在1946~1964年共有7590多万婴儿出生,约占当时美国总人口的1/3。其四,大量外来人口涌入。商业活动和经济对劳动力需求的不断加强,导致20世纪50年代至60年代初欧美涌入了大量的移民。欧美经济扩张远远超出了当地人口的增长速度,"婴儿潮"一代还没有加入劳动力大军,但是对劳动力的需求却已达到了高峰。

另一个典型的例子就是 20 世纪 20 年代美国经济出现的繁荣期,造成了长达十年的高速发展,这十年经济的繁荣发展奠定了美国世界霸主的地位。

在第一次世界大战期间,美国利用自己处于中立国的地位和先进的军事能力这两项优势,通过向欧美国家提供粮食甚至战争武器来获取丰厚利润。在这个过程中美国不断积累实力,被后世学者称为美国 20 世纪 20 年代十年繁荣期的起点。经过这一发展时期,美国整个国家的工业产能增长了近一倍,国民总收入从 1919 年的约 650 亿美元迅速增至 1929 年的约 828 亿美元,人均国民收入则从 1919 年的约 620 美元大幅增加至 1929 年的 680 美元。

美国这一个时期的各行各业都得到了空前的发展,表现最为明显的是工业行业,主要体现在多种大型工业机械和工业生产新技术的运用上。汽车工业、电器工业、建筑工业和钢铁工业的工业产值从 1919 年开始实现了大幅增长,到 1929 年它们的工业产值已经增长了 255%。经济繁荣期内,旺盛的投资需求促使美国石油公司进行大规模扩张和投入,1919 年美国石油公司的净输出资本仅约为 70 亿美元,到 1929 年已经增加至 170 亿美元以上。

美国 20 世纪初的这十年经济繁荣期,是发生在第一次世界大战后各国经济急切恢复的需要、美国在战争期间获得的益处、技术创新、国内生产力的高速发展和政府措施助力的有机结合造成的经济奇迹。

从以上两个例子可以看出,在经济繁荣期中,各种商业活动和科技创新都达到了空前的火热状态,随着 GDP 的持续平稳增长,个人及家庭财富不断提高,推动社会财富的创造和积累。经济繁荣期间显示出经济发展的良好势头,企业的业绩出现上扬趋势,上市公司获取的净利润持续大幅度增长,股票红利不断增加,企业自身经营生产环境得以改善,产销两旺,投资市场风险减少,促使相关投资品价格稳步上涨。此时,人们逐渐对自身经济发展状况形成良好的心理预期,投资理财积极性得以快速提高。

二、经济繁荣期与微观财富管理

从微观角度来看,财富管理即资产配置情况,经济繁荣时期人们的投资欲望旺盛，这同样反映在行业增长和资产配置的影响上面。在经济周期的繁荣阶段，人们热衷于投资高风险、高回报的行业和资产，比如股票和大宗商品，因为此时此类资产的收益率往往表现得比较出色，而受到市场影响波动较小的保守类投资品种，比如债券和现金，其收益率往往逊于前者。

通过分析人们在经济繁荣周期的收益情况，厘清经济周期对于其资产选择和收益率的影响。在经济繁荣期，生产力和投资收益都处于高位状态，失业率和利率则会稳定甚至走低，人们对经济状况普遍持乐观态度。因此，当经济进入繁荣期以后，投资者应选择大宗类商品进行投资，比如房产、黄金、矿产等，也可以选择与大宗商品相关的股票进行配置，换言之，"商品为王，股票次之"。

表6-1为美国从1970年1月至2020年9月这50年中不同大类资产在经济繁荣期的收益情况。

表6-1 美国经济繁荣周期和各大资产收益率

美国经济繁荣期	债券	股票	大宗商品	现金
1972年6月~1973年6月	-0.74%	-3.05%	113.96%	5.35%
1976年12月~1978年11月	2.96%	-4.82%	11.76%	6.10%
1983年7月~1984年3月	9.18%	-8.37%	2.51%	9.04%
1986年12月~1989年1月	5.47%	7.04%	10.23%	6.30%
1994年5月~1996年12月	4.02%	25.07%	12.70%	5.14%
1999年2月~1999年11月	0.27%	16.16%	26.53%	4.62%
2004年4月~2005年9月	0.11%	6.06%	10.54%	2.23%
2010年11月~2011年9月	2.79%	-2.72%	5.37%	0.07%
2020年6月~2020年9月	1.74%	33.65%	47.06%	0.11%
均值	2.87%	7.67%	26.74%	4.33%

资料来源：美林证券、泽平宏观、Wind数据库。

从表6-1的数据可以看出，在1970年1月至2020年9月这50年中美国一共经历了九个经济繁荣期。其中，有七个经济繁荣期的大宗商品收益率均远高于债券收益率和现金收益率。然而，1983年7月~1984年3月属于例外时期。这一期间美国正处于整个 20 世纪 80 年代的第一轮大规模的税收减免和解决通胀的问题阶段，经济出现强烈的复苏，使大类资产的表现发生改变。而 1994 年 5 月~1996 年 12 月美国采取了一系列宽松措施，这些措施导致了股市的蒸蒸日上，使股票的收益率高过大宗商品的收益率。总的来说，在经济繁荣的时候，大宗商品更具备投资价值，比如在 1999 年 2~11 月的繁荣期里大宗商品的收益率高达 26%，又比如 2020 年 6~9 月大宗商品的收益率高达 47%。

通常来说，在经济社会良好运行的情况之下，投资和消费就会增加，投资和消费的增加就会导致需求的增加，这个时候商品和股票的价格一般会出现攀升的趋势，反之亦然。当经济发展处于劣势时，随着宏观经济运行恶化，投资和消费欲望下降，社会总需求下降，商品和股票价格往往呈下降趋势。在不同的经济增长阶段，投资不同的资产获得的收益也不相同。

那么在经济繁荣时期，股票的现实表现如何呢？从表 6-1 可以看出，在美国这五十年的九个经济繁荣期中，股票投资收益为负的有四个之多，占到了将近一半。在经济繁荣期投资股票的平均收益为 7.67%，而投资大宗商品的平均收益达到了 26.74%，可以看出，在经济繁荣期投资股票并不是最佳选择，而大宗商品成为投资者最佳的投资选择。这是由于在经济过热的繁荣期，企业生产预期和利润的增加幅度会大于物价和利率的上涨幅度，这个时候大宗商品的高产量会给其带来更多的投资价值。

第三节　经济衰退与财富管理

经济衰退指的是经济发展中经济暂时停滞的现象，经济衰退的常见表现为社会面消费意愿和投资意愿的普遍下降，随之而来的便是工人的大量失业。在经济衰退中，社会就业率、公司的盈利、物价指数等指标通常会下降，这也暗示了消费意愿的降低。

在衡量经济衰退的不同指标中，最重要的指标是实际 GDP。GDP 是国内所有的企业和个人所生产的最终产品的价值，而实际 GDP 就是剔除掉通货膨胀影响之后所反映的 GDP。一旦实际 GDP 为负数，就意味着国内的经济出现衰退的可能。同样，经济衰退对财富管理的影响一般也可以从宏观视角和微观视角进行分析。

一、经济衰退与宏观财富管理

从宏观来看，经济衰退可能导致就业、投资、企业利润等经济指标同步下降，同时还会伴随大规模失业，物价下跌，人们的生活失去活力，消费减少，工业生产低迷，企业对未来失去信心、不再冒险进入新的领域，影响企业创新等现象。毁灭性的经济衰退被称为经济崩溃。经济衰退与消费下降、商品库存过多、技术创新和新资本积累不足、股市随机性有关。

有关经济衰退，历史上有两个很典型的例子，分别是西方国家 20 世纪 30 年代的大萧条和 2007 年的大衰退。

前者发生时间在 1929~1933 年，西方国家经历了一场空前的经济危机，继而导致严重的世界性经济衰退。此次衰退以美国 1929 年 10 月 24 日的股市暴跌为起点，席卷全球长达四年，大萧条对欧美绝大多数国家都造成了毁灭性的打击。每个国家开始衰退的时间不尽相同，但是绝大多数国家都是从 20 世纪 30 年代初开始，持续到 20 世纪 30 年代中期乃至 40 年代末期，是迄今为止持续时间最长、影响范围最大的一次经济衰退，被经济学家看作经济衰退的标杆。据统计，在大萧条期间，美国的国际贸易额剧减 50%，GDP 下降 28.5%，同时失业率飙升至 25%，在欧洲一些国家失业率甚至达到了 33%。在大萧条中各个主要城市全部遭到重创，特别是对重工业依赖严重的城市。在不同行业之中，农业部门受到的伤害尤其严重，农作物价格最严重的时候下跌幅度达到 60%。

后者发生在 2007~2008 年，由美国次贷危机引发全球金融危机，继而传递到实体经济，西方国家出现了普遍的经济衰退。在这次经济衰退中，美国首当其冲受到影响。2008 年 1 月，美国就发生了巨型失业潮，仅一个月的时间就失去了 17000 个非农就业岗位，而这仅仅是失业浪潮的开端。失业率的上升一直持续了18个月,这次失业浪潮的持续时间之长在美国历史上排行第二位,排行第一位的是2001年2月开始的失业浪潮,足足持续了30个月。2008年,美国GDP零增长,2009年GDP增长-2.4%,失业率高达10%(见表6-2)。

表6-2 两次金融危机对美国实体经济的冲击

	1929年大衰退	2008年金融危机
GDP	1929~1933年 美国GDP总共下降28.5%	2008年美国GDP零增长, 2009年GDP增长-2.4%
CPI	1929~1933年 美国CPI总共下降了近28%	2009年美国CPI为-0.4%
失业率	1934年美国失业率高达25%	2009年美国失业率高达10%

数据来源:《两次全球大危机的比较研究》。

金融危机对经济社会的宏观影响可以分为两个主要渠道:一是"家庭资产负债表渠道",主要是从房屋家庭价值下降影响家庭净金融资产,进而波及其信贷能力和支出;二是"银行危机渠道",由银行资产负债表恶化进而影响信贷中介功能。这两个渠道相互联系,作为金融危机起源的银行危机是由于抵押贷款相关证券损失才最终导致全面危机的爆发。

在经济衰退的时候,一般来说消费者的购买意愿会急速下降,生产者会根据这样的变化做出减少产品生产的决定,紧随其后的投资者对于工厂和企业生产设备的投入也会很快地下降,而投入的下降会导致社会之中对劳动力的需要也一同下降,进而导致社会上面的失业率上升,产出下降同时通货膨胀率下降。产出的下降会导致市场对于生产原材料的需求减少,原材料的需要减少会导致其价格下降,同时由于生产意愿和消费意愿的减少,企业对于银行贷款的需要也会减少,所以这时候利率在衰退周期一般会下降。经济衰退的影响如同多米诺骨牌一样不停地往社会面不同行业传递,严重程度也逐渐加深。

以美国1929年的大萧条为例,大萧条最开始是由于各种小事件造成的个别公司股价下跌,当这种事件出现越来越频繁时,投资者失去信心,股市泡沫破灭,引发恐慌性抛售,股票价格下跌,同时由于下跌迫使一些投资者清算其持有的股票,再次加剧了价格下跌。发生的金融危机使得群众对未来收入产生了相当大的不确定性,进而导致消费者和企业推迟购买耐用品。虽然股价下跌造成的财富损失相对较小,但崩盘也可能使人们感到更穷,从而抑制了人们的消费支出,降低了美国的总需求,耐用品的消费者购买和商业投资大幅下降。消费者对未来的信心缺失同样传递到银行业,他们同时对银行的偿付能力失去信心并要求银行以现金形式向他们支付银行存款,继而出现银行业恐慌。通常只持有一小部分存款作为现金储备的银行必须清算贷款以筹集所需的现金,大萧条期间这种仓促清算的过程甚至导致以前有偿付能力的银行倒闭,恐慌对美国银行系统造成了严重影响。到1933年,1930年初存在的银行中有1/5已经倒闭。

可以看出,在经济衰退期间,人们消费支出欲望低迷,总需求降低导致企业不得不采用各种削减成本的措施如裁员、降薪等来控制利润,各行各业投资需求萎靡,经济增长即财富创造停滞不前,经济衰退的影响通过不同途径迅速传递到社会各方面,对财富创造机制造成了重大打击。

二、经济衰退与微观财富管理

上一节已从宏观视角探讨了经济周期对财富创造和财富消费的影响,本节将基于微观视角,通过分析萧条时期不同细分资产的表现阐述经济衰退对财富管理的影响。

一般而言,当经济处于衰退时期,相较于高风险投资品,保守类的资产往往会受到投资者青睐。其原因在于:受悲观情绪和"羊群效应"影响,投资者往往对高风险投资品持较为悲观的预期,其收益率表现一般;相反,固收类的债券和国债等资产的收益率则会提高。

表6-3为2003~2020年期间我国历次经济衰退周期及不同资产的收益情况。参考任泽平对我国经济周期划分的研究思路,基于货币周期和信用周期的松紧变化区分经济周期的阶段,把"松货币紧信用"的时期划分为经济衰退期。在不同资产的收益指标选取方面,以我国主要银行进行质押式融资回购利率衡量现金收益率,以中债新综合指数收益率衡量债券收益率,以沪深300指

数收益率和大宗商品现货指数收益率分别衡量股票和大宗商品收益率。

表6-3 中国经济衰退周期的各大资产收益率

衰退周期	现金	债券	股票	商品
2004年12月至2005年12月	1.67%	8.15%	-13.11%	-0.06%
2008年10月至2008年12月	2.59%	5.09%	-18.98%	-23.64%
2011年12月至2012年7月	4.42%	4.46%	-7.48%	-1.86%
2014年8月至2016年7月	3.62%	15.72%	36.32%	-16.46%
2018年5月至2018年12月	3.56%	4.97%	-19.86%	-8.07%
2019年11月至2020年2月	3.09%	3.29%	1.37%	1.44%

资料来源：美林证券、泽平宏观、Wind数据库。

表6-3显示，在2004~2016年，我国共经历了六次衰退期。其中，债券资产的表现在五个衰退周期中均明显优于其他大类资产。股票收益大幅超越债券资产收益仅出现于"2014年8月~2016年7月"衰退期。这一现象与2015年股市的不健康发展引致的杠杆牛市密切相关。当然，其后续影响也对股票收益率造成了扰动。

经济衰退对财富管理的影响可归纳如下：

第一，在经济衰退时期，出于安全性考虑，投资者应该尽量减少对股票和商品的投资，投资风格也应适时偏向保守。主要原因在于：在经济衰退期，相较于其他投资品，现金和债券类投资品往往可以获得更好的收益。这一时期，债市基本走牛，配置长期的债券可以获得比其他资产更高的收益。与此同时，以黄金作为代表的自带避险属性的贵金属也可以获取不错的收益。此外，消费弹性较小的刚需资产如农业和消费等行业资产走势也相对较强。根据任泽平研究团队的统计，在中国的六个衰退期之中，有大约一半衰退周期中黄金资产的收益率在各类投资品中排行第一，在衰退周期中黄金的平均收益率为4.3%，而工业产品的收益率仅有-23%。

第二，经济进入衰退期，经济出现下行，通胀随之呈现下降趋势，物价水平回落。此时，大宗商品表现较差；股票受其企业经营状况影响表现也较差；

即使是收益最为稳定和安全的现金,由于经济衰退期中央银行往往会大幅放水提携经济,也会因为货币贬值而收益率下降,但是其收益率依然会高于大宗商品和股票;债券反而会成为最保值的配置,这主要是因为与其他资产相比,债券流动性较差、封闭期长,较为不敏感,反而较少受到市场利率干扰。

第三,在经济衰退的周期之中,企业生产的产品会出现过剩。这种生产过剩使他们的经营无利可图,大宗商品会面临库存的压力,导致通货膨胀率低迷甚至出现通货紧缩。通常来说,在这个时候政府会实行宽松的货币政策和采取降低利率的措施来对经济进行刺激。在经济衰退期间,债券是不同资产里面最好的投资标的。当经济跨过衰退阶段步入复苏阶段的时候,经济开始出现增长,虽然此时过剩的产能中的大部分还没有被完全消化干净,大宗商品价格没有上涨,通胀保持在低位。随着需求回暖,企业经营状况逐渐好转,库存进入黄金回暖期。经济继续加速增长后,产能增加,进入繁荣阶段。此时股价也比较高,商品资产是现阶段较好的选择。

那么,在经济衰退时期,如何进行财富管理呢?既然经济衰退已经不可避免,我们管理资产时就应该保值为主,其次才是增值的要求。在管理财富的时候,安全性是最重要的,如果抛开安全性,保值和升值也无从谈起。一旦经济衰退发生,人们的投资意愿被压制到极低,某些资产流动性会大大降低,这个时候很难变卖资产获得现金,所以在经济衰退的时候持有资产不如持有现金,而在经济衰退之中会出现大量被严重低估的资产,存有现金能获得更好的投资机会,现金也更具流动性。同时还要重新评估自己的投资组合,尽快把高风险的投资配置更换掉,高风险虽然会伴随高收益,但是在经济不景气的经济衰退期,风险和收益不成正比,高风险往往获得的也不是收益甚至是亏损。这时候应该保持资产的流动性,从容地应对经济的各种变化,甚至在做空情绪强烈的时候发现足够低估的优质资产。在经济衰退时期,我们需要更加保守的投资策略。巴菲特就曾提出忠告:第一,保护本金;第二,参见第一条。总体来说我们要保证充足的现金流,避免流动性枯竭。

第四节　经济周期与大类资产配置

经济繁荣期和经济衰退期的不同资产收益各有优劣,其中存在着一定规律,找到这个规律就可以帮助我们穿越周期,更好地进行财富管理,通过在不同经济周期下配置不同的大类资产获得满意的投资收益。

一、大类资产基本概念

所谓大类资产,是指具有相似的收益风险特征和投资用途的资产类别,而大类资产配置是指投资者按照一定的权重比例将资金分配在不同属性的大类资产上,实现一定风险水平下的收益最大化,或是在达到预期收益的同时使风险最小化。在此基础上,结合特定投资者的风险偏好和预期收益,能够得到效用最优的投资组合。目前,大类资产主要分为现金、债券、大宗商品和股票四大类。

经济周期和大类资产配置的关系非常密切。从长远来看,经济增长源于生产力要素、劳动力和技术发展。长远来看经济增长是上升的,但是在短期内,经济增长往往会偏离潜在的增长水平,也就是说经济总是围绕着长期的上升趋势而运动的(见图6-5),而决策者的任务就是使其恢复到潜在的增长水平,这种帮助通常通过货币政策或者财政政策来实现,当然,政策的滞后性有时会加剧经济的偏离。

由于经济周期,金融资产价格呈现出上下起伏周期波动的特点,出现这种起伏的根本原因是由其背后的基本面因素决定的。在不同的经济周期中,不同的金融资产呈现出不同的收益率,有的金融资产在经济繁荣期间涨幅领先,有的金融资产在经济萎靡时期都可以保持正的收益率,所以研究各大类资产在不同经济周期的收益表现对于不同经济时期的资产配置就显得尤其重要。

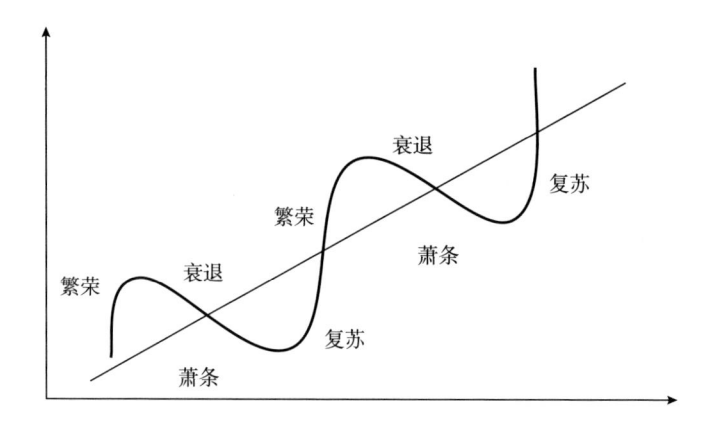

图 6-5 理论上的经济周期 GDP 趋势

二、美林时钟模型的内容

2004年，美林证券经济学家 Trevor·Greetham 和 Michael·Harnett 在《投资时钟理论：从宏观波动中盈利》的研究报告中首次提出投资时钟模型，他们也称其为美林时钟模型或者美林模型，美林证券将"资产""行业轮动""债券收益率曲线"以及"经济周期"四个阶段有机结合并联系起来，创造出一个实用的周期投资指导工具。同时他们将经济周期划分成复苏、过热、滞涨和衰退四个阶段，这四个阶段各有不同特征，不同阶段所具有的经济宏观数据、通货膨胀指数甚至是政府将会采取的宏观调控措施都是不尽相同的。

投资时钟理论以产出缺口和 CPI 同比增长刻画经济增长与通货膨胀，指出四个不同的经济周期会对不同的投资品造成方向程度都不一致的价格影响，这种价格影响会对资产配置产生影响。

美林模型作为一个典型的动态资产配置模型，将资产轮动与宏观经济周期相结合，通过识别经济运行周期中的拐点，构造不同的方案实现收益最大化（见图 6-6）。

在经济复苏阶段，市场经济的发展加快，各方面需求开始上升，市场中过剩的库存得以消化，经营企业的收益率水平也开始上升。虽然通货膨胀率持续回落，但速度已经逐步减缓。此时的利率水平处于最低点，现金的贬值速度明

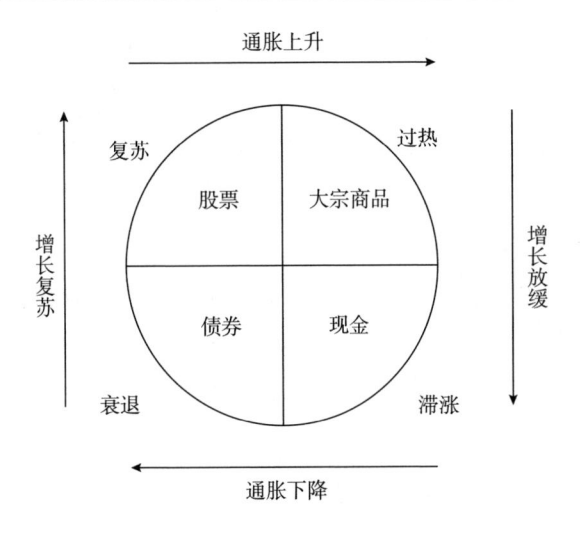

```
            通胀上升 →

        复苏        过热
      ┌─────┬─────┐
      │ 股票 │大宗商品│
   增长│     │     │增长
   复苏├─────┼─────┤放缓
      │ 债券 │ 现金 │
      └─────┴─────┘
        衰退        滞涨

         ← 通胀下降
```

图 6-6 美林模型

显，因此投资者更愿意将资金投资于风险市场。同样，随着经济的复苏，风险市场也呈现增长的趋势，此时，低估值股票更具潜力，因为它们的价格被低估，存在上涨空间，而高估值股票则与此相反。在这个阶段通常有以下几个特征：一是在经济复苏的阶段期间利率一般会比较低，这样会刺激市场活力。二是这个时候国内生产总值的增长速度会加快，而且增长速率会高于潜在增长率。三是由于前一个阶段的潜在生产力尚未耗尽，产能继续拉动，复苏时期的通货膨胀并不会上升。四是企业的盈利状态大幅好转。五是进行股票投资更加合适，在处于复苏期的时候，利率还处于低位，债券的收益率仍然偏低。

在经济上行而通货膨胀率下行的复苏阶段，由于经济发展的预期和股票对经济的反应更为敏感，这个时候投资股票相对债券和现金更能获得超额收益。

在经济周期的过热阶段，市场触发旺盛的需求，需求的扩张导致物价上涨。这个时候政府往往要通过加息或提高存款准备金抑制通胀，央行提高存款准备金率会导致债券面值的重新估值，此时，对利率较为敏感的债券将面临贬值。相比之下，在经济需求旺盛的情况下，大宗商品需求量大，且有利润增长作为基础。所以在经济周期的过热阶段投资应该着眼于传统的机械、能源和房地产等周期性价值行业。

在滞涨阶段，经济实际增长疲软，导致经济停滞不前。生产者为了保证利润增长，往往会提高商品价格，社会上各商品的价格上升导致通货膨胀的走高，从而带来通货膨胀的加剧，导致工资价格的螺旋上涨。只有等通胀过顶峰之后，央行才能有所作为，这会限制债券市场的回暖步伐。企业的盈利恶化、股票表现糟糕，通货膨胀预期也会相应提高，整个市场会面临经济危机。股票市场在经历了过热阶段泡沫之后，往往会出现巨大的跌幅。在滞涨阶段，没有哪个行业能够获得绝对的收益，因此持有现金成为最佳的选择。在投资行业方面，需求弹性较小的行业，比如公共事业类和医疗医药类行业，在这一时期表现通常较好，因为这些行业具有相对稳定的需求，能更好地抵御通货膨胀带来的负面影响。

在衰退阶段，经济活动会停滞甚至下跌，这个时候超过需求的生产能力会导致大宗商品价格走低，推动通货膨胀率下行，此时央行将会实行下调利率或者调低银行准备金的宽松政策来刺激消费和商业活动，把经济拉回健康增长的路径上，使预期利率下行，利率下行使债券价格上升，故而在衰退阶段投资债券是最佳的选择。

根据美林时钟的核心思想，在经济周期的不同阶段中，社会中不同的微观个体所做出的反应，企业资金的流动和央行的措施对于利润水平、利率水平和价格水平等不同指标产生影响，这些指标的变化和投资者的行为会对不同投资品的收益率产生影响。

对美林时钟的掌握对财富管理有十分重要的作用，在不同时期配置不同的资产可以获取超额的收益率。表6-4为不同美林模型下通货膨胀和产出缺口的变化以及不同大类资产的投资建议。

表6-4 美林模型下产出通胀变化以及投资建议

经济阶段	产出缺口	通货膨胀	大类资产	行业板块	
复苏	↑	↓	股票	周期性增长	小市值股票高科技
过热	↑	↑	大宗商品	周期性价值	有色金属地产矿业
滞涨	↓	↑	现金	防御性价值	公用事业医药
衰退	↓	↓	债券	防御性增长	金融消费医药

资料来源：美林证券、海通证券。

三、美林时钟模型的应用

表6-4反映了在不同的经济阶段，按照美林时钟理论分析，持有哪些大类资产配置才是最佳选择，但是理论如果没有经过验证的话始终没有办法成为真理，我们还需看美林时钟理论能否应用于实际。

1971~2016年，美国的四大主要投资资产的收益率如表6-5所示：

表6-5 美林周期下不同资产的收益表现　　　　　　　　　单位：%

经济阶段	债券	股票	大宗商品	现金
衰退	10.57	10.44	7.44	5.34
复苏	11.9	19.43	-3.14	4.18
过热	5.83	6.53	16.8	3.68
滞涨	3.25	-3.95	23.02	6.42
长期收益	7.8	8.04	7.56	4.83

资料来源：美林证券、海通证券。

在衰退阶段，债券资产的实际收益率达到10.57%，其长期投资回报率达到7.8%，表现是四大资产里面最佳的，而美林投资时钟模型对角线上面的大宗商品投资收益率则不尽如人意。在复苏阶段，股票资产的实际收益率达到19.43%，其长期投资回报率达到8.04%，表现是各个资产里面最好的，而大宗商品的表现则为负。在过热阶段，大宗商品资产的实际收益率达到16.8%，表现最佳；债券一如预期，表现较差，回报率仅仅和现金相当。在滞涨阶段，现金资产的实际收益率达到6.42%，其长期投资回报率达到4.83%，而美林投资时钟模型对角线上面的股票投资收益率则不佳，大宗商品上涨的23.03%主要是因为石油危机的冲击，事实上剔除了石油类大宗商品后，非石油类大宗商品的价格是在下跌的。

通过上面美林时钟模型在美国的实际数据检验，可以看出美林时钟在经济周期的资产大类配置中具有获得超额收益的用途。在适合持有债券资产的衰退时期，债券的表现比其他三类资产的收益都要好，同时在该时期债券资产的回报率也远超其长期回报率。同理,在各自合适的时期大宗商品股票和现金也表现出远远超过其长期回报率的表现。在适合的时期持有适合的资产可以获得比长期持有该资产的高出很多的回报率。这也是财富管理的使命之一,在更低的风险之下以专业能力获取更高的收益回报。

美林时钟模型不只能应用于美国的经济周期,同样地也可以应用于中国的经济周期,表6-6为2002年1月到2016年12月的中国不同资产在不同经济阶段的平均收益率。

表6-6 美林周期下中国经济周期和四大类主要资产收益率 单位:%

经济阶段	债券	股票	大宗商品	现金
衰退	3.76	-23.96	-23.04	2.36
复苏	3.28	68.07	-0.83	1.82
过热	3.57	8.14	15.65	1.95
滞涨	3.59	-3.14	-10.70	2.08
长期平均收益	3.58	6.16	-1.03	4.83

资料来源:Wind数据库、海通证券。

据表6-6,在衰退阶段,配置股票相较于配置债券资产是较差的选择,债券收益率达到3.5%左右,而大宗商品的收益率差,年平均收益率低,甚至达到了负值,超过-20%,大宗商品的投资收益率还不是最差的,投资收益率最差的是股票,收益率甚至低于大宗商品。在复苏阶段,股票则成为投资最好的选择,年平均收益率达到68.07%。在过热阶段,大宗商品的表现是最好的,达到15.65%。而在滞涨阶段,现金的年均收益率为2.08%,但表现最好的则是债券,年平均收益率达到3.59%,并不完全符合理论的美林时钟模型。

通过上述对中国的大类资产收益率和经济周期的变动规律归纳,可以发现,美林时钟模型基本可以符合我国的情况,在四个不同时期,复苏时期的最佳投资对象是股票,过热时期的最佳投资对象是大宗商品,滞涨阶段的最佳投资对象是现金,而衰退阶段的最佳投资对象是债券。这里面也有不符合美林时钟模型的,就好像中国的滞涨阶段,这可能是由于虽然滞涨时期现金保守,可以降低风险,但是经济高速发展造成的高收益预期和央行政策的滞后性等多方面原因,使其他三种投资资产更受投资者青睐,尽管如此美林投资时钟在我国还是具有一定的可行性,对投资决策具有一定的借鉴意义。表6-7为美林证券经济学家 Trevor Greetham 和 Michael Harnett 提出的美林时钟模型下不同周期资产选择及配置逻辑。

表6-7 美林模型中经济周期四大类主要资产投资建议

经济阶段	资产收益率排序	政策导致利率	通货膨胀	经济增长率产能口
衰退	债券>现金>股市>大宗商品	下降	低	负(放大)
复苏	股市>债券>现金>大宗商品	继续下降	继续下降	负(收窄)
过热	大宗商品>股市>现金>债券	高位	高	正(放大)
滞涨	现金>大宗商品>债券>股市	高位	继续上升	正(收窄)

与传统经济周期的划分不同,美林周期把经济周期划分为衰退、复苏、过热和滞涨,其中经济衰退阶段两者的划分标准都是差不多的,由表6-7可以看出,在不同的经济阶段里面,资产收益率有一个固定的先后排序,里面有什么逻辑呢?关于经济衰退阶段对资产配置的逻辑前文已经有过说明,这里不再论述,下面我们将着重分析其他三个阶段是如何造成收益率差异的。

在复苏阶段,企业盈利大幅度上升,复苏后,随着经济活动的加速通胀也逐渐上行,导致投资者对企业业绩增长的预期大幅提高,进而拉动企业股价上升,这个时候投资股市是较好的选择,而因为这个时期利率会继续下行,所以债券继股票之后也是不错的选择,而大宗商品由于经济的复苏传递的滞后效应所以还没收益。

在过热阶段,企业生产的发展和利润的增加幅度会大于物价和利率的上涨幅度,这个时候商品产量大导致商品便宜,具备投资价值,而股票在上一个阶段预期股价已经把过热阶段的一部分涨幅吸收了,故在过热阶段股市收益不如大宗商品。

在滞涨阶段,企业的业绩和利润开始出现停滞甚至是下滑的趋势,投资者信心受到打击,首先反映在股价上面,所以在滞涨阶段不推荐股票作为资产投资。

在中国，美林时钟的应用在除了滞涨期之外的三个周期都是和预期相符的，但是为什么滞涨期和理论不一致呢？造成这些不同的因素多种多样，主要包括以下几点：

第一，中国的通胀结构和美国的通胀结构是不相同的，这会导致不同资产的价格在经济周期里面的表现出现不同。美国的经济增长主要是靠消费来进行驱动的，而中国经济增长的内生动力则是投资。另外美国的通胀主要是能源价格上涨引起的，而中国的通胀结构中，食品的价格占了很大一部分。

第二，中国资本市场和美国资产市场的投资者是不同的，造成他们的投资风格也是迥然不同的，这体现在专业的金融投资机构上面，中美两国金融机构所持有的股票持仓结构大相径庭。

第三，中国和美国在各自国家的货币政策工具的使用上面的风格也差异很大。美国使用的是美联储通过联邦基金利率来作为他们的货币政策工具，这与我国的情况就很不一样，我国除了使用基准利率工具作为货币政策工具，也会使用存款准备金率作为货币政策的调节工具。除此之外，美联储的货币政策会随着经济周期的过热和衰退来进行及时的紧缩和宽松调节，而我国由于货币政策存在时滞效应，最后会导致资产所产生的收益率与美林时钟理论发生偏差。

美林的投资时钟模型也不是尽善尽美的，在使用美林投资时钟理论的时候我们会遇到一个难题。首先美林时钟用的是美国的产出缺口来划分经济周期，但是通过找到产出缺口来划分经济周期的方法并不准确。按照产出缺口的定义，我们首先要知道一个经济体的潜在经济增速，然后再根据国家统计局公布的相关数据来和这个潜在经济增速相减，如果最后得出的是正数，就会出现正的产出缺口，如果这个正的产出缺口在持续扩大，就代表现在经济进入了过热阶段。这里面的难题就是怎么样准确地找到潜在产出缺口的值，然后才能判断处于哪一个经济阶段。很多时候，我们究竟处于哪一个经济阶段是很难判断的，只有完整地经过一个周期后才能了解清楚。后来者也对美林时钟模型进行了优化，知名经济学家、桥水基金的创始人瑞达利欧认为，金融市场中尽管有着各种各样的金融产品，比如基金股票、债券和期货等，但是这些产品的价格波动都是与供求相关的，基于这样的推理瑞达利欧就发明了著名的全天候策略。

全天候策略放弃了美林时钟理论中的对于现在处于何种经济周期的分析判断，简化了判断资产配置选择的必要前提，将资产多元化充分发挥，将投资的资产在不同的经济环境中的风险充分分散。由于股票、债券、原油、黄金等不同的金融资产都存在相关性，甚至有的资产会彼此出现负相关性，利用这一点，通过均衡的资产配置，就可以实现通过烫平资产价格波动获得长期的稳定收益。

他们认为，在长期，风险资产要比无风险资产的收益率高。在此假设下，桥水基金吸收了传统美林投资时钟理论的精华部分，这就是：决定资产走向的内在核心就是产出增长和通货膨胀。但是他们放弃了原本理论中对于经济体处于哪一个阶段和未来将会走向哪一个阶段的判断，因为这两个问题很难准确地判断出来。他们认为无论现在经济处于哪一个阶段，他们只需要把股票债券和大宗商品每一样都买一点，通过量化计算及时调整投资组合之中的资产配置，利用资产之间的相关性或者负相关性，通过烫平经济周期的波动来换取一个稳定的长期回报。比如在股票大跌时，债券通常会上涨，这时候通过一定的杠杆购买债券，债券的上涨就可以抵消掉股票价格下降造成的回撤了。

四、美林时钟模型的不足及行业分析

前文分析了在四个不同阶段应该选择什么样的大类资产来进行配置，接下来我们来看看在四个不同的阶段不同行业的收益率有什么不同。表6-8是美林对美国市场上的各个行业历史上不同阶段的收益情况进行的统计。

表6-8　不同经济阶段主要行业的平均投资收益率　　　　单位：%

项目	复苏	过热	衰退	滞涨
可选消费 Consumer Discretionary	3.80	-5.80	8.90	-8.90
电信 Telecoms	3.70	-0.90	-10.20	0
工业 Industries	-0.40	4.30	-4.50	2.10

续表

项目	复苏	过热	衰退	滞涨
公用事业 Utilities	-3.10	-3.20	-4.70	6.40
基础材料 Basic Materials	-2.40	-3.60	0.50	2.10
技术 Technology	3.30	4.70	-4.60	-12.50
金融 Financials	1.40	-1.80	11.00	1.60
石油天然气 Oil & Gas	-4.40	4.20	-12.80	14.70
医药生物 Pharmaceuticals	-4.50	2.90	5.60	11.60
主要消费 Consumer Stapes	-3.10	1.10	13.30	2.50

资料来源：美林证券、海通证券。

通过表6-8我们可以看出，在利率和通货膨胀下行的时候，消费行业如零售等的表现较好，而当通货膨胀上行带动能源价格上行的时候，石油天然气等能源板块会获得较好的表现。央行刺激经济增长的时候，金融板块就会获得收益，而当央行实行加息政策的时候一般的工业行业则会走牛。通信行业在复苏阶段表现得较好，而公共事业等防御性板块在滞涨时期表现出色。

在经济复苏初期，消费者可支配收入开始增加，购买力的提升使可选消费品需求复苏。随着汽车、房地产等先导性可选消费行业上扬，建材、钢铁、机械装备制造、化工、有色金属等中游制造业也将好转，并逐步传导至电力、煤炭、石油、采矿等上游能源行业。随着大多数行业增加投资、扩大产能，经济到达扩张阶段，商业一片繁荣，此时，股市中表现最好的仍然是可选消费品板块，如轿车、奢侈品、电子产品、旅游等行业。同样，宏观经济的衰退也是最先反映到下游行业，并逐步影响中上游行业的业绩。当经济处于滞胀阶段和衰退阶段时，周期性行业的市场需求下降、设备使用效率低、利润不断缩减、股票价格下降，而一般消费品、医药等非周期性行业由于需求弹性小，受宏观经济影响不大，在资本市场上表现相对较好。当经济处于滞胀阶段，投资下行、通胀上行，不太被投资低迷及成本高企影响的行业表现突出，即应该选择需求弹性小的价值型股票，比如所处必需消费品产业链中上游的行业（顾佳骅，2015）。

基于上述分析，可以得出总结：在需求上涨经济复苏的时候，投资理应选择对利率更为敏感的品种，比如消费行业，同时作为经济晴雨表的证券金融也是一个不同的选择，消费行业也分为可选消费行业和一般消费行业，通常来说可选消费行业一般比较先行。随着经济复苏的进行，社会商业活动会进入到扩张的阶段，此时经济红利逐渐传导，从最开始的早周期行业，比如消费和金融行业，逐渐流动至中下游行业，这个时候，重工业、母机、制造业等板块的景气度会上升，投资收益预期也会上升。当经济经历了复苏和扩张之后便会进入到滞涨阶段，此阶段需求旺盛投资火热，此时大宗商品的预期收益将会领头，资源等板块的景气度也不错。当经济经历完滞涨时期后，将会进入衰退期。在衰退期，保守的防御性行业，有稳定业绩支撑的稳定现金流行业都是比较适合投资的，比如医疗板块、养生保健板块、公共事业板块，可以看出行业会呈现出有一定规律的行业轮动。

美林时钟的魅力在历史上早已经得到了印证，美林时钟理论背后也存在着紧密的逻辑，但是用过去并不能预测未来的走向，经济周期并不会一成不变，经济中总会有一些我们预想不到的情况出现，这些特殊的情况逼迫着我们根据不同的情况做出不同的推断，同样地美林时钟也不是可以包治百病的万能药，由于经济发展阶段的不同，由于各国货币政策和财政政策的不同，美林时钟所提出的四个阶段时间并不是一致的，甚至有某一些极端时候某些阶段会被跳过。但是投资时钟理论可以给我们一个资产配置的底层逻辑，一个背后具有理论支撑的资产配置模式，让我们意识到资产配置并不是光凭灵感乱投资或者一味地持有现金，也可以有规律地分配在大宗商品和债券上面。合理地在合适的时期配置合适的资产，会获得比资产配置长期不变更高的收益。

第五节 经济周期对于财富管理的意义

经济周期和财富管理相辅相成，财富管理本质上就是对于市场规律的准确把握，在把握中意识到商品、自由市场都是潜藏着周期的，这个周期也可以被人为地总结出来，而商品和市场的周期相互作用就形成了社会的经济周期，会受到外部内部宏观微观的不同条件影响。我们除了要通过提升自己的能力赚取财富，也应该充分地了解经济本身所拥有的规律，通过合理的配置资产来控制风险，把风险控制在自己可控的范围，不让系统性风险打乱自己的计划。

社会经济是具有周期的，财富投资亦然，在复苏—繁荣—衰退—萧条的往复循环中，在历史趋势的潮涨潮落中，市场往往会呈现一定的规律属性，这样的规律虽然不是一成不变的，但是我们却可以通过分析其内在所具有的逻辑性来归纳出共同点，然后进行财富管理。财富管理和经济周期密不可分，经济周期既可以成为财富管理的跳板，获取超过市场的超额收益，也可能成为引爆家庭经济危机的炸弹，这取决于是否能够准确把握经济周期的规律以及如何应用。

一、有利于个人实现生命周期内的收益最大化

对于个人来说，赚取财富的能力固然重要，但是对于财富的管理也不可轻视，这就需要我们熟悉经济周期和财富管理的关系。人生命中的劳动力是有限的，由劳动力所创造的财富也是有限的，在滚滚历史洪流面前个人是渺小无力的，也无法改变大势。于是，把有限的财富进行科学、系统化的财富管理，进而满足后续的计划输出就显得尤其重要。利用经济周期和财富创造即经济增长的关系，我们可以把有限的财富在我们经历的生命周期内进行收益最大化的财富管理。社会大势虽然无法扭转，但通过财富管理可以尽量规避损失和最大化收益，规划合理的资产分配来实现资产的增值保值。

二、有利于企业制定全周期可持续的经营策略

对于企业来说，熟知经济周期对社会财富创造机制的作用也非常重要。2019年我国GDP增速创下了1991年以来的最低点，投资者和企业的信心对经济复苏的信心降至冰点，觉得寒冬来了，但是同时期的发达国家GDP增速其实比我国低很多，甚至很多国家出现了GDP的负增长。改革开放四十余年，我国一直以让世界侧目的姿态实现经济快速增长，这些年来遍地是黄金，无数

人辞职创业，无数人下海经商，诞生了数不尽的著名企业和令人津津乐道的故事。中国的大部分企业都是诞生于改革开放这四十余年的，由于经济一直处于快速增长，投资者和企业在高速增长的环境里面待得太久了，缺乏对一个完整经济周期的经历，导致对企业增长预期盲目乐观，杠杆率普遍较高，以至于当经济开始下行的时候没有充分的避险缓冲手段，只经历繁荣没经历衰退，企业的策略就会偏向激进，缺乏全周期的企业运营经验。只经历过春夏的人，哪里知道四季。现在中国经济已经从以前的高速发展时期开始往高质量发展转型，很多企业往往会觉得无所适从，而这个时候更需要我们静下心来，去真正地了解什么是经济周期。

三、有利于财富管理行业开创高质量发展新局

财富管理行业中，高效而动态的资产配置能力是绝不可少的，而任何高明的资产配置总是离不开对宏观经济环境的准确分析。这就需要在实践之中慢慢地找到社会经济体的客观规律，充分地了解经济周期对于大类资产分配的影响，结合世界大趋势和未来的宏观环境来探索财富管理的真谛并不断完善。由此可见，经济周期对于财富管理行业的重要性不言而喻，充分了解经济周期对于财富创造机制的影响，才能推动财富管理行业的不断进步。厘清经济周期对财富管理的影响机理，进而挖掘财富管理的着地点，是财富管理领域中的一个重要课题。

第七章　科学技术与财富管理

纵观人类社会发展史，从一定意义上说，既是一部财富的发展史，又是一部科学技术的发展史。作为一种能够深刻影响财富管理的社会环境要素，科学技术与财富管理互相渗透、深度竞合。本章按照财富管理全过程的逻辑展开，首先，探讨科学技术与财富创造的关系，密切联系"科学技术是第一生产力"这一科学论断；其次，分析科学技术与财富消费的关系；最后，考虑到风险及管理贯穿于财富管理全过程，讨论科学技术与财富管理中的风险及其管理的相关问题。

第一节　科学技术与财富创造

自古以来，科学技术就以一种不可逆转、不可抗拒的力量推动着人类社会向前发展[1]。从农业手工业到工业机械化、电气化，再到计算机及信息技术化，以及现代人工智能、量子信息技术、虚拟现实、生物技术等全新技术的不断成熟，无不是科学技术赋能社会生产力的表现。那么，这两者之间究竟存在着何种关系？为了更好地理解并回答这个问题，我们首先需要对科学技术这一

---

[1] 2014年6月9日，习近平在中国科学院第十七次院士大会、中国工程院第十二次院士大会上的讲话。

概念进行梳理和界定，如此既能够较为准确地确定研究边界，同时也为后续研究提供理论逻辑起点。

从词义构成来看，科学技术可以拆分为科学和技术两个词，这是在目的、手段、活动等各方面既密切联系又相互区别的两个概念（朱高峰，2010）。前者属于认识范畴，后者属于技术手段领域，两者关系可以理解为潜在生产力与直接生产力或现实生产力，分别反映人们对世界的认识程度、改造能力（安铁通，2011）。从涵盖内容来看，科学技术包含有关科技的知识、体现科技知识的物质生产技术条件、适应于前两者的劳动方式和劳动技能三维度，科学技术知识是物质技术的发端和源泉，后两者皆是科技知识的转化和实现形态（刘诗白，2018）。科学技术概念之内容复杂可见一斑。然而，在中文语境下，例如在政府政策话语、大众媒体日常传播、社会公众日常语言交流中，多是将科学与技术结合在一起或交替使用，并未在两者之间进行清晰的区分（何光喜，2022）。综观经济管理领域，除涉及特定的议题外，如环境科学、生物技术、核技术等，与科学技术相关的文献研究通常也不会严格区分科学技术与科学、技术的称谓使用。因此，遵循社会公众理解惯例，本书所定义的科学技术泛指科技知识、生产技术、劳动方式和劳动技能等，同时对科学、技术两个概念也不做特别区分，在不同的语境下混合使用"科学技术""科技""科学""技术"等名词。

财富创造既是经济学的永恒主题，又是财富哲学研究的重要问题。探讨财富创造之道，旨在厘清财富本质、来源和财富增长规律。社会的发展离不开科技的进步，在促进经济社会高质量发展、扎实推动共同富裕的实践中，必须正确认识科学技术对财富创造的作用，深化对"科学技术是第一生产力"这一论断的理解。鉴于此，本节旨在通过理论解释和历史证明两维度阐述科学技术与财富创造的关系，以期揭示这两者的理论溯源、影响机理、历史演进及其表现形式。本节安排如下：第一部分通过理论分析，在追溯财富创造理论发展的基础上归纳总结科学技术与财富创造的影响机理；第二部分力图结合科技革命史，说明社会财富增长依赖于科学技术进步，并借助互联网信息这一典型案例，阐明科学技术已经成为现代社会财富创造的最重要推动力。

一、科学技术赋能财富创造的理论分析

任一问题的分析都需要理论基础。对于科学技术赋能财富创造这一命题而言,我们首先要解决的问题是:科学技术作为生产要素参与财富创造的根据何在?科学技术在财富创造中究竟扮演着什么角色?要回答这两个问题也就等同于回答另一个问题:财富创造的源泉是什么?是否唯有劳动?

1. 科学技术赋能财富创造的思想溯源

作为财富管理的直接目的,财富创造在揭示财富真正内涵及直接源泉,阐释社会生产力变迁诸多具体问题等方面提供了基础性理论工具。如若从经济思想史的角度探寻财富创造理论发展脉络,科学技术与财富创造的许多朴素思想最早可追溯至马克思主义财富管理思想。在财富管理理论方面,古典经济学派与马克思主义之间存在密切关系,后者创立在对前者批判继承的基础上,是对前者的创新性发展和创造性转化。因此,在探讨马克思主义财富管理思想中科学技术与财富创造关系之前,我们需简要梳理古典经济学派财富创造观点。

古典经济学派财富管理思想之财富创造。英国古典经济学家威廉·配第(William Petty)在《赋税论》中较早讨论了财富的源泉问题。配第认为,财富是土地上的生产物,财富的创造离不开人类的劳动,人类劳动只有在作用于土地时,才能够创造出财富。因此,财富生产和创造得以实现的基本要素为土地和劳动,即"土地为财富之母,而劳动则为财富之父和能动的要素",由此喻示了财富主要来源于生产领域的政策思想。同时代持类似理念的研究者进一步对该思想进行补充,诸如亚当·斯密(Adam Smith)在《国民财富的性质和原因的研究》(简称《国富论》)一书中提到"一国国民每年的劳动,本来就是供给他们每年消费的一切生活必需品和便利品的源泉"。亚当·斯密认为,财富增加的根本原因是劳动,劳动者是社会财富的真正创造者。大卫·李嘉图(David Ricardo)继承和发展了斯密的劳动价值理论,赋予劳动以重要地位,并在《政治经济学及赋税原理》中指出,"一件商品的价值,或用以与之交换的任何其他商品的数量,取决于生产此件商品所必需的相对劳动量"。然而,不同于价值,使用价值构成财富的内涵。配第、斯密、李嘉图等在论述劳

动价值论时尚未对价值创造与使用价值创造的源泉进行明确区分。

马克思主义财富管理思想之财富创造。卡尔·马克思（Karl Heinrich Marx）在对古典政治经济学劳动价值论予以肯定的同时，对具体劳动和抽象劳动作了进一步的区分，强调抽象劳动构成价值，具体劳动构成使用价值，建立起科学劳动价值论。马克思认为，劳动是价值创造的唯一源泉，而财富的创造则是由劳动和生产资料共同构成的。马克思指出："劳动不是一切财富的创造源泉。自然界同劳动一样也是使用价值（而物质财富就是由使用价值构成的）的创造源泉，劳动本身不过是一种自然力即人的劳动力的表现。"换言之，对于财富创造而言，自然界也是不容忽视的要素。按照马克思的观点，人类劳动、劳动资料和劳动对象以及科学技术是财富的创造过程的三大要素，三者之间存在有机统一的关系。马克思密切关注生产领域的实践问题，其强调，"随着大工业的发展，现实财富的创造较少地取决于劳动时间和已耗费的劳动量，较多地取决于在劳动时间内所运用的动因的力量，而这种动因自身——它们的巨大效率——又和生产它们所花费的直接劳动时间不成比例，相反地却取决于一般的科学水平和技术进步，或者说取决于科学在生产上的应用"。这一提法鲜明地指出了科学技术对财富创造所起的至关重要的作用，也就是随着科学技术和社会生产力的发展，人类劳动在创造财富的过程中所占有的份额越来越少。

新古典经济学派财富管理思想之财富创造。区别于古典政治经济学，新古典经济学借助生产函数的形式阐明社会产品或财富的来源。诺贝尔经济学奖获得者罗伯特·默顿·索洛（Robert Merton Solow）提出"新古典增长理论"，以柯布—道格拉斯生产函数为基础，通过分析劳动、资本和技术对经济增长的贡献率探讨财富的源泉，即索洛经济增长模型。索洛模型具体描述了在一个完全竞争的经济环境中，资本和劳动投入增长引起的经济发展和财富增长情况，并且第一次提及技术进步在经济发展与财富增长中的决定作用。该理论强调，只有在外生的技术进步的作用下，才能获得稳定的经济发展和财富增长。

综上所述，当代社会经济发展在很大程度上正逐渐摆脱实体土地的束缚，关于财富创造源泉这一问题，理论界的认识随着人类社会的发展和生产力的进步正逐步发生转变。在这一过程中，科学技术等生产要素对财富创造的贡献愈加重要。

2. 科学技术赋能财富创造过程与机理

探寻财富创造的有效途径自古以来就是人类社会的努力方向。通过梳理汇总各学派财富创造思想发现，劳动是财富创造的重要因素。亚当·斯密曾言，"要实现一个国家的土地以及劳动的年产物价值的增加，除了增加生产性劳动者数目，就是增进受雇劳动者的生产力"。把科学技术视为生产力是马克思财富管理思想的重要观点。马克思指出，"劳动生产力是随着科学和技术的不断进步而不断发展的"。鉴于此，以劳动价值论为基础，结合科学技术是第一生产力的科学论断，探讨科学技术与财富创造关系。从抽象意义上看，财富是具有使用价值并能够满足人们需要的物。就物的生产而言，其生产过程可能会随着时代变迁而发生变化，但究其本质，物的生产可提炼为劳动者、劳动工具、劳动对象核心要素，即为了满足人类和社会需要，劳动者借助一定的劳动工具作用于劳动对象，使其发生预定的变化。因此，若想清晰阐述科学技术在财富创造过程中的确切角色，我们需要分析科学技术对其他生产要素的直接作用及其在生产要素组合中引起的质变，将科学技术赋能财富创造的过程与机理归纳为以下四个方面：

第一，从劳动者来看，科学技术以教育与培训为手段，扩大与更新劳动者知识与技能，以提升人力资本质量。马克思指出："劳动……是人和自然之间的物质变换即人类生活得以实现的永恒的自然必然性。"所以，人本身即劳动者才是最重要的生产要素，其劳动素质或能力是生产力的重要因素。随着科学技术的蓬勃发展，其所呈现出高素质、高智力劳动者数量的增加以及劳动者劳动素能的提升，在一定程度上说明科学技术对劳动者的渗透作用。例如，在工业社会中，机器大工业的生产方式对劳动者水平尤其是其科学知识水平提出了更高要求。可以说，生产方式的现代化过程与劳动者素质提升过程是相并行的，侧面反映出科学知识和技术已经转化体现于提升的劳动素质中。

第二，从劳动工具来看，科学技术通过改进或创新劳动工具，提高劳动工具效率，实现劳动替代，进而提高生产效率。财富总是以物质载体形态呈现，因此，对于财富创造或者生产而言，劳动工具尤其是生产效率就显得至关重要。从马克思主义政治经济学视角分析，财富创造可理解为扩大再生产、创造新价值的过程，这一过程的实现一方面可以通过"资本积累—扩大生产规模—产生价值"路径，另一方面则可以按照"科技创新—提高生产效率、优化要素投入产—生产规模扩大、经济增长"。而科学技术本身就包含了"创新"的意义，科学技术可以通过直接作用于劳动工具，对其进行改良优化，进而提升劳动生产率参与财富创造过程。科学技术作用的发挥实际上是经历了一个生产力由潜在到现实转化的过程。从农耕文明，到农业手工业技术革新，再到蒸汽革命、电气革命，以及现代信息技术的繁荣与发展，无不体现着科技进步对劳动工具利用效率的提升。由此可见，科学技术正通过物化的劳动工具成为直接的生产力。

第三，从劳动对象来看，人类劳动正在依靠科学技术不断开发、创新和扩大劳动对象范围。典型的如自然资源为社会财富的不断增长提供了自然财富的新富源。恩格斯指出，"劳动和自然界一起才是一切财富的源泉，自然界为劳动提供材料，劳动把材料变为财富"。换言之，自然界提供的材料是财富生产的原始源泉，也是首位源泉。在开发、利用自然资源的实践中，人类能够借助科学技术不断更新对物的自然属性的认识，极大拓展了自然资源利用的范围和程度。在生产力层面上，科技的进步强化了人类对于自然资源的使用和开发。然而，自然资源的稀缺性和有限性是人类不得不面对的一个现实问题。作为一把双刃剑，科学技术对自然的影响除了产生破坏外，也可以实现改良，这亦是对人与自然关系的探讨。马克思也多次论述这种改良效果，如"随着自然科学和农艺学的发展，土地的肥力也在变化"。从具体影响渠道来看，科学技术为创新自然资源开发和利用的手段、发展替代性资源提供了技术支持。风能、电能、太阳能、潮汐能、可燃冰等的应用，无不体现着科技进步对自然资源可利用效能的提升。这也在一定程度上反映出，科学技术的不断进步为建设资源节约型社会、环境友好型社会以及发展循环经济提供了重要的保证和现实的可能性。

第四，从生产领域来看，科学技术的巨大进步将孕育新产业和新专业的分工和合作,并由此推动社会财富的增加。如果说前文论述的科学技术与劳动者、劳动工具、劳动对象是在原有财富生产领域对劳动生产力及生产效率的提升,是科学技术对其他生产要素的直接作用,那么,开启新的财富创造领域或生产领域则是科学技术赋能财富创造的另一表现,是科学技术在生产要素组合中产生的质变。有研究表明,科学技术不仅是改造和渗透其他生产力要素的因素,并且逐渐成为一种相对独立的力量(杨春学,2021)。现阶段,随着科学技术日益变成相对独立的生产力形态,传统意义上不属于生产劳动范畴的部门或产业也逐渐纳入生产领域。新产业的不断涌现就是其典型表现。以我国软件产业发展变迁为例,从"十一五"期间到"十三五"期间,国家对信息产业的规划从芯片、操作系统、数据库系统等传统领域转向新兴科技产业,大力推进先进半导体、机器人、智能系统、智能交通、虚拟现实与互动影视等新兴前沿领域创新和产业化。

二、科学技术赋能财富创造的现实考察

沿着"理论—实践"链条,分别基于科技革命发展引起的社会变迁和典型案例视角,辅助证明科学技术赋能财富创造论述。

1. 历史变迁

从人类社会财富创造和形成的历史来看,从原始社会到现代社会,人类社会财富生产力的主要依托经历了从人力到工具力,再到科学力的发展过程。科学技术进入生产要素范畴,作用于财富的形成,可追溯至工业社会时期,始于机器生产方式。

工业社会科学技术与财富创造。随着第一次工业革命的到来,机器的使用大幅提升了生产效率,传统农业为主的财富创造形式逐步被工业所替代。18世纪末英国的工业革命的主要内容就是蒸汽技术革命,包括诸如蒸汽机、传动机、工作机在内的机器体系。随后,以电力技术为核心的第二次工业革命,进一步完善了诸如发电机、发电站、变压器、交流电机等设备的发展。机器的普及大幅提升了工业的生产效率,传统的作坊式生产被大规模的工厂所替代,工业生产成为财富创造的最主要形式。对整个人类社会而言,从事工业生产的生

产效率较高,从而能够给工人更高的工资收入,使许多农户自愿去企业从事工业生产。工业的发展和壮大,使从事工业生产的工人获得了更高的收入,家庭创造的财富大幅提升。从这一过程来看,机器作为科学技术的反映与结晶,其工业生产、劳动方式、生产组织与生产管理都依赖于并运用自然科学与管理科学,工业的原料又是机器加工生产物,所以科学技术渗透在工业生产之中。马克思说:"大工业把巨大的自然力和自然科学并入生产过程","科学因素第一次被有意识地和广泛地加以发展、应用并体现在生活中,其规模是以往时代根本想象不到的"。机器工业生产方式本身就是依托科学技术来进行财富生产的方式。

现代社会科学技术与财富创造。自20世纪70年代以来,随着计算机技术的发展和家用电脑的产生,启动了一场以信息技术为基础和高技术全面发展为内容的第三次工业革命,这场革命推动了传统工业经济向高技术经济的转型,世界发达国家开始了由传统工业社会向以知识为基础的社会过渡。现代社会在电子信息革命的推动下,生产力得到了极大的提升,对整个人类社会而言,基本的物质需求都得到了满足。对于现代社会而言,知识创造财富是一种重要形式,即运用新知识直接进行生产,或者雇用知识水平更高的从业者进行生产,使生产的产品效率或者价值更高,从而创造更多的财富。其类型有两种:一种是直接参与产品财富的创造;另一种是非直接产品的财富创造,如生产工艺、组织方法、专利技术等无形资产的财富创造,这些财富并不能直接被人们消费,但是可以大幅提升人们消费产品的生产效率,提升财富创造的速度。相比传统的财富创造方式,知识财富创造方式是现代社会最重要的财富创造形式,知识运用创造的新生产工具、新生产工艺、新营销方式、新经营管理方法,使整个社会的生产能力大幅提升,社会财富创造速度呈现爆炸式增长。

科学技术属于知识范畴,信息技术、生物技术、纳米技术、航天技术等的应用是科技创造财富的典型案例。与知识创造财富的两种类型相对应,在现代社会中,科学技术参与财富创造过程主要体现在:一方面,科学技术本身越来越广泛、深入地合并于生产过程之中,成为强大生产力的重要推动力量。就原材料而言,科学技术能够实现铸造的新材料,诸如纳米材料、基因材料等。就生产过程而言，计算机技术下控制和操纵的机器体系能够借助于高度完善的自控功能，实现高速度、高精度加工、操作能力，在提高劳动生产率的同时，实现少费而多产，进而带来高财富增量。从结果来看，科技创新对经济增长具有直接贡献作用。其中，国家统计局将研发支出（R&D）计入GDP，就是对这一关系的直接体现。另一方面，科学技术正成为劳动者劳动素质提升的积极因素。其主要原因是在生产方式上，不论是采用先进的工业技术手段或掌握新型生产工艺与劳动方法，都需要劳动者具有高度的专业能力与智慧，尤其是持续高技术创新精神和创新能力科技人才。所以，科学技术特别是科学知识，正在逐步越来越多地渗透到劳动者的劳动能力中去，并不断地推动劳动者提高自身劳动力素质。

2. 个案剖析：互联网与财富创造

充分认识科学技术与财富创造的关系，仅从理论层面进行归纳是不够的，两者关系终究需要在实践中进行检验。基于此，本节继而通过典型案例——互联网分析，努力呈现科学技术与财富创造的实践关系。

案例选取依据。从规范性表述来看，所谓互联网（Internet），即广域网、局域网及单机按照一定的通信协议组成的国际计算机网络。互联网技术（Internet Technology，IT）是指在计算机技术的基础上开发建立的一种信息技术。互联网为观察科学技术与财富创造实践提供了良好的窗口。在诸多的科学技术中，之所以选择互联网作为科学技术的代表性案例，主要原因在于：第一，作为第三次科技革命的产物，互联网技术具有科学技术的典型特征。第二，互联网的实施地区最为广泛，开展时间持续性较长。我国互联网络发展经历了从"蹒跚学步"到"乘势而上"，再到"迈向网络强国"的历程，相较于某些短暂性特征的项目或技术，这种持续性开展具有较好的研究价值。第三，互联网的影响力广泛而深刻。互联网深刻改变了人与人之间的连接方式、经济增长的商业范式、社会群体的互动模式。随着我国互联网不断普及下沉和网络社交媒体飞速发展，互联网与财富创造活动的融合成为可能。基于此，选择互联网为分析对象，透视互联网条件下财富创造的现实情况。

我国互联网发展现状。自1994年4月20日我国正式接入国际互联网以来，我国互联网发展迅速，走过1990年代Web1.0阶段、2000年代Web2.0阶段、2010年代移动互联阶段，而后开始了2020年代智能物联阶段。网民、普及率、联结度等各类数据亦鲜明生动地昭示了我国社会以及我国与世界之间不断强化联结的发展过程（见表7-1）。与此同时，与互联网相关的电子商务、移动支付、在线金融、云技术、大数据和人工智能等领域的发展也在不断深入，将逐步成为我国经济发展和社会发展的新动力。

表7-1 我国互联网发展阶段划分

阶段	时间	技术特征	网民	普及率	联结度
1990年代	1990~1999	Web1.0	890万	<1%	弱联结
2000年代	2000~2009	Web2.0	3.84亿	27%	中联结
2010年代	2010~2019	移动互联	8.54亿	61%	强联结
2020年代	2020~2029	智能物联	全民	100%	超联结

资料来源：方兴东等《中国互联网30年：一种全球史视角——基于布罗代尔"中时段"的"社会时间"视角》。

第一，互联网普及率提升速度较快。《中国互联网络发展状况统计报告》显示，截至2022年6月，我国网民规模达10.51亿，互联网普及率达74.4%，较2021年12月新增网民1919万人，互联网普及率提升1.4个百分点。纵观我国的互联网普及率发展情况（见图7-1）发现，在短短十余年时间内，我国的互联网普及率（包括城镇、农村的互联网普及率）均经历了快速的提升。即使是在资源相对弱势的农村地区，现阶段也已经实现"村村通宽带"，农村地区互联网普及率达58.8%。

第二，互联网经济营收规模发展稳定，电子商务已成为我国经济的重要构成部分。互联网技术应用广泛，不仅包括与互联网本身的开发和应用紧密相关的基础性产业或行业，如电子信息制造业、软件产业等，还涉及文化娱乐、消费生活、教育服务、医疗服务等其他各个方面。当前，我国互联网经济已开始步入稳定发展期。《2020年中国网络经济年度洞察报告》显示，根据艾瑞更新版统计口径，2019年我国网络经济营收规模达到53774.2亿元，

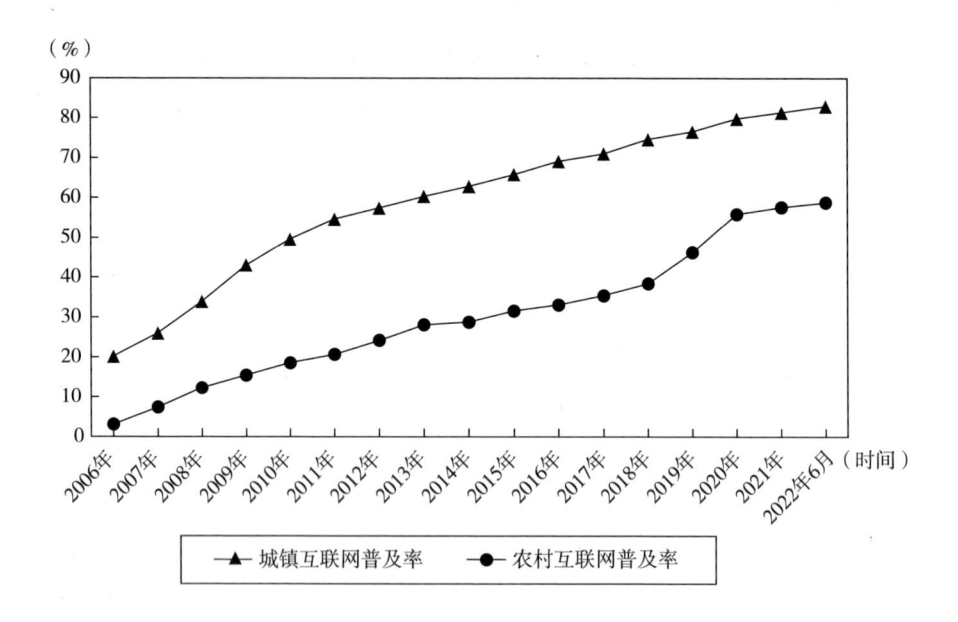

图 7-1 我国的互联网普及率发展情况

数据来源：笔者根据历次《中国互联网络发展状况统计报告》整理。

同比增速为 21.3%①。就互联网涉猎领域而言，电子商务是互联网经济细分领域当中最为重要的部分。以电子商务为代表的数字经济取得长足发展，对促进国民经济和社会发展发挥了重要作用。现阶段，我国电子商务市场交易规模呈现较强劲增长态势。商务部数据显示，我国的电子商务市场交易规模在 2021 年达到 42.3 万亿元，同比增长 19.6%②。

互联网条件下财富创造现状。随着信息技术革命的发展，基于"互联网"和"互联网+"的电子商务平台、互联网金融、智能生产等新资源，个体劳动者和企业实际上发现自己介于地球和互联网之间。新型活动、新型工作、新型

---

① 网络经济营收规模指基于经营互联网相关业务产生的企业收入规模之和，覆盖网络媒体、文化娱乐消费生活、互联网金融、在线教育、在线医疗、交通服务等核心消费互联网赛道；网络经济营收规模统计口径为企业营收（非交易规模），包括互联网广告、用户付费、服务佣金等多种收入模式；网络经济营收核算范围聚焦于消费互联网来源：综合企业财报及专家访谈，根据艾瑞统计模型核算。

② 《中国电子商务报告（2021）》。

服务层出不穷，社会创造财富的生产方式出现颠覆性创新。

第一，互联网激发个体劳动者开启财富创造新方式。互联网正深刻改变着微观个体财富创造方式，为不同类型个体的自身发展、致富之路提供了更多机会。对于个体劳动者而言，互联网催生出多样化的就业领域和职业类型，为各类人群积极拓宽收入渠道、共享数字发展红利搭建了良好平台。一是个体劳动者的就业格局进一步扩大，许多新的职业应运而生。这些职业包括人工智能培训师、区块链应用运营商、信息和互联网营销人员等知识密集型工作，以及劳动者密集型工作，例如外卖配送员和网约车司机。截至 2022 年 7 月，我国标注为数字职业[①]的职业达 97 个[②]。新型职业的出现在丰富劳动者的职业选择的同时，进一步增强了社会的就业吸纳能力。二是进一步拓宽与互联网相关个体劳动者收入渠道。互联网相关职业兼具就业容量大、进出门槛灵活、兼职性强等特点，有助于拓宽劳动者获得收入的新途径；与此同时，互联网相关职业可以激发劳动者的积极性、主动性和创造性，推动劳动者学习新知识、掌握新技能、增长新本领。

第二，互联网助力企业创新财富创造新业态、新模式。在互联网作为新媒介、新工具的生产方式下，分布式计算和云计算等正成为企业创新的重要渠道。传统企业纷纷依托于互联网进行商业模式创新，由此形成财富创造新方式。例如，在技术方面积极吸纳信息技术、大数据、互联移动等，在结构方面充分利用互联网促进跨域商业交易。以传统制造业为例，国家统计局数据显示，2021 年，我国每百家制造业企业平均拥有网站数 64 个，远超全行业企业平均数 48 个；其中，制造业有电子商务交易活动的企业[③]占比达到 10.7%，其电子商务销售额达到 71267.7 亿元，电子商务采购额达到 45330.7 亿元。[④] 可见，互联网可以从多方面帮助企业创造价值，以制造业为代表的传统企业在互联网应用方面也表现出了积极的态度。

---

① 数字职业是指从数字产业化和产业数字化两个视角，围绕数字语言表达、数字信息传输、数字内容生产三个维度及相关指标综合论证得出。
② 人力资源和社会保障部《中华人民共和国职业分类大典》。
③ 有电子商务活动交易的企业是指通过互联网开展电子商务销售或者电子商务采购的企业。
④ 《中国统计年鉴 2022》。

第三，互联网促进社会经济各领域财富快速积累。社会经济的发展涉及方方面面，属实是个复杂的综合系统。以金融经济为例，互联网为金融经济的发展提供动力。诸如，互联网金融可以加速资产池的构建和证券流通；提高借贷交易和资金结算效率；集中呈现交易需求，提高交易成功率，降低交易成本，实现资产的快速变现（黄志刚，2017）。即使是在乡村经济范畴中，"互联网+农业生产""互联网+乡村旅游"等乡村创业案例也是层出不穷。互联网成为农村人才返乡创业，催生创意农业、农村电商等新业态、新模式的有力工具。数据显示，截至2022年6月，累计有1120万人返乡回乡创新创业，平均每个主体带动6~7人稳定就业、15~20人灵活就业。①

基于上述现实背景，可以发现：互联网已经在一定程度上改变了个体劳动者、企业，甚至是社会财富创造的方式。财富创造方式突破时空局限，财富创造量亦随着资源利用范围的扩大而增大。

第二节　科学技术与财富消费

财富创造是财富管理过程的直接目标和关键环节。然而，从财富创造到财富消费贯穿于财富管理的整个过程。故此，财富消费并不是财富管理过程的终结，而是新的财富创造的缘起，亦是财富创造的目的。科学技术不仅是满足人类消费欲望的手段，更是促进财富创造供给与财富消费需求良性互动的有力杠杆。现阶段，科技与人类社会生活各领域的融合在不断拓展，如何理解科学技术与财富消费的关系，为消费提质升级提供价值指引，已成为我们必须面对的时代课题。鉴于此，本节拟揭示这两者的理论基础、相互关系及其现实表现。本节安排如下：首先，在梳理财富消费理论的基础上，归纳总结科学技术与财富消费的关系；其次，结合互联网典型案例，提供科学技术支持居民财富消费

---

① 中共中央宣传部"中国这十年"主题系列新闻发布会，2022年6月27日。

升级的现实证据。

一、科学技术支持财富消费升级的理论分析

若想清晰地阐述和证明科学技术在财富消费的确切角色，首先要明确财富消费的概念及其重要影响因素。按经济学的通常理解，消费是人类通过消费品满足自身欲望的一种经济行为，可分为生产消费和个人消费。两者区别的重点在于消费的用途，前者发生于生产过程，后者则发生于生产过程之外，即满足生活需要的过程。投资学视域下的消费概念与投资相区别，并从主体视角清晰划分家庭/居民、企业的投资和消费活动及其联系（见图7-2）。由此可见，家庭或居民的消费可理解为个人消费或非生产性消费，生产性消费则更多发生于企业主体。从资金流动的脉络来看，收入（在财富管理视角下，即财富创造、财富生产的结果）会显著影响着人们的消费活动。"人们的消费之所以比他们想要的少是因为他们受到收入的约束，或者说是限制。"因此，本节在梳理汇总财富消费理论时也会涉及收入与消费的相关内容，在此基础上，总结并论述科学技术支持财富消费升级的影响机理。

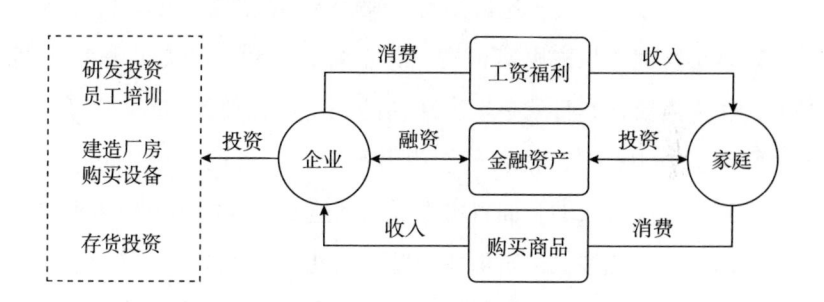

图7-2　家庭和企业的消费及投资活动

1. 科学技术与财富消费的理论基础

财富消费问题一直是经济学家关注的重点，研究者们围绕财富消费探讨可能对其产生影响的主要因素，并形成系统理论。此处，重点阐述财富消费与收入中主流观点"生命周期理论""持久性收入假说"，以及马克思财富消费

思想。

莫迪利安尼的财富消费思想。生命周期理论是美国经济学家弗兰科·莫迪利安尼（Franco Modigliani）财富管理思想中的重要内容。生命周期理论又称持久财产理论，聚焦人们的财富消费和储蓄行为，强调从整个人生的角度分析财富消费问题。该理论认为，人的一生会经历青年、中年和老年时期，因此，人们在进行财富消费时并不是仅根据现期收入决策，而是一生的收入，即综合考虑其所处的生命周期阶段以及其在整个生命周期内可能获得的总量财产和收入。这一决策的主要出发点在于实现家庭在整个生命周期的效用现值最大化。

米尔顿·弗里德曼的财富消费思想。持久性收入假说是米尔顿·弗里德曼（Milton Friedmann）对财富理性消费的观点总结。所谓持久性收入，是消费者行为与消费相一致的收入，其数值等于消费者预计其一生可获取收入的平均值或数学期望值。与之相对应的暂时性收入，即来自暂时性因素影响使其偏离持久性收入的部分。与此同时，消费也可划分为持久性消费和暂时性消费。该理论认为，人们在进行财富消费决策时，依据的是自身长期稳定的收入，而不是暂时性收入。这在一定程度上反映出，人们对财富进行管理时的出发点是长期的，既包括过去的收入状况，也涉及对未来收入的预期。

马克思财富管理思想之财富消费。关于财富消费，马克思曾言，"消费，作为必需，作为需要，本身就是生产活动的一个内在要素"。由此可见，在马克思财富管理思想中，财富消费是作为财富生产过程的一个环节出现的。同时，马克思致力于实现人的全面自由发展，而这是以人的多方面需求得到高度满足为基础的，其中就涉及财富消费问题。因此，马克思的财富消费思想既与财富创造相联系，又与人的发展密切相关，其主要观点可归纳为：第一，在财富消费与财富创造方面，消费表现为生产的要素。首先，"没有需要，就没有生产。而消费则把需要再生产出来"。马克思认为，消费的需要决定着生产，这是生产的前提和目的。其次，消费使生产的产品在现实中得以实现。"产品的使用价值通过消费环节才能得以实现，产品中蕴藏着的价值才能真正体现出来。"第二，在财富消费与人的发展方面，消费是满足人需要的环节。财富是具有使用价值并能够满足人们需要的物。消费的真正目的才是实现人全面而自由发展。恩格斯将人们的需要分为生活资料、享受资料、发展和表现一切体力和智力所需的资料。而要满足人们丰富的、多层次的消费需要，生产力的发展是其经济基础和制度保障。这意味着，随着生产力的高度发展和科学技术的不断进步，人民群众的需要将无限接近于满足其自由、充分发展的条件，人民的需要越来越接近于他们的本质。

综上所述，虽然财富消费理论并未直接揭示出科学技术的作用，但我们依然可以从中窥得部分理论启示。在论述财富消费与收入关系时，生命周期理论和持久收入假说两者皆隐含着一致逻辑，即人们在财富消费决策时需要考虑跨期因素，以跨周期财富消费实现跨期效用现值最大化。而在财富或资源的跨时空配置中，金融及金融工具的作用就显得尤为重要。进一步推论，随着科学技术在金融领域的创新应用，特别是其为消费者提供收入跨时配置与跨时消费的能力，如信用消费等，将会在一定程度上影响着人们财富消费决策。此外，从研究视角来看，这两种理论皆立足于家庭、居民分析其财富消费，这也为科学技术与财富消费关系探讨提供研究视角选择。从马克思财富消费理论来看，其对财富消费行为的刻画与人的发展相结合，并从财富管理过程视角分析消费与生产的关系。在此过程中，科学技术因素在财富消费中的作用也逐渐由隐含走向显化，由此暗示基于财富创造—财富消费路径分析科学技术与财富消费的可行性。

2. 科学技术支持财富消费升级的影响机理

前文财富消费理论喻示，可从居民或家庭以及生产领域分析其与消费的影响作用。因此，在探讨科学技术与财富消费关系时，拟基于消费供给和消费需求两层面分析科学技术可能产生的影响，在此基础上提炼此类影响进一步对财富消费产生的消费总量持续扩张效应和消费结构纵横优化作用效应（见图7-3）。具体阐释如下：

在消费供给层面。在供给端，生产是保障居民消费的重要条件。一方面，科学技术可以在生产环节通过作用于劳动者、劳动工具、劳动对象等进而转化为现实生产力，为居民提供新的消费产品和服务。这里面既包括产品和服务种类的丰富性，又涉及其内在的技术含量升级，即产品和服务的质量提升。以

社会环境与财富管理

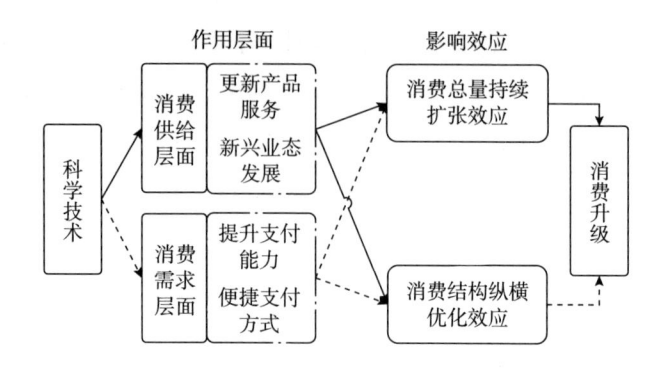

```
作用层面              影响效应
      ┌─────┬─────┐
      │消费 │更新产品│
      │供给 │服务  │──→ ┌──────┐
  ┌──┤层面 │新兴业态│   │消费总量│
  │科│     │发展  │   │持续扩张│──┐
  │学│     └─────┘   │效应   │  │
  │技│                 └──────┘  │ ┌──┐
  │术│                           │ │消│
  │  │     ┌─────┐               │ │费│
  │  │     │消费 │提升支付│      │ │升│
  └──┤     │需求 │能力  │        │ │级│
         │层面 │便捷支付│  ┌──────┐│ └──┘
         │     │方式  │  │消费结构│
         └─────┴─────┘  │纵横优化│──┘
                        │效应   │
                        └──────┘
```

图 7-3　科学技术支持财富消费升级的影响机理

5G 技术为例，在智能手机、智能医疗、智能家居等场景不断探索 5G 技术应用，必将促进信息产品和服务推陈出新，供给消费者更丰富、更高科技的应用产品。另一方面，科学技术的重大进步可以在生产领域推进传统业态升级，孕育新兴业态发展。例如，在文化消费供给领域，科技创新的不断推进，促进了文化产业各个环节的提升，如以通信技术联结广播电视网、电信网和互联网等文化传播渠道，以电子技术创新提供便携式的电子消费终端等方式，创新了文化消费新业态。

在消费需求层面。在需求端，支付是决定居民消费的物质基础。居民支付能力在科学技术创新发展及其在金融领域融合应用这一过程中得到了有效提升。例如，消费信贷的创新发展能够有效提升中低收入群体的金融可得性，从而释放家庭信贷约束，提升家庭可购买水平。与此同时，科技进步通过优化支付方式、渠道等提高支付便利性，促进消费者实现跨时间、跨空间消费，优化消费体验。科学技术在消费方式领域的丰富应用，如信用卡、分期付款、网络支付等可通过平滑机制使居民提升当期消费。有研究表明，作为科技和金融深度融合的代表，数字普惠金融既能够缓解消费者流动性约束、优化收入结构，同时也实现了支付便利性的提高，优化了消费体验（宋科等，2022）。

消费总量持续扩张效应。图 7-3 显示两个层面和两大效应之间并非一一对应或相互独立关系，里面涵盖交叉内容。从消费总量持续扩张效应来看，作为消费升级的一个维度，其表现为消费规模扩大和数量扩增。从消费供给来看，科技进步保障了产品供给的数量提升、品种丰富以及服务供给的便捷化、个性化，为消费者提供更多的产业及服务选择。从消费需求来看，居民支付水平和支付方式对居民基本消费水平有重要影响。科技的发展可以减少信贷和预算约束，放松消费者的流动性约束，提高居民的即期消费能力，从而促进居民的消费。科技的发展为居民消费带来更加高效便捷的支付方式，降低消费者消费的各种成本，也增加心理负担消费带来的收益，从而促进消费者的消费行为更加积极。

消费结构纵横优化效应。消费结构优化包含两个维度：一是纵向维度，即在同一类消费产品或服务范畴实现由粗制向优质的转变；二是横向维度，即在不同类消费产品或服务范畴实现从生存型消费到发展和享受型消费的转变。从消费供给来看，一方面，科技进步逐步增加了人类消费的内容，丰富了消费选择，居民的消费需求从生存需求向发展需求和娱乐需求转变，消费方式得到改善；另一方面，新的服务模式、消费业态可以增加产品的内在价值，创造新的消费需求。从消费供给来看，作为影响居民消费的决定性因素，居民的支付能力越高，越容易得到满足。支付方式的便利化使消费者在消费能力范围内更便捷高效地获得最优的生活解决方案，这使得消费发展和享受的需求日益刚性化。

综上所述，科学技术对财富消费的影响主要体现在：一方面，作用于消费供给层面，即财富创造环节，科学技术作为生产要素或生产资料在财富创造过程中发挥作用，并通过重塑新产品、新需求、新业态等推动消费水平提高和消费结构优化，实现消费升级；另一方面，作用于消费需求层面，即财富消费环节，科学技术进步推动缓解流动性约束、优化收入结构并提高支付便利性，优化消费体验进而提升消费水平、促进消费升级。

二、科学技术支持我国居民财富消费升级的现实图景

为充分理解我国国情下科学技术与居民财富消费的关系，在总体刻画我国居民财富消费现状的基础上，选择互联网典型案例，分析其对居民消费的影响效果，以此窥得科学技术支持居民财富消费升级的现实场景。

1. 我国居民财富消费概况

从居民财富表现形式来看，最直观的当属可支配经济收入，收入水平及其可持续性约束影响居民消费。若从财富管理意义上看,居民财富更多地指向可投资资产,特别是金融资产。为简便分析,分别从可支配经济收入和可投资资产两个维度讨论我国居民财富消费现状。

可支配收入下居民财富消费状况。图7-4刻画了我国居民财富消费水平变化情况。从绝对规模来看,进入21世纪以来,我国居民消费水平伴随着收入的快速增长实现了持续提高,2021年居民人均消费支出达24100元,远远超过2000年的3721元。然而,其平均消费倾向(即居民人均消费支出占人均可支配收入的比重)下降趋势较为明显。这意味着,虽然居民家庭财富流量随居民收入的提高而增加,但居民消费行为却趋于谨慎,在一定程度上反映出居民消费潜力有待进一步发挥。进一步结合居民消费率数据发现,居民消费率(居民消费占国民生产总值的比重)与居民消费水平上升趋势相反,呈轻微下降态势。2000~2010年,居民消费率以快速下降之势,从46.96%降低至34.63%,随后,居民消费率稳步回升,并提高至2021年的38.25%。但整体数值仍远远低于世界主要国家平均水平。

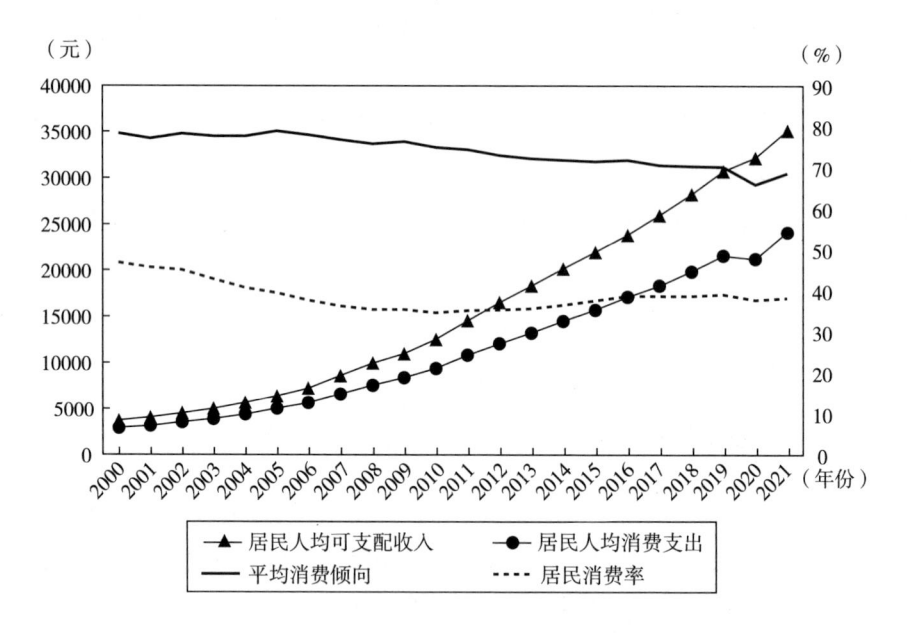

图7-4 我国居民消费水平变化情况

数据来源:国家统计局。

居民人均消费支出可进一步解构为食品烟酒、衣着、居住、生活用品及服务、交通通信、教育文化娱乐、医疗保健、其他用品及服务八个方面。图7-5进一步刻画出这八类分项支出占居民人均消费支出的比重情况。可以发现，随着居民收入水平提高，居民消费结构持续优化升级，居民在交通出行、子女教育、医疗服务等领域消费快速增长。服务性消费支出①占比逐步提高，2021年居民人均服务性消费支出占人均消费支出的比重为44.2%。

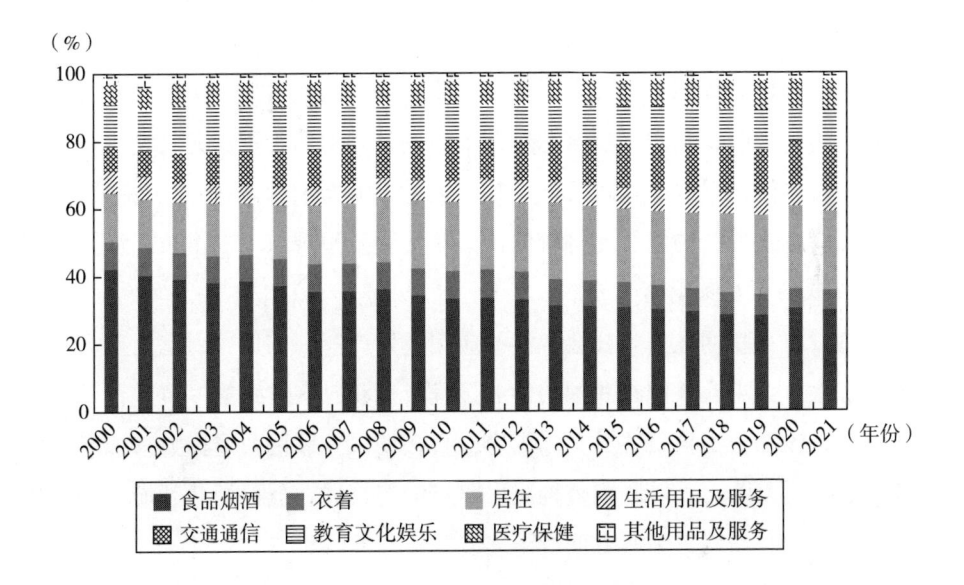

图7-5 我国居民消费结构

数据来源：国家统计局。

可投资资产下居民财富消费情况。居民财富的配置本身就体现着消费属性。《中国家庭财富调查报告2019》② 数据显示，在财富总量上，2018年我国家庭人均财富值达208883元，比2017年的194332元增长了7.49%，增长速

---

① 服务性消费支出是指住户用于餐饮服务、教育文化娱乐服务和医疗服务等各种生活服务的消费支出。

② 由经济日报中国经济趋势研究院负责组织实施的"中国家庭财富调查"项目发布的，从家庭财富的金融资产、房产净值、动产与耐用消费品、生产经营性资产、非住房负债以及土地等方面，对当前我国家庭财富的基本状况展开分析。

度高于同期人均 GDP 增速（6.1%）；在财富配置结构上，房产占七成，其中，城镇居民家庭房产净值占家庭人均财富的 71.35%，农村居民家庭房产净值占比为 52.28%；在金融资产分布上，现金、活期存款和定期存款占比高达 88%，接近九成，高储蓄率在一定程度上与医疗、养老和子女教育等预防性需求相关。根据《中国财富报告 2022》显示，在财富总量层面，2021 年我国居民财富总量①已达到 687 万亿元，接近 700 万亿元，居全球第二位，仅次于美国，户均资产也达到了 134 万；在财富结构层面，实物资产（主要表现为房地产）占总财富比重高达 69.3%，金融资产占比 30.7%；在金融资产分布上，现金和存款占比达 53%，权益资产和公募基金占比约 19%。以上财富及其配置数据表明，当前我国居民财富总量在不断提升，但实物资产尤其是房产在居民财富中占比依然很高，这也反映出房产在家庭财富中的重要性。相较之下，虽然居民对金融资产的配置比例较低，但其配置量呈现出不断增长趋势。

2. 互联网与居民财富消费

现阶段，互联网在人类社会生活的应用越发广泛，与居民财富消费亦呈现出融合态势。关于互联网在我国的发展过程及现状已在本章第一节进行了简要说明，所以该部分不再赘述其具体内容，直接切入互联网对居民财富消费的影响效应。一言以蔽之，互联网重构居民财富消费模式，居民消费领域、消费场景、消费结构、消费行为等方面皆随之变化。

第一，在消费领域方面，逐渐形成了覆盖衣食住行全领域的数字消费体系。互联网发展先后经历了线上模式创新、线下实体产业融合的发展轨迹，实现了从上网、上线到上云、上链的数字化进程。2007 年之前，我国主流互联网应用主要集中在信息传播和娱乐领域，如网络新闻、即时通信、搜索引擎、网络视频及网络游戏等。此后，随着 4G 网络时代到来，商务交易类和公共服务类互联网应用，如网络购物、网上支付、在线教育、在线出行等开始高速发展，形成了覆盖衣食住行各个领域的数字生态体系。第 50 次《中国互联网络发展状况统计报告》统计，到 2021 年，报告涉及的基础应用类、网络娱乐类、

---

① 任泽平团队认为居民财富主要包括金融资产和住房资产，其中，居民所持金融资产包含通货及存款、居民理财、股票、债券、公募基金、私募股权、信托、保险准备金及黄金。

商务交易类、公共服务类应用的用户规模均超过 1 亿。

第二，在消费场景方面，从线上消费逐步转变为线上线下融合消费。早期的网络消费以线上购物辅以线下付款的形式展开。图 7-6 清晰地展示出我国网络购物与网络支付用户规模，可以发现，到 2015 年 12 月，我国网络支付用户规模达 4.16 亿，首次超过网络购物用户规模，表明互联网逐步深入线下消费场景，出门"无钱包"、消费"无纸币"习惯初步养成。特别是 2020 年新冠肺炎疫情暴发以来，网络支付与无接触支付等方式深度结合，成为继即时通信、网络视频（含短视频）后的第三大网络应用，线上线下融合消费基本成型。

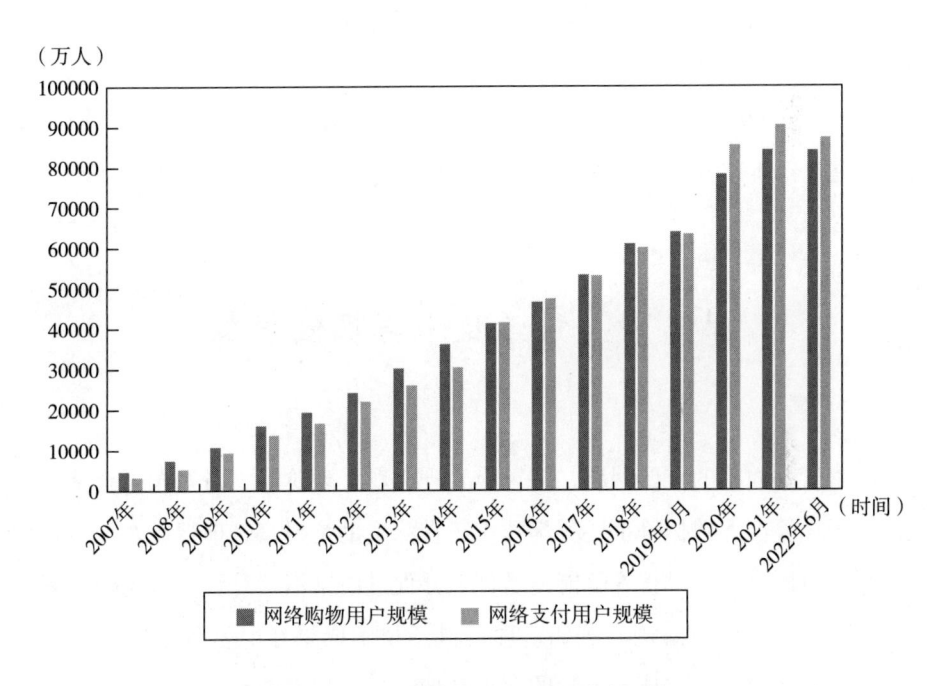

图 7-6 网络购物与网络支付用户规模

数据来源：第 50 次《中国互联网络发展状况统计报告》。

第三，在消费结构方面，从以实物消费为主转变为"实物+服务"消费双轮驱动。一方面，自电子商务兴起以来，网上实物商品日益丰富，从 2016 年至今，零售规模逐年增加，占网上零售总额的比重保持在70%以上。[①] 另一方面，互联网提供大量免费内容服务及软件服务，促使以流量消费、时间消费为特点的新型消费快速增长。从2001年12月到2022年6月，我国网民每周上网时长从8.5小时增长至29.5小时，互联网与人们的生产生活结合日益紧密。同时，越来越多的实物商品成为定制化、智能化服务的载体，形成"实物+服务"同步发展的消费格局。

第四，在消费行为方面，搜索型消费逐渐向推荐型消费转变。传统的网络消费行为主要基于对产品及服务的信息搜索展开，而随着大数据、人工智能技术的发展，基于算法的个性化推荐逐渐成为主流。此外，网络直播、网络社交推动社交媒体营销兴起，利用人与人之间的口口相传拉动消费增长，形成网红经济、信任经济等新经济模式。从2020年6月到2022年6月，我国电商直播用户规模从3.09亿增长至4.69亿，年复合增长率达23.2%；网民使用率从32.9%提升到44.6%，两年增长11.7个百分点。

第三节　科学技术与风险管理

财富管理面临的首要问题，即风险管理问题。现阶段，诸如人工智能、区块链、云计算、大数据等重要科学技术正在深度助推财富管理行业发展，正如本章前两节所言，科学技术赋能财富创造并促进财富消费升级，但风险从来不会因科技发展而销声匿迹。例如，现代科学技术成果在财富管理领域不当运用，可能会导致金融与技术风险的双重叠加；科学技术在推动财富管理机构提供跨时空、跨地域的财富管理服务时，可能提高金融风险的传播速度和传染性；当财富管理产品贴上科技标签，也可能导致金融风险变得更加隐蔽和复杂。因此，深入分析科学技术在财富管理应用中面临的风险，厘清风险产生缘

---

① 《国民经济和社会发展统计公报》。

由及传导路径,对于推动我国财富管理市场高质量发展具有重要现实意义。

一、科学技术与风险管理的理论分析

本节试图回答以下几个问题:风险管理的理论基础是什么?科学技术下财富管理面临哪些风险,以及风险是如何产生和传导的?

1. 风险管理的理论基础

目前,风险一词已成为人们生活中出现频率很高的词汇。当分析特定领域具体事务风险问题时,现有研究通常使用"研究领域+风险"的语言结构,诸如科技风险、法律风险、道德风险等。正如财富管理风险,财富管理作为定语描述了风险发生的具体领域。风险的概念也随着人类活动的复杂性和深刻性而逐步深化,并与人类的决策和行为后果联系得越来越紧密。风险可以理解为未来结果的不确定性或损失,也可以进一步定义为个人和群体在未来获得收益和遇到损失的可能性以及对这种可能性的判断与认知。关于风险管理,较权威的定义是美国学者威廉姆斯(Williams C. Arther)和汉斯(Heins Richard M.)在其合著的《风险管理与保险》一书中所提出的:风险管理是根据组织的目标或目的以最少费用,通过风险识别、测定处理及风险控制技术把风险带来的不利影响降到最低程度的科学管理。这个定义表明:风险管理的目标是以最低的成本实现最高的安全保障;风险管理的过程包括对风险进行识别、评估和控制等;风险管理是一个动态的过程。各国学者在此基础上对风险管理进行不断的补充发展,现已构建了以风险识别、风险评估、风险应对、贯彻风险决策和风险管理的检查评价为主线的完整的理论体系。风险管理理论认为:风险是客观存在的不以人的意志为转移,但是有风险并不等于不安全,只有当风险积累到一定程度,使系统发生质变而崩溃时,其危险性才会充分显示出来,因此对风险要见微知著,要步步为营地防范,以防从量的积累酿成质的突变。

实质上,风险管理解决的是系统存在几种可能的风险、产生风险的原因是什么、风险事件后果有多大、风险是否可被接受、是否需要采取相应的措施以及何种措施等问题。当对象是科学技术下的财富管理风险时,要实现对其风险管理,全面系统反映风险情况,前提是充分了解科学技术下的财富管理面临的风险类型和产生环节,这就涉及财富的流动,涉及财富管理的过程,涉及科学技术在财富管理的具体应用场景。当前,《金融从业规范 财富管理》行业标准出台,对财富管理的定义、财富管理客户分类以及财富管理从业人员的职业级别、职业能力、职业道德与行为准则等都进行了明确的规定;一系列金融科技政策、指引相关文件密集发布,对金融企业数字化转型、银行保险机构信息科技相关风险管理措施都进行了进一步明确及细化。在此背景下研究科学技术下财富管理风险是必要且实际可行的。

2. 科学技术下财富管理风险的生成与传导

要想厘清科学技术下财富管理风险的影响机理,首先需要对财富管理风险有一个清晰的认知。现有文献研究中仅有部分学者使用"财富管理风险"这一名词,多数研究基于金融风险视角探讨财富管理风险的相关问题。形成这一现状的主要原因在于,一方面,财富管理这一名词在我国官方文件于近期才出现,2021年12月29日,中国人民银行发布中华人民共和国金融行业标准《金融从业规范 财富管理》首次定义财富管理。另一方面,从财富管理主体和内容来看,财富管理的很多业务工作如资产配置等在实践操作中由传统金融机构进行,财富管理业务构成传统金融机构业务的重要组成部分。基于这一层面来看,金融风险与财富管理风险在一定程度上具有内容类似性。在风险构成方面,有研究认为宏观层面的财富管理风险主要体现为国家利益流失风险、信用风险、市场风险与管理风险(孙国贸,2020)。

从主体来看,财富管理主体即财富管理产品或服务的供给者,既包括传统金融机构,又涉及第三方财富管理机构。面对财富管理产品和服务的需求者,供需双方通过各类交易渠道、市场进行互动联结。对于财富管理机构主体而言,其在财富管理业务不同环节中面临的风险类型存在差异。从过程来看,基于风险管理理论,财富管理风险实质上是蕴含在财富管理的各环节中,要实现全面揭示财富管理风险,则有必要从财富流动的视角对财富管理风险进行重分类,并遵循重要性原则,识别风险的影响因素。财富管理过程可从宏观和微观两个层面分析,其中,宏观层面可理解为"创富—守富—享富—传富";微观层面的财富管理则更聚焦于财富的保值增值,实务中金融机构的财务管理业务开展流程是其典型代表，这也是本节研究选择的切入点。从环境来看，财富管理业务会受到诸如战争、文化、人口、法制、经济周期、科学技术等社会环境的影响，环境因素会对财富管理各环节产生不确定性的冲击，是风险识别中必须考虑的因素。本节专注科学技术层面，探讨分析科学技术应用可能会对财富管理不同环节引致的风险可能性。鉴于此，基于"主体—过程—环境"逻辑，分析在科学技术环境中财富管理机构在财富管理过程中可能遇到的风险及产生原因。

《金融从业规范　财富管理》明确规定，财富管理从业人员服务流程包括了解客户背景、发掘客户需求、确定客户目标、拟订方案、选择方案、执行方案、监督与再平衡方案、维持客户关系八个环节。如果从财富管理产品或财富流动的视角来看，上述环节可以简化为决策前期阶段和投资阶段两大类，其中决策前期阶段涵盖从了解客户背景到确定客户目标，这一阶段几乎不涉及资金的流动，重点在于基于客户关系管理。科学技术在一阶段的应用主要表现在智能客服、客户区分方面，即利用人工智能、机器学习等技术对客户的海量数据进行需求、特征、偏好分析，进而将客户分为若干个群体，提高客户营销管理效率。投资操作阶段涵盖投资方案的制定和选择、客户对财富管理产品的买入以及赎回等，这一阶段资金流动频繁，这也是各类风险的并发点，如经营风险、市场风险、流动性风险、信用风险等。第一，管理风险。在财富管理产品的经营管理中，财富管理机构的经营情况、管理水平、内部控制的有效性、财富管理业务从业人员素质（包括对专业知识、市场经验的掌握和判断能力以及个人诚信品质等）等都会影响其对产品价格走势的专业判断，会在整个财富管理过程中综合影响机构的财富管理业务绩效。第二，市场风险。市场风险主要发生于投资操作阶段。现阶段财富管理机构所提供的财富管理产品涵盖股票、债券、外汇等，此类金融产品的价格常伴随着资本市场的波动而波动。第三，流动性风险。对于财富管理机构而言，保持适当的流动性是关键且必需的。一旦其财富管理产品缺乏足够的流动性时，财富管理机构可能为求得变现而选择以不合理的市场价格出售，这一过程中会面临资产损失。第四，信用风险。信用风险主要发生在客户对财富管理产品的赎回阶段，财富管理机构的信用情况是其关键影响因素。当财富管理机构存在资不抵债等情况时，对于投资者而言，其可能会遭受一定程度的投资收益损失，甚至会出现本金的损失。

随着科学技术在财富管理过程的引进和应用，各类风险是否会发生变化呢？这也是对财富管理领域科学技术风险特征或风险功能的分析。从风险特征来看，一是存在加剧风险的可能性。如在管理风险方面，相较于传统金融工具，基于大数据、人工智能、区块链、云计算等的科技产品其技术性与复杂性更高，若财富管理从业人员专业素质无法与其一致，则可能存在人工操作不当等问题。技术本身也可能存在技术不完备、不成熟、技术失控等问题。再如流动性风险方面，科技的应用提高了财富管理产品交付与服务反馈的效率，使财富管理客户在不同种类的账户、不同类型的金融机构进行资金转移更为便捷。资金的快速转移容易增加财富管理机构面临的流动性风险等。二是加剧风险传染。各类风险之间并非相互独立，而是会交织、传染进而形成复杂性、系统性风险。科学技术的应用增强了财富管理机构之间的关联性，基于网络传播可能催生新的传染渠道，加剧风险传染速度。一方面，科技让理财产品数据和业务实现跨机构互联互通，无形中增加风险传染的可能性。另一方面，科技尤其是金融领域本身自带的强大网络效应，会引致一定的制度性风险事件和网络安全事件，牵扯人数多、影响面广。

二、科学技术与风险管理的现实考察

现阶段，科学技术与财富管理的融合越发丰富。从行业发展热点来看，财富管理、金融科技、风险管理构成财富管理高频词汇，这也是金融机构核心能力建设要点。因此，选择金融科技典型案例，在总体刻画金融科技与财富管理的基础上，分析财富管理领域金融科技的风险特征及其风险管理功能。

1. 金融科技的内涵界定

从词义来看，金融科技（FinTech）由金融（Finance）和科技（Technology）构成，但并不是两个词的简单组合，而是代表了两者的动态融合。从官方解释来看，《金融科技（FinTech）发展规划（2019—2021年）》中明确，金融科技是技术驱动的金融创新，旨在运用现代科技成果改造或创新金融产品、经营模式、业务流程等，推动金融发展提质增效。这一概念充分揭示出：金融科技的本质在于金融，现代科学技术成果是其实现金融业提质增效的有效工具手段。从金融科技涉及的范围来看，按照巴塞尔银行监管委员会的规划，主要涵盖存款、贷款以及融资、资金清算及付款、投资管控和加强金融科技市场的基础建设等。当前阶段，从金融科技涉及的现代科技成果来看，主要涵盖人工智能、大数据、云计算、物联网等信息技术，典型如利用大数据、物联网等技术分析客户金融需求；运用大数据、人工智能等技术建立金融风控模型；利用移动互联网、人工智能、大数据、影像识别等技术推动智慧网点建设；探索人工智能技术在资产管理、授信融资、客户服务、精准营销、身份识别、风险防控等领域的应用等。立足当前回顾历史，譬如20世纪60年代的自动取款机（Automated Teller Machine，ATM）、1985年国内首张信用卡——"中银卡"（BOC CARD）、2010年招商银行推出的远程银行、2018年中国建设银行开业的首家无人网点等。可以说，金融科技一直在推动各类金融机构从线下走向线上，从纸质走向电子化。

2. 我国金融科技的发展演变

国际证监会组织（International Organization of Securities Commissions，IOSCO）将金融科技发展历程划分为"政策主导、资本扶持的1.0""科技推动金融创新、驱动政策完善的2.0""科技与金融深度融合、释放产能的3.0"三个阶段。其中，金融机构内设IT机构、移动云联网的应用、IT新技术分别是三个阶段的标志。从我国金融科技的发展演变来看，在2004年之前，金融科技的概念实际上已经出现，但当时主要以金融机构的IT系统为主，处于金融科技时代1.0。2007年支付宝的出现则标志着中国进入了金融科技时代2.0。2013年余额宝的出现加速了各金融机构上云网络的进程，普惠金融、云保险等业务纷纷落地，云银行也迅速崛起。如今，金融科技已经步入3.0时代，以云计算、大数据、区块链、人工智能等新兴技术为代表，不断与金融业融合。这些新技术的应用，为金融机构提供了更高效、更便捷、更安全的服务，也让金融市场的竞争更加激烈、创新更加频繁，推动了金融产业的快速发展。金融科技的应用已经被广泛地应用于银行、证券、保险、支付等领域，普及率越来越高。可以预想未来金融科技会在金融行业继续发挥重要作用。

3. 金融科技在财富管理中的典型应用

现阶段，随着"房住不炒"等政策的落实、居民财富的快速积累及向金融资产的逐渐转移，财富管理市场规模快速扩容，财富管理行业格局不断发展壮大。金融科技在财富管理行业中发挥着越发重要的作用，典型如需要运用人机交互技术进行智能投顾服务，增加客户财富管理服务和产品的获得感；需要运用云计算处理海量服务和产品以及客户数据，以实现服务及产品与客户的个性化对接等。中华人民共和国金融行业标准《金融从业规范　财富管理》明确列出金融科技在财富管理领域中的创新应用。例如，通过人工智能、大数据等技术实现与完善证券分析、算法交易、风险智控、对投资组合的诊断与优化、自动调仓及再平衡等投资管理和资产配置功能。如果从财富管理营销、渠道、产品及服务等视角分析，金融科技一方面可以精准分析客户画像，判断风险偏好，识别客户的潜在需求；另一方面能够通过移动客户端、互联网站等，优化运营资源配置，识别交叉销售商机；同时还可以为客户提供匹配其风险偏好的定制化投资组合，挖掘及识别宏微观信息中的风险信号、设置热点预警，触发资产组合再平衡，提升产品设计及客户服务效率。当前，从以产品为中心的卖方销售模式转向以客户为中心的买方模式是财富管理机构的共同努力方向。智能投顾就是围绕客户搭建的投顾体系中重要组成部分。所谓智能投顾（Robo-Advisor，RA），就是人工智能技术在财富管理中应用的典型实践。其工作原理在于由虚拟机器人根据客户的财富管理需求，结合现代投资组合理论，通过算法和产品搭建数据模型，进而提供财富管理服务。相较于传统人工顾问，智能投顾兼具无门槛限制、佣金费用低、信息透明度高、客户个性化服务等特点。

4. 金融科技与财富风险管理

金融科技的风险特征。金融科技在驱动财富管理行业管理模式和服务模式变化升级的同时，也面临着风险问题。关于金融科技应用中面临的风险问题，现有研究探讨丰富。主要观点包括：金融科技并未消除金融运行过程中的信用、安全性、技术的可持续性和系统性风险（巫云仙，2016）；金融科技的不当应用、信息披露缺失等可能触发数据安全与信息科技风险、信用风险、合规性风险等（杨东，2017）；由于技术漏洞、系统缺陷、技术失灵等原因可能导致金融科技应用偏离目标结果（袁康，2021）；金融科技在通过放大市场波动、加剧风险传染、加剧风险集中等方式增加系统性金融风险的同时，也会增加诸如法律风险、信息科技风险、第三方外包风险等非金融类型风险（刘志洋，2021）；金融科技通过增强机构间的风险传染效应，加剧银行业系统性风险（刘孟飞、罗小伟，2022）；金融科技使用不当可能会加剧现有金融风险的隐蔽性、突发性与传染性，软硬件设施不完善、系统漏洞等问题也可能产生新的科技风险（薛启航等，2022）。综上所述，财富管理中应用金融科技面临的风险问题可根据风险产生时间分为传统风险、新兴风险等。其中，传统风险主要涵盖金融市场固有的信用风险、市场风险、系统性风险等，此类风险并不会因为金融科技的应用而消弭，而是仅在一定程度上得到抑制或者以其他更为隐蔽的方式存在。新兴风险主要与新模式、新业态相关，如新技术风险。金融技术严重依赖互联网、云计算、区块链和人工智能，技术本身难免存在先天缺陷，如技术不完善、系统漏洞、网络安全导致财产暴露风险和理财客户信息等。此外，金融科技还具有交织整合传统金融风险、新技术风险、系统性风险等多重风险的能力。金融机构之间、金融机构与其他市场主体的联系，使各种风险的传播速度更快，感染渠道更多样化，更具传染性。

  金融科技的风险管理功能。正如同一枚硬币有两面，对于风险而言，财富管理中金融科技的应用亦是一把双刃剑。金融科技在带来风险不确定的同时，其本身也是风险管理的有力工具，正如前文金融科技在财富管理中的典型应用部分所言，风险智控、智能投顾等应用有助于财富管理机构增强风险管理能力。从风险管理系统整体而言，借助于金融科技的创新发展，财富管理机构在风险管理体系建设方面正逐渐向智能风控建设转化，金融科技的前瞻性让风险全程实时监控。细化财富管理业务流程来看，在与客户联系的前期阶段，诸如了解客户背景、发掘客户需求、确定客户目标等环节，对客户进行合理分层、风险甄别是关键，金融科技的风险管理功能主要体现在评估客户风险及其偏好，精准化提供财富管理产品和服务营销。例如，金融机构通过使用人工智能、大数据、机器学习等金融科技对财富管理客户的海量数据进行信用分析等。在提供财富管理产品和服务的操作阶段，诸如拟订方案、选择方案、执行方案以及监督与再平衡方案等环节，金融科技的风险管理功能主要体现在风险计量模型评估选择、投资绩效评估等方面，帮助客户及机构实现风险分散精益化。一方面，借助金融科技为客户提供定制化策略即匹配其风险偏好的定制化投资组合，有助于分散金融风险。理想情况下，人工智能投资顾问可以根据每个投资者的个人风险偏好为投资者定制服务，形成不同类型的交易策略。在正常市场条件下，拟议的投资策略彼此之间的相关性极小。另一方面，借助金融科技挖掘及识别宏微观信息中的风险信号、设置风险预警，进行投资组合再平衡。例如，"人工智能和机器学习等技术可以更好地处理资本市场信息，制定更好的对冲策略"。可以说，金融机构运用金融科技的背后都体现了风险管理的功能，借助金融科技，可以提高风险管理的效率，获取风险信息，提高资产管理风险的集中度和准确性。

参考文献

[1] Spoerer Mark, Jochen Fleischhacker. Forced Laborers in Nazi Germany: Categories, Numbers, and Survivors [J]. Journal of Interdisciplinary History, 2002, 33 (2): 169-204.

[2] Amihud Y. Illiquidity and Stock Returns: Cross-Section and Time-Series Effects [J]. Journal of Financial Markets, 2002: 31-56.

[3] Asness C., T. Moskowitz, L. Pedersen. Value and Momentum Everywhere [J]. Journal of Finance, 2012, 68 (3): 929-985.

[4] Chen N., R. Roll, S. Ross. Economic Forces and the Stock Market [J]. Journal of Business, 1986, 59 (3): 383-403.

[5] Doskov D., T. Pekkala, R. Ribeiro. Tradable Aggregate Risk Factors and the Cross-Section of Stock Returns [C]. Social Sciences Research Network Working Paper Series, 2013.

[6] Frazzini A., L. Pedersen. Betting Against Beta [R]. Working Paper, 2013.

[7] W. Bowden, M. Karporich, A. P. Usher. An Economic History of Europe Since 1750 [M]. New York: American Book Company, 1937: 363-364.

[8] 安铁通. 论科学劳动与价值创造及财富创造的关系 [J]. 生产力研究, 2011 (1): 25-26+102.

[9] 白光昭. 财富管理的几个问题 [J]. 中国金融, 2020 (10): 135-137.

［10］白光昭．财富纵横谈［J］．大众理财顾问，2015（4）：45-46．

［11］白光昭．财商宣言［J］．山东工商学院学报，2019，33（1）：1-2．

［12］白光昭．我国财富管理发展的总体框架研究——基于青岛财富管理金融综合改革试验区的经验［J］．山东工商学院学报，2019，33（1）：3-16．

［13］白光昭．新时代财富管理十项原则［J］．山东工商学院学报，2020，34（1）：1-3．

［14］鲍乐东．如何健全家族财富管理与传承的法律环境［J］．法制博览，2021（34）：81-82．

［15］保罗·波斯特．战争经济学［M］．北京：中国人民大学出版社，2010．

［16］卜永祥，靳炎．中国实际经济周期：一个基本解释和理论扩展［J］．世界经济，2002（7）：3-11+80．

［17］卜振兴．资管市场投资者教育问题探析［J］．管理工程师，2019，24（2）：68-72．

［18］蔡昉．人口转变、人口红利与刘易斯转折点［J］．经济研究，2010，45（4）：4-13．

［19］蔡概还，陈进．发展家族慈善信托解决家族企业管理与传承痛点［J］．中国银行业，2019（4）：93-95．

［20］陈倩．美日贸易摩擦的演进过程、经验教训及对我国的启示［J］．西南金融，2019（3）：12-22．

［21］储宇奇，刘日星．生育政策变迁背景下子女数量与家庭消费行为——基于家庭生命周期理论的分析［J］．商业经济研究，2021（18）：69-72．

［22］褚俊英．中西古代财富观的比较与启示［J］．思想战线，2009，35（3）：123-124．

［23］崔辉．美国次贷危机的影响、原因及启示［D］．河北大学，2009．

［24］大卫·李嘉图．政治经济学及赋税原理［M］．郭人力，土业南译，

上海：商务印书馆有限公司，2021.

[25] 董德志，金佳琦. 贸易战之危与机：美日贸易战史鉴 [J]. 金融市场研究，2018（4）：128-136.

[26] 恩格斯. 家庭私有制和国家的起源 [M]. 北京：人民出版社，1962.

[27] 付一婷，陈志宏，孙玉祥. 经济周期、财政政策周期和货币政策周期的时变关联机制研究 [J]. 金融发展研究，2023（2）：3-15.

[28] 邰哲. 基于投资时钟原理的中国大类资产配置研究与实证 [J]. 河北经贸大学学报，2015，36（3）：49-54.

[29] 戈登. 伟大的博弈：华尔街金融帝国的崛起：The Emergence of Wall Street as a World Power：1653-2004 [M]. 北京：中信出版社，2005.

[30] 宫汝娜，张涛. 子女数量对家庭生活质量的影响研究——基于二孩家庭消费视角的分析 [J]. 价格理论与实践，2020（9）：72-75+178.

[31] 巩勋洲，尹振涛. 人口红利、财富积累与经济增长 [J]. 中国人口科学，2008（6）：33-39+95.

[32] 巩阅瑄. 跨文化流动经历与家庭资产配置 [D]. 西南财经大学，2021.

[33] 顾佳骅. 基于经济周期的中国大类资产配置研究 [D]. 南京大学，2015.

[34] 郭升玺. 全球化背景下的中国家族财富管理 [J]. 城市开发，2018（19）：60.

[35] 韩田. 金融周期与经济周期的测算与比较：以新兴国家为例 [J]. 统计与决策，2022，38（15）：132-138.

[36] 何光喜. 我国公众对科学技术的态度及其影响因素研究 [D]. 中国社会科学院研究生院，2022.

[37] 何庆江. 论我国证券民事赔偿中的弱者保护——以虚假陈述制度为中心 [J]. 政法论丛，2003（6）：55-59.

[38] 黄俊虎. 中西方文化背景下财富观比较 [J]. 佳木斯教育学院学

报，2013（9）：464-465.

［39］黄美龄．美国次贷危机的成因、影响与启示［D］．厦门大学，2008.

［40］黄志刚．财富创造与供给侧改革［J］．中国社会科学院研究生院学报，2017（2）：60-68.

［41］侯力源．资管新规对 GS 证券公司资产管理业务影响的案例研究［D］．江西财经大学，2021.

［42］简建平．中西方"财富观"演变路径分析［J］．经济研究导刊，2015（22）：1-2.

［43］江伟．全球宏观经济周期与资产轮动——基于中国视角的美林投资时钟修正研究［J］．全国流通经济，2021（20）：3-7.

［44］杰烈维扬科．第二次世界大战史：1939-1945 年．第 3 卷［M］．上海：上海译文出版社，1981.

［45］金德尔伯格．世界经济霸权：1500~1990［M］．北京：商务印书馆，2003.

［46］靳卫萍．从收入分配改革到现代国民财富分配体系的建立［J］．经济学动态，2013（10）：29-35.

［47］孔庆龙．家族财富管理与民营企业可持续发展——企业与家族二元治理下的三极互动效应［J］．清华金融评论，2018（10）：26-29.

［48］李彩霞．居民家庭资产偏好的中美比较［D］．天津财经大学，2014.

［49］李建伟，周灵灵．中国人口政策与人口结构及其未来发展趋势［J］．经济学动态，2018（12）：17-36.

［50］李鹏程．中美富裕家庭资产配置比较研究［D］．对外经济贸易大学，2015.

［51］李涛，陈斌开．家庭固定资产、财富效应与居民消费：来自中国城镇家庭的经验证据［J］．经济研究，2014，49（3）：62-75.

［52］李星．基于阶段视角的美国经济对中国经济周期的非对称冲击效应

研究［J］.暨南学报（哲学社会科学版），2022，44（11）：92-104.

［53］连平，刘涛.老龄化趋势下的财富管理［J］.现代商业银行，2021（22）：26-31.

［54］梁金红.美国次贷危机对全球经济的影响研究［D］.吉林大学，2009.

［55］梁朋.重视发挥第三次分配在国家治理中的作用［J］.中国党政干部论坛，2020（2）：33-36.

［56］林颖."资管新规"下银行个人理财业务风险防控研究［D］.山东财经大学，2022.

［57］刘冰，林子赫.投资时钟视角下我国大类资产轮动配置策略［J］.山东工商学院学报，2019，33（5）：1-20.

［58］刘达禹，向思宇，宋洋.中国经济周期与金融周期关联机制的时变特征与不稳定性——基于精准计量视角的重新审视［J］.上海财经大学学报，2022，24（6）：3-17.

［59］刘甲朋，殷允杰.财富管理思想史［M］.北京：清华大学出版社，2021.

［60］刘孟飞，罗小伟.金融科技、风险传染与银行业系统性风险［J］.经济社会体制比较，2022（3）：72-87.

［61］刘诗白.现代财富论［M］.成都：四川人民出版社，2018.

［62］刘媛，熊柴.全球人口变局、影响及中国应对［J］.经济学家，2022（1）：26-35.

［63］刘志洋.金融科技的主要功能、风险特征与规范监管［J］.南方金融，2021（10）：63-71.

［64］陆旸，蔡昉.人口结构变化对潜在增长率的影响：中国和日本的比较［J］.世界经济，2014，37（1）：3-29.

［65］路晓蒙，李阳，甘犁，王香.中国家庭金融投资组合的风险——过于保守还是过于冒进？［J］.管理世界，2017（12）：92-108.

［66］罗阳.经济危机、社会动员与政治稳定［D］.北京：中共中央党

校，2011.

[67] 吕东．光大银行理财主打价值创新成就理财市场多个全国"第一"[N]．证券日报，2010-08-03（E01）．

[68] 吕学梁，马玉洁．子女性别、住房数量与家庭风险金融资产投资[J]．科学决策，2021（7）：43-64．

[69] 马克思，恩格斯．马克思恩格斯文集（第5卷）[M]．北京：人民出版社，2009．

[70] 马克思，恩格斯．马克思恩格斯文集（第7卷）[M]．北京：人民出版社，2009．

[71] 马克思，恩格斯．马克思恩格斯选集（第3卷）[M]．北京：人民出版社，2012．

[72] 马克思，恩格斯．马克思恩格斯全集（第46卷）[M]．中共中央马克思恩格斯列宁斯大林著作编译局编译．北京：人民出版社，2016．

[73] 马克思．哥达纲领批判[M]．中共中央马克思恩格斯列宁斯大林著作编译局编译．北京：人民出版社，1997．

[74] 马瑞乾．共同富裕背景下家族信托所得税课税的国际经验及其借鉴[J]．税收经济研究，2022（1）：59-70．

[75] 马涛，王嘉．中西方传统财富观的特点及对近代发展分流的影响[J]．中国经济史研究，2021（6）：134-147．

[76] 马天平．隐性结构化、刚性兑付与中国金融产品风险[J]．经济科学，2019（5）：44-55．

[77] 宁殿霞．中国改革开放40年财富观念的嬗变及其现代性反思[J]．教学与研究，2018（9）：21-29．

[78] 潘文东，李万利，汤旭东．儒家文化与家庭资产配置——基于风险偏好和生育意愿双重视角的研究[J]．山西财经大学学报，2022，44（12）：1-17．

[79] 彭波，施诚．千年贸易战争史——贸易冲突与大国兴衰[M]．北京：中国人民大学出版社，2021．

[80] 饶雨平. 美国次贷危机对我国防范房贷金融风险的启示 [J]. 中共太原市委党校学报, 2008, 10 (2): 30-31.

[81] 任泽平. 中美贸易摩擦: 本质、影响、进展与展望 [EB/OL]. (2020-12-28) [2023-04-07]. https://www.thepaper.cn/newsDetail_forward_10559971.

[82] 沈联涛. 十年轮回: 从亚洲到全球的金融危机 [M]. 上海: 上海远东出版社, 2009.

[83] 盛剑. 论财富形态的演化 [J]. 贵阳学院学报 (社会科学版), 2006 (4): 44-49.

[84] 史建平, 高宇. 宏观审慎监管理论研究综述 [J]. 国际金融研究, 2011 (8): 66-74.

[85] 宋科, 虞思燕, 杨雅鑫. 消费升级再审视及历史回顾——一个新的理论分析框架 [J]. 经济纵横, 2022 (12): 97-103.

[86] 孙蚌珠. 中西方消费观念比较 [J]. 商业文化, 1995 (5): 46-49+53.

[87] 孙国贸. 财富管理的风险与防范 [J]. 山东工商学院学报, 2020, 34 (1): 30-32.

[88] 孙云, 张昊, 张嘉豪. 美林投资时钟理论在中国金融市场应用探索 [J]. 经济问题探索, 2015 (9): 57-64.

[89] 唐丽芳. 马克思财富观的哲学解读 [D]. 上海交通大学, 2011.

[90] 田懋, 李丽婧. 大类资产配置文献综述 [J]. 现代农村科技, 2018 (11): 105.

[91] 托尼·朱特. 战后欧洲史套装 (全四卷) [M]. 北京: 中信出版社, 2014.

[92] 汪前元.《财富的本质及其各种表现形态》书评 [J]. 湖南财政经济学院学报, 2021, 37 (2): 129.

[93] 汪伟. 人口老龄化、生育政策调整与中国经济增长 [J]. 经济学 (季刊), 2017, 16 (1): 67-96.

[94] 汪小勤, 汪红梅. "人口红利"效应与中国经济增长 [J]. 经济学家, 2007 (1): 104-110.

[95] 王灿华. 基于改进型美林时钟分析框架的理财产品设计方案与启示 [J]. 债券, 2019 (9): 67-73.

[96] 王福生. 马克思的财富观念及其当代意义 [J]. 哲学研究, 2020 (12): 28-36.

[97] 王国静, 田国强. 金融冲击和中国经济波动 [J]. 经济研究, 2014, 49 (3): 20-34.

[98] 王华庆. 论行为监管与审慎监管的关系 [J]. 中国银行业, 2014 (5): 6-10.

[99] 王军, 詹韵秋. 子女数量与家庭消费行为: 影响效应及作用机制 [J]. 财贸研究, 2021, 32 (1): 1-13.

[100] 王琳. 中国人口政策与社会发展 [J]. 中国劳动关系学院学报, 2019, 33 (5): 116-124.

[101] 王松奇, 高广春. 美国反危机政策评析 [J]. 国际经济评论, 2009, 17 (2): 5-9.

[102] 王旸. 衍生金融工具基础法律问题研究 [J]. 法学家, 2008 (5): 78-87+16.

[103] 王宇. 是钉住汇率制度酿成了泰铢危机吗？——泰国的汇率市场化改革和资本项目开放研究 [J]. 南方金融, 2013, 35 (8): 45-49.

[104] 王增武, 黄国平, 陈松威. 财富管理的内涵、理论与实证 [J]. 金融评论, 2014, 6 (6): 113-120+124.

[105] 王增武. 首席官商的家族财富管理策略及其启示 [J]. 银行家, 2016 (2): 118-120.

[106] 王重润, 赵昶. 人口老龄化、财富效应与房价关系研究 [J]. 价格理论与实践, 2021 (2): 105-108.

[107] 威廉·配第. 赋税论全译本 [M]. 薛东阳译. 武汉: 武汉大学出版社, 2011.

[108] 巫云仙. FinTec 对金融业的"破坏性创新"[J]. 河北学刊, 2016, 36 (6): 116-123.

[109] 吴弘, 吕志强. 金融机构适当性义务辨析——新《证券法》及《纪要》视角 [J]. 上海金融, 2020 (6): 56-60.

[110] 吴俊杰, 张国防. 人口因素对经济增长的影响机制研究 [J]. 商业经济, 2018 (4): 4-7+12.

[111] 吴娜, 魏智佳, 白雅馨. 经济周期下企业金融资产配置的同群效应研究 [J]. 云南财经大学学报, 2023, 39 (2): 45-64.

[112] 吴小平. 财富管理行业发展现状与趋势 [J]. 山东工商学院学报, 2020, 34 (1): 9-20.

[113] 武辰昊. 基于美林投资时钟理论推导的我国经济周期研究 [J]. 现代经济信息, 2018 (24): 6-7.

[114] 肖立晟. 人民币理财产品: 概况、运作、风险与监管 [J]. 国际经济评论, 2013 (3): 93-102+6.

[115] 肖尧中. "家—国"关系下儒家生育理念及其现代转换 [J]. 国际儒学 (中英文), 2022, 2 (1): 35-38+166-167.

[116] 邢天才, 于凤芹. 场外金融衍生品监管改革的国际比较——美国、欧盟和新加坡 [J]. 生产力研究, 2014 (9): 34-38.

[117] 熊焰, 王一玮, 尹玉琳. 简论当代中国居民财富管理变迁之二 [J]. 山东工商学院学报, 2020, 34 (1): 21-27.

[118] 修梓峰. 美林投资时钟的有效性分析——基于中国的数据检验 [J]. 北方经贸, 2019 (6): 30-31.

[119] 薛启航, 王慧敏, 魏建. 金融科技发展是否削弱了国内市场分割?——来自消费品市场和资本品市场的证据 [J]. 改革, 2022 (5): 110-125.

[120] 亚当·斯密. 国民财富的性质和原因的研究 (上卷) [M]. 郭大力, 王亚南译. 北京: 商务印书馆, 2017.

[121] 闫妍. 欧美场外金融衍生品监管启示 [J]. 中国金融, 2017

（22）：83-85.

[122] 严书.论金融消费领域卖方机构适当性义务——兼评《第九次全国法院民商事审判工作会议纪要》第七十二条[J].南方金融,2020（3）：91-99.

[123] 杨春学.论科学技术是第一生产力[J].经济学动态,2021（9）：22-32.

[124] 杨东.防范金融科技带来的金融风险[J].红旗文稿,2017（16）：23-25.

[125] 杨华磊.世代更迭、人口政策调整与经济增速[J].经济科学,2019（3）：30-40.

[126] 杨峻.科技赋能财富管理业务[J].中国金融,2018（17）：92-93.

[127] 杨胜利.人口老龄化对经济可持续发展的影响研究[D].上海工程技术大学,2011.

[128] 杨延青.经济繁荣期商业银行风险预警研究[D].财政部财政科学研究所,2010.

[129] 於素兰,孙育红.中国特色社会主义财富观形成与发展[J].党政干部学刊,2016,333（9）：39-43.

[130] 袁佳,高宏.我国居民收入和财富分配格局及改善对策[J].新金融,2021（1）：18-22.

[131] 袁康.金融科技的技术风险及其法律治理[J].法学评论,2021,39（1）：115-130.

[132] 袁熙.良好的投资者教育是维护投资者权益的最佳方式[J].中国金融,2010（18）：57-59.

[133] 张车伟."人口红利"与中国经济持续增长前景[J].人口与计划生育,2010,156（8）：14-15.

[134] 张浩,易行健,周聪.房产价值变动、城镇居民消费与财富效应异质性——来自微观家庭调查数据的分析[J].金融研究,2017（8）：

50-66.

[135] 张露. 生命周期视角下家庭财富管理研究 [J]. 投资与合作, 2020 (12): 167-168.

[136] 张明之. 世界财富控制权变迁 [M]. 南京: 江苏人民出版社, 2021.

[137] 张腾文, 王威, 于翠婷. 金融知识、风险认知与投资收益——基于中小投资者权益保护调查问卷 [J]. 会计研究, 2016 (7): 66-73+97.

[138] 赵何敏. 金融创新、金融工程与金融可持续发展 [J]. 中南财经大学学报, 2000 (3): 62-66+126.

[139] 赵倩倩. 美国次贷危机的传染效应研究 [D]. 中国海洋大学, 2015.

[140] 周朝阳. "存款理财化"对商业银行经营管理影响研究 [J]. 求索, 2012 (11): 51-53.

[141] 周建涛. 商业银行理财产品收益的实证研究 [J]. 河北经贸大学学报, 2015, 36 (4): 59-62.

[142] 周小明, 杨祥. 传承视角下家族信托结构与治理 [J]. 中国金融, 2021 (18): 41-42.

[143] 朱高峰. 论科学与技术的区别——建立创新型国家中的一个重要问题 [J]. 高等工程教育研究, 2010 (2): 10-14+30.

[144] 朱宏泉, 巩菲, 谢晓红, 郑佳梅. 外来的和尚会念经?——基于中外资商业银行理财产品绩效的分析 [J]. 管理评论, 2016, 28 (3): 106-115.